贯彻落实教育规划纲要，推进教育体制改革

中国民办教育发展报告2014

周海涛　钟秉林　主编

北京师范大学出版集团
BEIJING NORMAL UNIVERSITY PUBLISHING GROUP
北京师范大学出版社

图书在版编目(CIP)数据

中国民办教育发展报告 2014/周海涛，钟秉林主编．—北京：北京师范大学出版社，2016.2

ISBN 978-7-303-17454-6

Ⅰ．①中… Ⅱ．①周… ②钟… Ⅲ．①社会办学—研究报告—中国—2014 Ⅳ．①G522.74

中国版本图书馆 CIP 数据核字(2016)第 030156 号

营销中心电话 010-58805072 58807651
北师大出版社学术著作与大众读物分社 http://xueda.bnup.com

ZHONGGUO MINBAN JIAOYU FAZHAN BAOGAO 2014

出版发行：北京师范大学出版社 www.bnup com
北京市海淀区新街口外大街 19 号
邮政编码：100875

印　　刷：北京中印联印务有限公司
经　　销：全国新华书店
开　　本：787 mm×1092 mm 1/16
印　　张：16
字　　数：250 千字
版　　次：2016 年 2 月第 1 版
印　　次：2016 年 2 月第 1 次印刷
定　　价：48.00 元

策划编辑：陈红艳　　责任编辑：齐　琳　赵媛媛
美术编辑：王齐云　　装帧设计：李尘工作室
责任校对：陈　民　　责任印制：马　洁

编 委 会

前　言

2010年7月，《国家中长期教育改革和发展规划纲要（2010—2020年）》（以下简称《教育规划纲要》）提出："大力支持民办教育""各级政府要把发展民办教育作为重要工作职责，鼓励出资、捐资办学，促进社会力量以独立举办、共同举办等多种形式兴办教育"。2012年6月，教育部《关于鼓励和引导民间资金进入教育领域促进民办教育健康发展的实施意见》提出："充分发挥民间资金推动教育事业发展的作用""健全民办教育管理与服务体系"。同年11月，党的十八大报告进一步明确提出："鼓励和引导社会力量兴办教育。"2015年1月，为消除民办教育分类管理的法律障碍，国务院常务会议讨论通过部分《教育法律一揽子修正案（草案）》，明确"对民办学校实行分类管理，允许兴办营利性民办学校"。

基于上述政策背景，《中国民办教育发展报告2014》的编撰主要着眼于近五年民办教育发展概况和民办学校系统内部，尤其是师资建设、学生发展情况分析。课题组收集了涵盖全国31个省、自治区和直辖市的民办教育基本数据；同时，致力于分阶段建设民办教育数据库，为政策决策提供数据支持。鉴于民办教育数据库建设是一项分类分析的系统工程，我们在2014年先从民办高校师生数据库建设入手，共采集上海、重庆、广东、浙江、陕西、甘肃、湖北和宁夏8个省（自治区、直辖市）的50余所民办高校的学生64631人、教师9456人的有效数据样本，以后分步建设完善各学段民办教育数据库。本报告分为3个部分。

第一部分是"2011—2014年民办教育发展概况"。对《教育规划纲要》颁布以来民办教育发展数据进行统计和量化分析，评判我国民办教育发展的总体状况。近五年来，我国民办教育持续发展，民办教育机构总数、民办学校学生总数、民办学校师资数量、民办学校经费和学校资产量逐年增长，民办学校办学质量稳中有升。但随着已有的政策利好效应逐渐递减，配套的扶持政策落实未到位，同时公共财政对教育投入，特别是对公办学校的支持力度不断加大，公办学校持续快速发展对民办学校产生冲击，加上我国适龄人学人口不断减少、生源萎缩的因素的影响，民办学校数、在校生人数、经费投入额等增速明显放缓，个别教育阶段甚至出现下降的趋势，因此迫切需要客观总结、正视存在的问题，开创民办教育事业发展的新局面。

第二部分是“民办高校学生发展分析”。主要从学习态度、学习策略、能力技能、情绪管理、学习环境气氛 5 个方面对民办高校学生发展状况进行分析。当前，民办高校学生发展还存在一些问题，不论是学习基础、能力技能，还是学习的积极性、主动性和创造性都相对不够。这既有体制、观念方面的原因，也有方法方面的原因，亟须推进体制机制改革、培养模式改革。下一阶段的民办学校改革要坚持以学生为本，关注和致力于唤醒学生“主体性”，拓展更大的自主学习空间，更新教学组织形式和方法，努力改变学生被动学习、被动接受知识的局面，给予学生更多自主学习和实践锻炼的机会。

第三部分是“民办高校教师发展分析”。主要从教学效能感、专业社群认同感、教学策略、职业倦怠、权益保护 5 个方面对民办高校教师发展状况进行分析。落实民办学校教师与公办学校教师的同等法律地位，构建民办学校教师的权益保障机制，稳定民办学校教师队伍，一直是民办学校发展的重中之重。民办学校由于建校时间短、教学资源紧缺，为了加速发展，往往将精力和资源集中在基础设施建设和高学历人才引进上，而对管理理念、队伍结构、培训进修机会、管理制度等关注不够，如不加以强化优化，将会制约民办学校质量和水平的整体提高。因此，政府、社会和民办学校要协同发力，清理法规和实践中对民办学校教师的歧视性规定，完善各种教师保障制度，尽快健全教师专业发展体系，不断拓展教师职后教育的新路径，促进教师的专业成长。

各部分内容要点如下：

一、2011—2014 年民办教育发展概况

1. 民办教育机构整体数量显著增长

2011 年至 2014 年，除独立学院数、民办中等职业学校数略有下降外，民办普通高校数、普通初中数、普通小学数、幼儿园数都呈现显著地持续增长态势，民办普通高中数则先减后增。从各学段民办学校数量在全国同学段学校总量中所占比例来看，2011 年至 2012 年，民办普通高校数、独立学院数在全国普通高校总数中所占比例大幅上升，2012 年至 2014 年趋于下降；

2011年至2014年，民办普通高中数、普通初中数、普通小学数所占比例快速上升，民办中等职业学校数、幼儿园数所占比例则趋于下降。

2. 民办学校学生数发展趋势不一

2011年至2014年，民办普通高校学生数及所占比例逐年增长。民办普通高校本科在校生数、毕业生数明显增长，在全国普通本科高校在校生总数、毕业生总数中所占比例同步上升。民办普通高校专科在校生数、招生数均先减后增，毕业生数连续两年递减后趋增，但毕业生数占全国普通高校毕业生总数的比例持续下降。民办普通高中学生数及所占比例基本稳定，变动不大；民办中等职业学校学生数及所占比例呈下降趋势；民办普通初中学生数及所占比例持续增长；民办普通小学学生数、幼儿园幼儿数及所占比例也呈上升趋势。

3. 民办学校师资数总体呈增长态势

2011年至2014年，民办普通高校教职工数、专任教师数逐年增长，呈现缓慢的上升趋势。全国民办普通小学、幼儿园教职工数及专任教师数逐年递增。全国民办普通高中教职工数及专任教师数，在经历2011年至2012年的骤减后缓慢增长。全国独立学院教职工数及专任教师数呈先增后降的态势。受民办中等职业学校数量下降的影响，全国民办中等职业学校教职工数及专任教师数逐年减少。

4. 民办学校经费逐年增长

2011年至2014年，各学段民办学校的教育经费总收入和总支出逐年增长。2013年，各级各类民办学校经费总收入为2340.90亿元，其主要来源由高到低依次为学杂费、公共预算内教育经费和举办者投入；各级各类民办教育机构总支出为2297.62亿元，在各学段民办学校总支出中，主要用途为事业性经费支出。

5. 民办学校资产稳中有升

2014年，全国民办高校校舍建筑面积共计15910.74万平方米，教学科研及辅助用房面积7970.03万平方米，占地面积38540.89万平方米，固定资产总值3044.20万元，教学科研仪器设备资产值362.31万元。按各省（自治区、直辖市）民办高校生均占地面积由大到小排列，位于前五位的分别是新疆、内蒙古、海南、北京、天津。学校产权占地面积在学校总面积中的比例由高到低排列，位于前五位的分别是宁夏、黑龙江、河南、安徽、河北。

二、民办高校学生发展分析

1. 学习态度

样本学生在学习态度方面的均值为 3.32①，表明民办高校学生的学习态度欠佳。课题组将学习态度分为学习兴趣、学习效能感和考试心态 3 个方面。其中，学习兴趣分值最高（均值为 3.62），其次是学习效能感（均值为 3.52），考试心态分值相对较低（均值为 2.82）。影响学生学习态度的原因是多方面的，既有学生个体的原因、学校教育环境的原因，也有整个社会大环境的原因。例如，民办高校学生基础知识不牢，进入大学直接学习高阶知识，存在不适应的情况；学校在实际教学中，存在教育者不了解学生接受能力、不能全面因材施教、教学方式方法单一、教学内容陈旧枯燥等问题；社会上，特别是在经济发达地区，“学习无用论”和“金钱至上”等思想影响了部分学生的学习心态。

2. 学习策略

样本学生在学习策略方面的均值为 3.53，表明民办高校学生的学习策略运用能力和水平不高。课题组将学习策略分为认知策略、学习资源管理策略和方法策略 3 个方面。三者均值差异不大，其中，学习资源管理策略较高（均值为 3.58），其次是认知策略（均值为 3.57），方法策略相对较低（均值为 3.51）。从外部环境来看，文化背景和教学模式都有可能对民办高校学生学习策略的运用产生影响；从学生自身来看，学习习惯、学习动机和个性差异等则是影响学习策略运用的主要因素。

3. 能力技能

样本学生在能力技能方面的均值为 3.57，表明民办高校学生的能力技能水平相对较低。课题组将民办高校学生能力技能分为认知能力、专业与应用能力、人际交往能力和创新能力 4 个方面。其中，人际交往能力分值最高（均值为 3.64），其次是认知能力（均值为 3.60），再次是创新能力（均值为 3.55），专业与应用能力相对较低（均值为 3.45）。这表明民办高校学生能力技能在不同层面参差不齐。遗传和环境是影响能力形成、发展的两大因素，而影响技能的因素更多在于实践。

① 此分值为运用李克特五级量表分析所得。下同。

4. 情绪管理

样本学生在情绪管理方面的均值为3.54，分值相对较高，表明民办高校学生的情绪管理能力较高。课题组将民办高校学生情绪管理能力分为自我情绪评价能力、他人情绪评价能力、情绪调节能力和情绪运用能力4个方面。其中，学生自我情绪评价能力分值最高（均值为3.69），他人情绪评价能力、情绪运用能力分值相等（均值均为3.66），情绪调节能力相对较低（均值为3.61）。影响民办高校学生情绪管理能力的因素很多，但与个体的价值观情况、个体的成长环境和人际交往艺术有较大关系。情绪管理的核心是促使个性得到充分发展，个体价值得到充分体现，从而提高个体的情绪自觉意识，达到控制不良情绪、保持乐观心态、不断完善自我的目的。

5. 学习环境气氛

样本学生在学习环境气氛认可度方面的均值为3.60，表明民办高校学生对学校环境认可度较高。课题组将学习环境气氛认可度分为教室环境、网络环境、师生关系和生生关系4个方面。其中，生生关系分值最高（均值为3.68），其次是网络环境（均值为3.67），再次是教室环境（均值为3.59），师生关系相对较低（均值为3.48）。影响学习环境气氛认可度的因素主要是客观物理环境、人际环境的质量，也有学生自我满意度预期水平等因素。民办高校在积极改善校园建筑、教学设施等硬环境的同时，也要注重加强校园文化软环境的建设。

三、民办高校教师发展分析

1. 教学效能感

样本教师在教学效能感方面的均值为3.93。在民办高校教师发展的5个维度（教学效能感、专业社群认同感、教学策略、职业倦怠、权益保护）中，教学效能感分值最高，表明民办高校教师在运用有效教学策略、掌控课堂秩序和管理学生事务方面有良好的自我评价。课题组将民办高校教师教学效能感分为教学技能效能感、课堂管理效能感和学生管理效能感3个方面。其中，教学技能效能感分值最高（均值为3.98），课堂管理效能感和学生管理效能感相对较低（均值均为3.90）。这表明民办高校教师对教学充满自信，能较有效地设定教学目标，优化教学内容，合理组织教学，激发学生的学习投入。面对教学中的困难，教师能正确看待并通过自己的努力去克服，更易取得成功，获得同事的认可、学生的信任。

2. 专业社群认同感

样本教师在专业社群认同感方面的均值为 3.42。课题组将民办高校教师专业社群认同感分为参与式领导、共享性价值观念、合作式学习和支持性社区条件 4 个方面。其中，共享性价值观念分值最高（均值为 3.50），其次是合作式学习（均值为 3.49），再次是支持性社区条件（均值为 3.47），参与式领导相对较低（均值为 3.19）。这表明样本教师少有机会参与集体讨论和共同决策，学校领导层较少主动征求教师群体的意见，并积极组织教师参与决策。在这种情况下，教师很难对组织发展目标有深刻且全面的认识，也很难做出自主、自觉的努力。但是，样本教师对于学校的价值共识、教师间的合作学习以及外部条件支持评价略高，说明民办高校在凝聚教师群体价值观并给予其一定的发展支持方面，所做的努力反响良好。

3. 教学策略

样本教师在教学策略方面的均值为 3.80，在具有普遍意义的教学策略动机、教师为主导策略、知识传递策略、促进学生概念转变策略方面，民办高校教师数据分析结果良好。其中，促进学生概念转变策略分值最高（均值为 3.93），其次是教学策略动机（均值为 3.84），再次是知识传递策略（均值为 3.78），教师为主导策略相对较低（均值为 3.67）。促进学生概念转变策略得分最高，表明样本教师能够较好地运用有效的策略，帮助学生将原有的知识拓展到更深入、更抽象的层次，并且改善学生原有的知识结构，使学生的认知更加准确。这一过程对于促进学生的思维发展起着至关重要的作用。

4. 职业倦怠

样本教师在职业倦怠方面的均值为 2.76，表明样本高校教师职业倦怠问题较为突出。课题组将民办高校教师职业倦怠分为情绪衰竭、去个性化和成就感缺失 3 个方面。其中，去个性化分值最高（均值为 2.86），其次是情绪衰竭（均值为 2.77），成就感缺失相对较低（均值为 2.61）。这反映出当前我国民办高校教师有职业倦怠问题；其中，样本教师去个性化问题最为突出，但并不严重。教师群体是职业倦怠的高发人群，而民办高校教师工作负荷较高，工作压力长期积压，更容易出现对教育工作意义的自我质疑，容易产生认识偏差，影响工作热情和工作投入。调研发现，许多学校做出了提高教师职业吸引力的努力，在一定程度上消减了教师群体的职业倦怠。

5. 权益保护满意度

样本教师在权益保护满意度方面的均值为 3.01，在民办高校教师发展的 5 个维度中分值较低。课题组将民办高校教师权益保护满意度分为社会保险、薪酬待遇、职称评聘和参与学校民主管理 4 个方面。其中，社会保险满意度分值最高（均值为 3.53），相对较低的是职称评聘满意度（均值为 2.64）。这反映出当前我国民办高校教师权益保护中存在教师社会地位不高、身份编制不明、待遇保护不足、职称评定困难、参与学校民主管理受限等问题。在现行政策环境下，虽然学校层面努力增加教师薪酬待遇，但政府层面相关立法、司法、行政等保障制度建设尚不完善，民办高校教师仍然受到观念歧视、体制排挤，相关权益难以得到有力保障。

目　录

第一部分

2011—2014 年民办教育发展概况

2013 年出版的《中国民办教育发展报告 2012》统计分析了我国 2003—2010 年的民办教育发展情况，在此基础上，课题组收集了《教育发展规划纲要》颁布实施以来（2011—2014 年）全国 31 个省（自治区、直辖市）的民办高等教育（民办高等本科学校、民办高职高专学校）、民办中等教育（民办普通高中、民办普通初中、民办中等职业学校）、民办初等教育（民办普通小学）以及民办学前教育（民办幼儿园）4 个学段的数据，对各级各类民办学校数、在校生数、专任教师数、教育经费、学校资产等方面的发展变化情况进行了分析。

一、民办学校数变化情况

如表 1-1 所示，2011 年至 2014 年，不同类型、不同学段的民办学校数变化多样。其中，民办普通高校数、普通初中数、普通小学数、幼儿园数持续增加，独立学院数、民办中等职业学校数逐年减少，民办普通高中数则呈现先减后增的态势。

表 1-1　2011—2014 年民办学校数量变化情况（所）

学段 年份	普通高校	独立学院	普通高中	中等职业学校	普通初中	普通小学	幼儿园
2011 年	698	309	2394	2856	4282	5186	115404
2012 年	706	303	2371	2649	4333	5213	124683
2013 年	717	292	2375	2482	4535	5407	133451
2014 年	727	283	2442	2343	4744	5681	139282

（资料来源：根据国家统计局与教育部网站、教育部提供的数据资料整理而成）

如表 1-2 所示，从各学段民办学校数在全国同学段学校总数中所占比例来看，2011 年至 2012 年，民办普通高校数、独立学院数在全国普通高校总数中所占比例大幅度上升，2012 年至 2014 年趋于下降；2011 年至 2014 年民办普通高中数、普通初中数、普通小学数在全国普通高中总数、全国普通初中总数、全国普通小学总数中所占比例快速上升，民办中等职业学校数、幼儿园数所占比例则略有下降。

表 1-2　2011—2014 年各学段民办学校数占全国同类学校总数的比例(%)

学段／年份	普通高校	独立学院	普通高中	中等职业学校	普通初中	普通小学	幼儿园
2011 年	25.27	11.19	17.49	21.81	7.92	2.15	69.21
2012 年	28.91	12.41	17.55	20.92	8.15	2.28	68.77
2013 年	28.78	11.72	17.79	20.24	8.59	2.53	67.21
2014 年	28.74	11.19	18.43	20.00	9.01	2.82	66.36

(资料来源：根据国家统计局与教育部网站、教育部提供的数据资料整理而成)

二、民办学校学生数变化情况

(一)全国各学段民办学校学生数及占比变化情况(2011—2014 年)

1. 全国民办普通高校学生数及占比波动变化

如表 1-3 所示，2011 年至 2014 年，民办普通高校本科在校生数、毕业生数增长明显，在全国普通本科高校在校生总数、毕业生总数中所占比例同步上升；民办普通高校本科招生数呈现波动性变化，在全国普通高校本科招生总数中所占比例先升后降。

表 1-3　2011—2014 年全国民办普通高校本科学生数及占比变化情况

类型／年份	在校生		招生		毕业生	
	人数(人)	占比(%)	人数(人)	占比(%)	人数(人)	占比(%)
2011 年	3118236	23.10	689278	19.33	579675	20.73
2012 年	3405637	23.83	942516	25.20	661241	21.76
2013 年	3608517	24.15	918373	24.08	718055	22.44
2014 年	3738304	24.26	922982	24.07	805720	23.60

(资料来源：根据国家统计局与教育部网站、教育部提供的数据资料整理而成)

如表1-4所示，2011年至2014年，民办普通高校专科在校生数、招生数均先减后增，毕业生数在连续两年递减后趋增；民办普通高校专科在校生数、招生数占全国普通高校专科在校生总数、招生总数的比例呈先降后升的“V”形变化曲线，但毕业生数占全国普通高校专科毕业生总数的比例则呈现下降态势。

表1-4　2011—2014年全国民办普通高校专科学生数及占比变化情况

年份＼类型	在校生		招生		毕业生	
	人数(人)	占比(%)	人数(人)	占比(%)	人数(人)	占比(%)
2011年	1932451	20.15	654100	20.13	649902	19.78
2012年	1822377	18.90	622454	19.77	611226	19.05
2013年	1860572	19.11	639864	20.10	578999	18.16
2014年	2007182	19.94	750522	22.21	580945	18.27

（资料来源：根据国家统计局与教育部网站、教育部提供的数据资料整理而成）

2. 全国民办普通高中学生数及占比基本稳定

如表1-5所示，2011年至2014年，民办普通高中学生数及占比变动不大。在校生数和招生数连续两年小幅递减后转增，在校生数、招生数在全国普通高中在校生总数、招生总数中所占比例同样先降后升；毕业生数则在连续两年增长后趋降，在全国普通高中毕业生总数中所占比例变化趋势类似，即连续两年上升后趋降。

表1-5　2011—2014年全国民办普通高中学生数及占比变化情况

年份＼类型	在校生		招生		毕业生	
	人数(人)	占比(%)	人数(人)	占比(%)	人数(人)	占比(%)
2011年	2349833	9.57	835370	9.82	724095	9.20
2012年	2349575	9.52	821302	9.72	734095	9.27
2013年	2316445	9.51	798192	9.70	747589	9.46
2014年	2386542	9.94	827299	10.39	744437	9.31

（资料来源：根据国家统计局与教育部网站、教育部提供的数据资料整理而成）

3. 全国民办中等职业学校学生数及占比呈下降趋势

如表1-6所示，2011年至2014年，民办中等职业学校在校生数、招生数、毕业生数逐年递减，在校生数、毕业生数在全国中等职业学校在校生总数、毕业生总数中所占比例均呈下降趋势，民办中等职业学校招生数在全国中等职业学校招生总数中所占比例在连续两年下降后，于 2014 年略有回升。

表 1-6　2011—2014 年全国民办中等职业学校学生数及占比变化情况

类型 / 年份	在校生		招生		毕业生	
	人数(人)	占比(%)	人数(人)	占比(%)	人数(人)	占比(%)
2011 年	2692512	12.21	957407	11.76	917114	13.89
2012 年	2408800	11.40	837547	11.11	885895	13.13
2013 年	2079408	10.81	731593	10.84	790714	11.72
2014 年	1895744	10.51	719522	11.44	739472	11.68

（资料来源：根据国家统计局与教育部网站、教育部提供的数据资料整理而成）

4. 全国民办普通初中学生数及占比持续增长

如表 1-7 所示，2011 年至 2014 年，民办普通初中在校生数、招生数、毕业生数持续增长，其中在校生数增长幅度最大；民办普通初中在校生数、招生数、毕业生数在全国普通初中在校生总数、招生总数、毕业生总数中所占比例逐年上升。

表 1-7　2011—2014 年全国民办普通初中学生数及占比变化情况

类型 / 年份	在校生		招生		毕业生	
	人数(人)	占比(%)	人数(人)	占比(%)	人数(人)	占比(%)
2011 年	4425616	8.74	1536479	9.40	1311881	7.56
2012 年	4514091	9.48	1578051	10.05	1341982	8.08
2013 年	4623482	10.41	1621113	10.84	1384817	8.87
2014 年	4870018	11.11	1677377	11.21	1421784	9.10

（资料来源：根据国家统计局与教育部网站、教育部提供的数据资料整理而成）

5. 全国民办普通小学学生数及占比稳步增长

如表 1-8 所示，2011 年至 2014 年，民办普通小学在校生数、招生数、毕业生数均逐年增加，民办普通小学在校生数、招生数、毕业生数在全国普通小学在校生总数、招生总数、毕业生总数中所占比例均呈显著上升趋势。

表 1-8 2011—2014 年全国民办普通小学学生数及占比变化情况

类型/年份	在校生		招生		毕业生	
	人数(人)	占比(%)	人数(人)	占比(%)	人数(人)	占比(%)
2011 年	5678255	5.72	1008252	5.81	885433	5.32
2012 年	5978535	6.17	1044393	6.08	968714	5.90
2013 年	6286015	6.72	1112846	6.56	1008291	6.38
2014 年	6741425	7.13	1148019	6.92	1045563	7.08

(资料来源：根据国家统计局与教育部网站、教育部提供的数据资料整理而成)

6. 全国民办幼儿园幼儿数及占比快速增长

如表 1-9 所示，2011 年至 2014 年，民办幼儿园在园人数、入园人数、离园人数逐年增加，民办幼儿园在园人数、入园人数、离园人数在全国幼儿园在园人数总数、入园人数总数、离园人数总数中所占比例也呈显著上升趋势。

表 1-9 2011—2014 年全国民办幼儿园幼儿数及占比变化情况

类型/年份	在园人数		入园人数		离园人数	
	人数(人)	占比(%)	人数(人)	占比(%)	人数(人)	占比(%)
2011 年	16942090	49.47	8133958	44.51	4671427	39.43
2012 年	18527444	50.27	8656223	45.28	5900634	41.16
2013 年	19902536	51.10	9079575	46.09	6347047	42.55
2014 年	21253781	52.47	9536605	47.98	6737691	44.12

(资料来源：根据国家统计局与教育部网站、教育部提供的数据资料整理而成)

(二)各省(自治区、直辖市)民办学校发展状况(2014 年)

1. 各省(自治区、直辖市)民办高校数、学生数

2014 年，按各省(自治区、直辖市)民办高校数由高到低排列，位于前五位的分别是江苏、广东、湖北、山东和河南。各省(自治区、直辖市)民办高校数和民办高校学生数、各省(自治区、直辖市)民办高校数占全国民办高校总数的比例和各省(自治区、直辖市)民办高校学生数占全国民办高校学生总数的比例详见表 1-10。

表 1-10　2014 年各省(自治区、直辖市)民办高校数、学生数及占比情况

省份	民办高校数(所)	民办高校学生数(人)	占全国民办高校总数比例(%)	占全国民办高校学生总数比例(%)
江苏	52	395161	7.15	6.88
广东	52	580385	7.15	10.10
湖北	43	406983	5.91	7.08
山东	39	338758	5.36	5.90
河南	37	329891	5.09	5.74
浙江	36	291413	4.95	5.07
福建	36	211130	4.95	3.67
河北	35	341663	4.81	5.95
辽宁	34	195634	4.68	3.41
四川	33	335088	4.54	5.83
安徽	31	180280	4.26	3.14
湖南	31	221525	4.26	3.86
江西	30	240428	4.13	4.18
陕西	30	303534	4.13	5.28
重庆	23	179486	3.16	3.12
广西	21	141323	2.89	2.46
上海	20	92228	2.75	1.61
云南	20	149883	2.75	2.61
黑龙江	18	106539	2.48	1.85
吉林	16	138040	2.20	2.40
北京	15	68317	2.06	1.19
山西	15	122195	2.06	2.13
天津	11	77172	1.51	1.34
贵州	11	82312	1.51	1.43
内蒙古	10	22087	1.38	0.38
新疆	9	29843	1.24	0.52
海南	7	67955	0.96	1.18
甘肃	7	60280	0.96	1.05
宁夏	4	32214	0.55	0.56
青海	1	3739	0.14	0.07
西藏	—	—	—	—

(资料来源：根据国家统计局与教育部网站、教育部提供的数据资料整理而成)

2. 各省(自治区、直辖市)独立学院数

2014年，按各省(自治区、直辖市)独立学院数由高到低排列，位于前五位的分别是江苏、湖北、浙江、河北和广东。各省(自治区、直辖市)独立学院数、各省(自治区、直辖市)独立学院数占全国独立学院总数的比例详见表1-11。

表1-11　2014年各省(自治区、直辖市)独立学院数及占比情况

省份	独立学院数(所)	占全国独立学院总数比例(%)	省份	独立学院数(所)	占全国独立学院总数比例(%)
江苏	25	8.83	河南	8	2.83
湖北	24	8.48	贵州	8	2.83
浙江	22	7.77	云南	7	2.47
河北	17	6.01	吉林	6	2.12
广东	16	5.65	重庆	6	2.12
湖南	15	5.30	北京	5	1.77
江西	13	4.59	甘肃	5	1.77
辽宁	12	4.24	新疆	5	1.77
陕西	12	4.24	内蒙古	2	0.71
安徽	11	3.89	黑龙江	2	0.71
山东	11	3.89	上海	2	0.71
天津	10	3.53	宁夏	2	0.71
四川	10	3.53	青海	1	0.35
福建	9	3.18	海南	0	0.00
广西	9	3.18	西藏	—	—
山西	8	2.83			

(资料来源：根据国家统计局与教育部网站、教育部提供的数据资料整理而成)

3. 各省(自治区、直辖市)民办普通高中数、学生数

2014年，按各省(自治区、直辖市)民办普通高中学校数由高到低排列，位于前五位的分别是河南、安徽、浙江、广东和山西。各省(自治区、直辖市)民办普通高中数和民办普通高中学生数、各省(自治区、直辖市)民办普通高中数占全国民办普通高中总数的比例和各省(自治区、直辖市)民办普通高中学生数占全国民办普通高中学生总数的比例详见表1-12。

表 1-12　2014 年各省(自治区、直辖市)民办普通高中数、学生数及占比情况

省份	民办普通高中数(所)	民办普通高中学生数(人)	占全国民办普通高中总数比例(%)	占全国民办普通高中学生总数比例(%)
河南	208	259589	8.52	10.88
安徽	181	194103	7.41	8.13
浙江	162	168445	6.63	7.06
广东	151	145429	6.18	6.09
山西	150	161941	6.14	6.79
湖北	119	96215	4.87	4.03
江西	118	125039	4.83	5.24
山东	101	136022	4.14	5.70
江苏	100	149716	4.10	6.27
湖南	98	93161	4.01	3.90
河北	94	103305	3.85	4.33
贵州	94	75836	3.85	3.18
辽宁	93	78427	3.81	3.29
陕西	92	83178	3.77	3.49
四川	88	95366	3.60	4.00
广西	84	78277	3.44	3.28
福建	77	67456	3.15	2.83
北京	63	16809	2.58	0.70
云南	60	48128	2.46	2.02
上海	51	13589	2.09	0.57
甘肃	49	34874	2.01	1.46
黑龙江	34	25153	1.39	1.05
内蒙古	33	13646	1.35	0.57
天津	31	13408	1.27	0.56
新疆	27	16021	1.11	0.67
海南	24	18121	0.98	0.76
吉林	23	30050	0.94	1.26
重庆	19	34170	0.78	1.43
青海	10	3972	0.41	0.17
宁夏	8	6341	0.33	0.27
西藏	—	755	—	0.03

(资料来源：根据国家统计局与教育部网站、教育部提供的数据资料整理而成)

4. 各省（自治区、直辖市）民办普通初中数、学生数

2014 年，按各省（自治区、直辖市）民办普通初中数由高到低排列，位于前五位的分别是广东、河南、贵州、安徽和山东。各省（自治区、直辖市）民办普通初中数和民办普通初中学生数、各省（自治区、直辖市）民办普通初中数占全国民办普通初中总数的比例和各省（自治区、直辖市）民办普通初中学生数占全国民办普通初中学生总数的比例详见表 1-13。

表 1-13　2014 年各省（自治区、直辖市）民办普通初中数、学生数及占比情况

省份	民办普通初中数（所）	民办普通初中学生数（人）	占全国民办普通初中总数比例（%）	占全国民办普通初中学生总数比例（%）
广东	870	698193	18.42	14.34
河南	693	657040	14.68	13.49
贵州	317	141251	6.71	2.90
安徽	314	421141	6.65	8.65
山东	268	304317	5.68	6.25
浙江	228	217148	4.83	4.46
河北	212	275757	4.49	5.66
山西	204	242730	4.32	4.98
湖南	190	260079	4.02	5.34
四川	184	221721	3.90	4.55
江苏	167	273068	3.54	5.61
江西	161	141516	3.41	2.91
广西	153	93253	3.24	1.91
湖北	114	115814	2.41	2.38
陕西	97	134437	2.05	2.76
海南	83	29791	1.76	0.61
云南	82	62869	1.74	1.29
重庆	64	84572	1.36	1.74
福建	63	144500	1.33	2.97
上海	56	60776	1.19	1.25
内蒙古	39	30981	0.83	0.64
黑龙江	38	38579	0.80	0.79

续表

省份	民办普通初中数（所）	民办普通初中学生数（人）	占全国民办普通初中总数比例（%）	占全国民办普通初中学生总数比例（%）
吉林	37	72180	0.78	1.48
辽宁	36	59688	0.76	1.23
北京	21	26086	0.44	0.54
甘肃	19	15242	0.40	0.31
新疆	15	10298	0.32	0.21
天津	11	22794	0.23	0.47
宁夏	5	12989	0.11	0.27
西藏	2	309	0.04	0.01
青海	1	899	0.02	0.02

（资料来源：根据国家统计局与教育部网站、教育部提供的数据资料整理而成）

5. 各省（自治区、直辖市）民办普通小学数、学生数

2014 年，按各省（自治区、直辖市）民办普通小学数由高到低排列，位于前五位的分别是河南、广东、河北、贵州和安徽。各省（自治区、直辖市）民办普通小学数和民办普通小学学生数、各省（自治区、直辖市）民办普通小学数占全国民办普通小学总数的比例和各省（自治区、直辖市）民办普通小学学生数占全国民办普通小学学生总数的比例详见表 1-14。

表 1-14　2014 年各省（自治区、直辖市）民办普通小学数、学生数及占比情况

省份	民办普通小学数（所）	民办普通小学学生数（人）	占全国民办普通小学总数比例（%）	占全国民办普通小学学生总数比例（%）
河南	1550	1112665	27.28	16.50
广东	705	1845272	12.41	27.37
河北	430	393725	7.57	5.84
贵州	261	158272	4.59	2.35
安徽	251	256010	4.42	3.80
四川	245	238612	4.31	3.54
山东	240	304704	4.22	4.52
浙江	225	473558	3.96	7.02
陕西	213	140923	3.75	2.09

续表

省份	民办普通小学数（所）	民办普通小学学生数（人）	占全国民办普通小学总数比例（%）	占全国民办普通小学学生总数比例（%）
江苏	177	301771	3.12	4.48
上海	174	156010	3.06	2.31
广西	172	153285	3.03	2.27
山西	170	174375	2.99	2.59
湖南	145	209837	2.55	3.11
云南	114	78713	2.01	1.17
重庆	104	53277	1.83	0.79
福建	94	127133	1.65	1.89
海南	87	80672	1.53	1.20
湖北	67	102284	1.18	1.52
北京	65	71512	1.14	1.06
江西	53	127487	0.93	1.89
内蒙古	32	28596	0.56	0.42
辽宁	28	40134	0.49	0.60
吉林	21	53910	0.37	0.80
新疆	16	16558	0.28	0.25
天津	14	15144	0.25	0.22
黑龙江	9	12724	0.16	0.19
甘肃	8	7708	0.14	0.11
宁夏	6	4300	0.11	0.06
青海	3	1083	0.05	0.02
西藏	2	1171	0.04	0.02

（资料来源：根据国家统计局与教育部网站、教育部提供的数据资料整理而成）

6. 各省(自治区、直辖市)民办幼儿园数、在园人数

2014年，按各省(自治区、直辖市)民办幼儿园数由高到低排列，位于前五位的分别是河南、湖南、广东、江西和四川。各省(自治区、直辖市)民办幼儿园数和民办幼儿园在园人数、各省(自治区、直辖市)民办幼儿园数占全国民办幼儿园总数的比例和各省(自治区、直辖市)民办幼儿园在园人数占全国民办幼儿园在园人总数的比例详见表1-15。

表 1-15　2014年各省(自治区、直辖市)民办幼儿园数、在园人数及占比情况

省份	民办幼儿园数（所）	民办幼儿园在园人数（人）	占全国民办幼儿园总数比例（%）	占全国民办幼儿园在园人总数比例（%）
河南	12585	2282547	9.04	10.74
湖南	11044	1434527	7.93	6.75
广东	10998	2401059	7.90	11.30
江西	10067	1164891	7.23	5.48
四川	9991	1312707	7.17	6.18
广西	8469	1121366	6.08	5.28
山东	7185	986862	5.16	4.64
辽宁	6699	520767	4.81	2.45
浙江	6660	1156050	4.78	5.44
福建	5357	791747	3.85	3.73
陕西	4792	812990	3.44	3.83
湖北	4703	861635	3.38	4.05
河北	4597	740373	3.30	3.48
黑龙江	4363	300106	3.13	1.41
安徽	4198	970364	3.01	4.57
云南	4093	632626	2.94	2.98
重庆	3864	538763	2.77	2.53
吉林	3234	258734	2.32	1.22
贵州	2836	504417	2.04	2.37
山西	2531	376738	1.82	1.77
内蒙古	2242	266932	1.61	1.26
江苏	1794	642054	1.29	3.02
甘肃	1586	246122	1.14	1.16
海南	1563	243930	1.12	1.15
天津	962	80375	0.69	0.38
新疆	771	132102	0.55	0.62
北京	532	126947	0.38	0.60
上海	532	150035	0.38	0.71

续表

省份	民办幼儿园数（所）	民办幼儿园在园人数（人）	占全国民办幼儿园总数比例（%）	占全国民办幼儿园在园人总数比例（%）
青海	515	82625	0.37	0.39
宁夏	471	97393	0.34	0.46
西藏	48	15997	0.03	0.08

（资料来源：根据国家统计局与教育部网站、教育部提供的数据资料整理而成）

（三）各省（自治区、直辖市）民办学校各学段校均规模（2014年）

1. 各省（自治区、直辖市）民办高校校均规模

2014年，按各省（自治区、直辖市）民办高校校均规模由大到小排列，位于前五位的分别是广东、四川、陕西、河北和海南。各省（自治区、直辖市）民办高校校均规模详见表1-16。

表1-16　2014年各省（自治区、直辖市）民办高校校均规模

省份	民办高校校均规模（人/所）	省份	民办高校校均规模（人/所）
广东	11161.25	云南	7494.15
四川	10154.18	贵州	7482.91
陕西	10117.80	湖南	7145.97
河北	9761.80	天津	7015.64
海南	9707.86	广西	6729.67
湖北	9464.72	黑龙江	5918.83
河南	8915.97	福建	5864.72
山东	8686.10	安徽	5815.48
吉林	8627.50	辽宁	5753.94
甘肃	8611.43	上海	4611.40
山西	8146.33	北京	4554.47
浙江	8094.81	青海	3739.00
宁夏	8053.50	新疆	3315.89
江西	8014.27	内蒙古	2208.70
重庆	7803.74	西藏	—
江苏	7599.25		

（资料来源：根据国家统计局与教育部网站、教育部提供的数据资料整理而成）

2. 各省(自治区、直辖市)民办普通高中校均规模

2014年，按各省(自治区、直辖市)民办普通高中校均规模由大到小排列，位于前五位的分别是重庆、江苏、山东、吉林和河南。各省(自治区、直辖市)民办普通高中校均规模详见表1-17。

表1-17　2014年各省(自治区、直辖市)民办普通高中校均规模

省份	民办普通高中在校生数(人)	民办普通高中学校数(所)	民办普通高中校均规模(人/所)
重庆	34170	19	1798.42
江苏	149716	100	1497.16
山东	136022	101	1346.75
吉林	30050	23	1306.52
河南	259589	208	1248.02
河北	103305	94	1098.99
四川	95366	88	1083.70
山西	161941	150	1079.61
安徽	194103	181	1072.39
江西	125039	118	1059.65
浙江	168445	162	1039.78
广东	145429	151	963.11
湖南	93161	98	950.62
广西	78277	84	931.87
陕西	83178	92	904.11
福建	67456	77	876.05
辽宁	78427	93	843.30
湖北	96215	119	808.53
贵州	75836	94	806.77
云南	48128	60	802.13
宁夏	6341	8	792.63
海南	18121	24	755.04
黑龙江	25153	34	739.79
甘肃	34874	49	711.71

续表

省份	民办普通高中在校生数(人)	民办普通高中学校数(所)	民办普通高中校均规模(人/所)
新疆	16021	27	593.37
天津	13408	31	432.52
内蒙古	13646	33	413.52
青海	3972	10	397.20
北京	16809	63	266.81
上海	13589	51	266.45
西藏	755	—	—

(资料来源：根据国家统计局与教育部网站、教育部提供的数据资料整理而成)

3. 各省(自治区、直辖市)民办普通初中校均规模

2014年，按各省(自治区、直辖市)民办普通初中校均规模由大到小排列，位于前五位的分别是宁夏、福建、天津、吉林和辽宁。各省(自治区、直辖市)民办普通初中校均规模详见表1-18。

表1-18 2014年各省(自治区、直辖市)民办普通初中校均规模

省份	民办普通初中在校生数(人)	民办普通初中学校数(所)	民办普通初中校均规模(人/所)
宁夏	12989	5	2597.80
福建	144500	63	2293.65
天津	22794	11	2072.18
吉林	72180	37	1950.81
辽宁	59688	36	1658.00
江苏	273068	167	1635.14
陕西	134437	97	1385.95
湖南	260079	190	1368.84
安徽	421141	314	1341.21
重庆	84572	64	1321.44
河北	275757	212	1300.74
北京	26086	21	1242.19
四川	221721	184	1205.01

续表

省份	民办普通初中在校生数（人）	民办普通初中学校数（所）	民办普通初中校均规模（人/校）
山西	242730	204	1189.85
山东	304317	268	1135.51
上海	60776	56	1085.29
湖北	115814	114	1015.91
黑龙江	38579	38	1015.24
浙江	217148	228	952.40
河南	657040	693	948.11
青海	899	1	899.00
江西	141516	161	878.98
广东	698193	870	802.52
甘肃	15242	19	802.21
内蒙古	30981	39	794.38
云南	62869	82	766.70
新疆	10298	15	686.53
广西	93253	153	609.50
贵州	141251	317	445.59
海南	29791	83	358.93
西藏	309	2	154.50

（资料来源：根据国家统计局与教育部网站、教育部提供的数据资料整理而成）

4. 各省（自治区、直辖市）民办普通小学校均规模

2014 年，按各省（自治区、直辖市）民办普通小学校均规模由大到小排列，位于前五位的分别是广东、吉林、江西、浙江和江苏。各省（自治区、直辖市）民办普通小学校均规模详见表 1-19。

表 1-19　2014 年各省（自治区、直辖市）民办普通小学校均规模

省份	民办小学在校生数（人）	民办小学学校数（所）	民办小学校均规模（人/所）
广东	1845272	705	2617.41
吉林	53910	21	2567.14
江西	127487	53	2405.42

续表

省份	民办小学在校生数(人)	民办小学学校数(所)	民办小学校均规模(人/所)
浙江	473558	225	2104.70
江苏	301771	177	1704.92
湖北	102284	67	1526.63
湖南	209837	145	1447.15
辽宁	40134	28	1433.36
黑龙江	12724	9	1413.78
福建	127133	94	1352.48
山东	304704	240	1269.60
北京	71512	65	1100.18
天津	15144	14	1081.71
新疆	16558	16	1034.88
山西	174375	170	1025.74
安徽	256010	251	1019.96
四川	238612	245	973.93
甘肃	7708	8	963.50
海南	80672	87	927.26
河北	393725	430	915.64
上海	156010	174	896.61
内蒙古	28596	32	893.63
广西	153285	172	891.19
河南	1112665	1550	717.85
宁夏	4300	6	716.67
云南	78713	114	690.46
陕西	140923	213	661.61
贵州	158272	261	606.41
西藏	1171	2	585.50
重庆	53277	104	512.28
青海	1083	3	361.00

(资料来源：根据国家统计局与教育部网站、教育部提供的数据资料整理而成)

5. 各省(自治区、直辖市)民办幼儿园园均规模

2014 年，按各省(自治区、直辖市)民办幼儿园园均规模由大到小排列，位于前五位的分别是江苏、西藏、上海、北京和安徽。各省(自治区、直辖市)民办幼儿园园均规模详见表 1-20。

表 1-20　2014 年各省(自治区、直辖市)民办幼儿园园均规模

省份	民办幼儿园在园人数(人)	民办幼儿园数(所)	民办幼儿园园均规模(人/所)
江苏	642054	1794	357.89
西藏	15997	48	333.27
上海	150035	532	282.02
北京	126947	532	238.62
安徽	970364	4198	231.15
广东	2401059	10998	218.32
宁夏	97393	471	206.78
湖北	861635	4703	183.21
河南	2282547	12585	181.37
贵州	504417	2836	177.86
浙江	1156050	6660	173.58
新疆	132102	771	171.34
陕西	812990	4792	169.66
河北	740373	4597	161.06
青海	82625	515	160.44
海南	243930	1563	156.07
甘肃	246122	1586	155.18
云南	632626	4093	154.56
山西	376738	2531	148.85
福建	791747	5357	147.80
重庆	538763	3864	139.43
山东	986862	7185	137.35
广西	1121366	8469	132.41
四川	1312707	9991	131.39

续表

省份	民办幼儿园在园人数(人)	民办幼儿园数(所)	民办幼儿园园均规模(人/所)
湖南	1434527	11044	129.89
内蒙古	266932	2242	119.06
江西	1164891	10067	115.71
天津	80375	962	83.55
吉林	258734	3234	80.00
辽宁	520767	6699	77.74
黑龙江	300106	4363	68.78

(资料来源：根据国家统计局与教育部网站、教育部提供的数据资料整理而成)

三、民办学校师资数变化情况

(一)全国各学段民办学校师资数变化情况(2011—2014 年)

1. 全国民办普通高校教职工数、专任教师数逐年增长

如表 1-21 所示，2011 年至 2014 年，全国民办普通高校教职工数、专任教师数逐年增长，教职工数占全国普通高校教职工总数的比例、专任教师数占全国普通高校专任教师总数的比例也呈缓慢上升趋势。

表 1-21　2011—2014 年全国民办普通高校教职工数、专任教师数及占比情况

类型 / 年份	教职工		专任教师	
	人数(人)	占比(%)	人数(人)	占比(%)
2011 年	371554	16.85	252441	18.13
2012 年	387458	17.18	267180	18.55
2013 年	398400	17.34	281415	18.80
2014 年	412824	17.67	293954	19.16

(资料来源：根据国家统计局与教育部网站、教育部提供的数据资料整理而成)

2. 全国独立学院教职工数、专任教师数先增后降

如表 1-22 所示，2011 年至 2014 年，全国独立学院教职工数、专任教师数先增后降，2011 年至 2012 年出现明显增长后，2012 年至 2014 年持续下降；教

职工数占全国普通高校教职工总数的比例、专任教师数占全国普通高校专任教师总数的比例也呈现类似的变化趋势。

表 1-22　2011—2014 年全国独立学院教职工数、专任教师数及占比情况

类型 年份	教职工		专任教师	
	人数(人)	占比(%)	人数(人)	占比(%)
2011 年	181039	8.21	132733	9.53
2012 年	189200	8.39	139700	9.70
2013 年	186300	8.11	138800	9.27
2014 年	181039	7.75	132733	9.53

(资料来源：根据国家统计局与教育部网站、教育部提供的数据资料整理而成)

3. 全国民办普通高中教职工数、专任教师数在骤减后缓慢增长

如表 1-23 所示，2011 年至 2014 年，全国民办普通高中教职工数、专任教师数变化较为明显，在 2011 年至 2012 年民办普通高中教职工数、专任教师数骤减，之后转增，但增长速度缓慢；教职工数占全国普通高校教职工总数的比例、专任教师数占全国普通高中专任教师总数的比例也呈现类似的变化趋势。

表 1-23　2011—2014 年全国民办普通高中教职工数、专任教师数及占比情况

类型 年份	教职工		专任教师	
	人数(人)	占比(%)	人数(人)	占比(%)
2011 年	606071	24.94	452249	29.05
2012 年	321834	13.07	234048	14.67
2013 年	328642	13.29	240426	14.76
2014 年	355368	14.16	262622	15.79

(资料来源：根据国家统计局与教育部网站、教育部提供的数据资料整理而成)

4. 全国民办中等职业学校教职工数、专任教师数逐年减少

如表 1-24 所示，2011 年至 2014 年，全国民办中等职业学校教职工数、专任教师数呈现下滑态势，教职工数占全国中等职业学校教职工总数的比例、专任教师数占全国中等职业学校专任教师总数的比例也出现较明显的下降。

表 1-24　2011—2014 年全国民办中等职业学校教职工数、专任教师数及占比情况

类型 年份	教职工		专任教师	
	人数(人)	占比(%)	人数(人)	占比(%)
2011 年	148686	12.29	95501	10.83
2012 年	134488	11.31	88120	10.01
2013 年	117814	10.21	77881	8.95
2014 年	111070	9.81	74290	8.64

(资料来源：根据国家统计局与教育部网站、教育部提供的数据资料整理而成)

5. 全国民办普通小学教职工数、专任教师数稳步增长

如表 1-25 所示，2011 年至 2014 年，全国民办普通小学教职工数、专任教师数稳步增长，教职工数占全国普通小学教职工总数的比例、专任教师数占全国普通小学专任教师总数的比例也呈现明显上升的趋势。

表 1-25　2011—2014 年全国民办普通小学教职工数、专任教师数及占比情况

类型 年份	教职工		专任教师	
	人数(人)	占比(%)	人数(人)	占比(%)
2011 年	186026	3.33	134809	2.41
2012 年	196875	3.55	143115	2.56
2013 年	204861	3.73	151800	2.72
2014 年	225892	4.12	168023	2.98

(资料来源：根据国家统计局与教育部网站、教育部提供的数据资料整理而成)

6. 全国民办幼儿园教职工数、专任教师数逐年递增

如表 1-26 所示，2011 年至 2014 年，民办幼儿园教职工数、专任教师数逐年递增，教职工数占全国幼儿园教职工总数的比例逐年上升，专任教师数占全国幼儿园专任教师总数的比例略有波动。

表 1-26　2011—2014 年全国民办幼儿园教职工数*、专任教师数及占比情况

类型 年份	教职工		专任教师	
	人数(人)	占比(%)	人数(人)	占比(%)
2011 年	1436575	96.02	807772	61.40
2012 年	1633779	97.39	913395	61.76

续表

类型 年份	教职工		专任教师	
	人数(人)	占比(%)	人数(人)	占比(%)
2013 年	1848754	98.07	1020215	61.35
2014 年	2056325	98.85	1131802	61.37

*幼儿园教职工数为园长和教师总数。

(资料来源：根据国家统计局与教育部网站、教育部提供的数据资料整理而成)

(二)各省(自治区、直辖市)民办学校师资情况(2014 年)

1. 各省(自治区、直辖市)民办高校师资情况

2014 年，按各省(自治区、直辖市)民办高校生师比由高到低排列，位于前五位的分别是内蒙古、江苏、广东、海南、浙江，各省(自治区、直辖市)民办高校教职工数、专任教师数和生师比详见图 1-1。

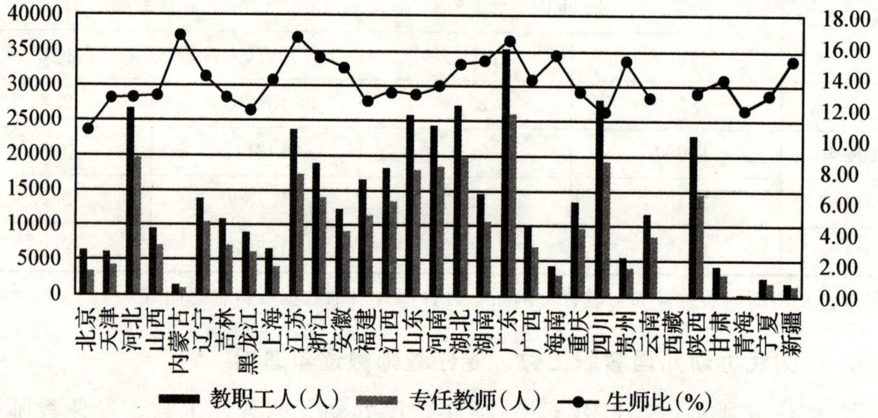

图 1-1　2011—2014 年民办高校教职工数、专任教师数及生师比

(资料来源：根据国家统计局与教育部网站、教育部提供的数据资料整理而成)

2. 各省(自治区、直辖市)民办普通高中师资情况

2014 年，按各省(自治区、直辖市)民办普通高中生师比由高到低排列，位于前五位的分别是甘肃、辽宁、宁夏、青海、河南，各省(自治区、直辖市)民办普通高中教职工数、专任教师数和生师比详见图 1-2。

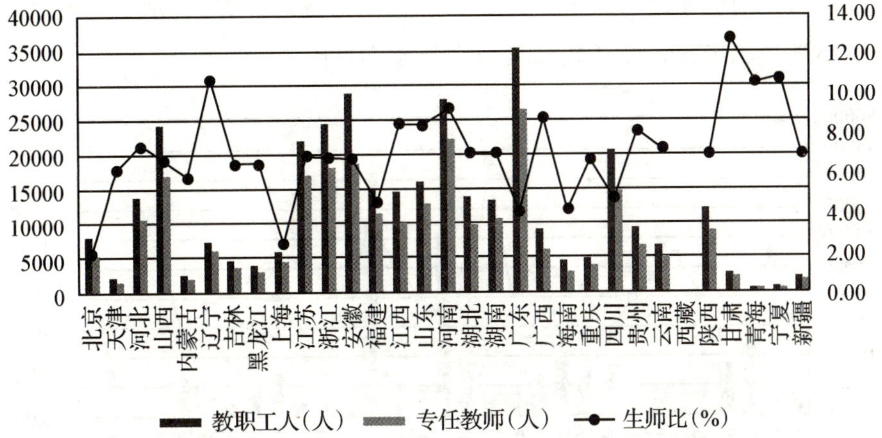

图 1-2　各省(自治区、直辖市)民办普通高中教职工数、专任教师数及生师比

(资料来源：根据国家统计局与教育部网站、教育部提供的数据资料整理而成)

3. 各省(自治区、直辖市)民办普通初中师资情况

2014 年，按各省(自治区、直辖市)民办普通初中生师比由高到低排列，位于前五位的分别是宁夏、青海、天津、重庆和辽宁，各省(自治区、直辖市)民办普通初中教职工数、专任教师数和生师比详见图 1-3。

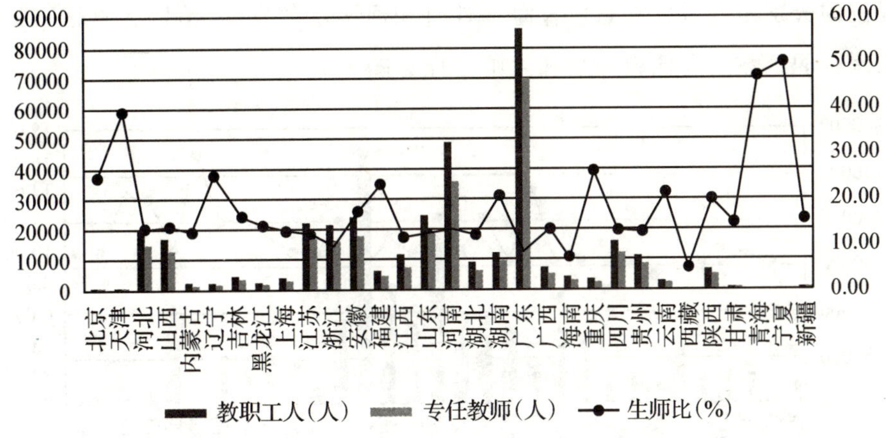

图 1-3　各省(自治区、直辖市)民办普通初中教职工数、专任教师数及生师比

(资料来源：根据国家统计局与教育部网站、教育部提供的数据资料整理而成)

4. 各省(自治区、直辖市)民办普通小学师资情况

2014 年，按各省(自治区、直辖市)民办普通小学生师比由高到低排列，位

于前五位的分别是江西、广东、甘肃、新疆和天津，各省(自治区、直辖市)民办普通小学教职工数、专任教师数和生师比详见图 1-4。

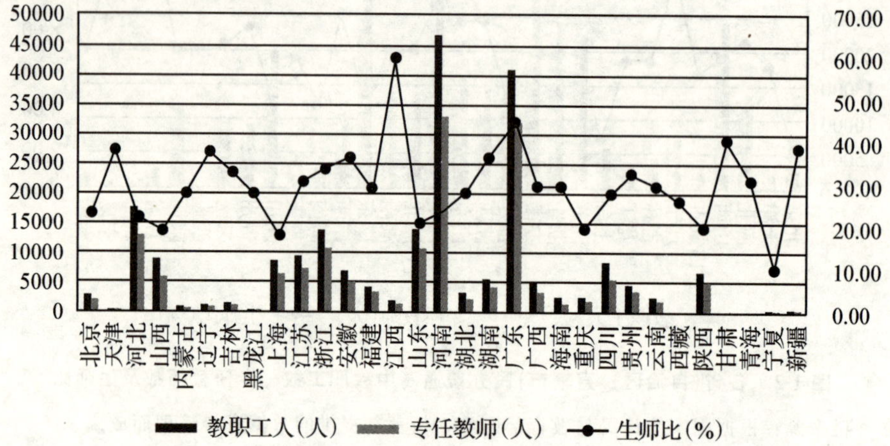

图 1-4　各省(自治区、直辖市)民办普通小学教职工数、专任教师数及生师比

(资料来源：根据国家统计局与教育部网站、教育部提供的数据资料整理而成)

5. 各省(自治区、直辖市)民办幼儿园师资情况

2014 年，按各省(自治区、直辖市)民办幼儿园生师比由高到低排列，位于前五位的分别是西藏、安徽、青海、甘肃和河南，各省(自治区、直辖市)民办幼儿园教职工数、专任教师数和生师比详见图 1-5。

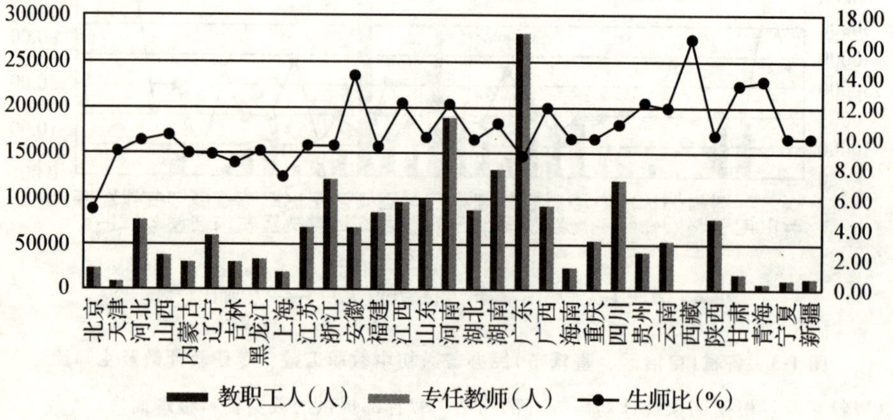

图 1-5　各省(自治区、直辖市)民办幼儿园教职工数、专任教师数及生师比

(资料来源：根据国家统计局与教育部网站、教育部提供的数据资料整理而成)

四、民办学校经费情况

(一)民办学校经费收支情况(2013 年)

如表 1-27、表 1-28 所示，2013 年，各级各类民办学校经费总收入为2340.90亿元，其中民办普通高校、中等职业学校、普通高中、普通初中、普通小学、幼儿园总收入为 2338.93 亿元，主要来源由高到低依次为学杂费、公共预算内教育经费和举办者投入；各级各类民办教育机构总支出为 2297.62 亿元，其中民办普通高校、中等职业学校、普通高中、普通初中、普通小学、幼儿园总支出为 2295.60 亿元，主要用途为事业性经费支出。

表 1-27　2013 年各学段民办学校主要经费收入来源(亿元)[①]

项目 学校类型	总收入	公共预算内教育经费	政府征收用于教育的税费	学杂费	举办者投入	捐赠收入
普通高校[②]	779.38	67.34	4.88	614.11	34.03	3.42
中等职业学校	94.48	31.74	2.11	38.84	8.88	0.22
普通高中	246.79	14.12	3.34	171.79	12.02	1.98
普通初中	251.38	32.84	3.21	144.56	23.70	3.50
普通小学	280.94	38.34	8.82	156.77	28.74	1.72
幼儿园	685.96	41.87	9.47	530.31	40.02	0.50

(资料来源：根据国家统计局与教育部网站、教育部提供的数据资料整理而成)

表 1-28　2013 年各学段民办学校主要经费支出情况(亿元)

项目 学校类型	总支出	事业性经费支出	基本建设支出
普通高校	760.42	754.44	5.97
中等职业学校	94.96	94.29	0.66

① 民办学校经费收入来源有：公共预算内教育经费、各级政府征收用于教育的税费、事业收入(包括学杂费)、举办者投入、校办产业和经营收益用于教育的经费、捐赠收入、其他收入。

② 民办高校经费收入总额约为 780.51 亿元，包括民办普通高校收入和成人高校收入(约 1.14 亿元)。

续表

学校类型＼项目	总支出	事业性经费支出	基本建设支出
普通高中	183.45	183.45	0.059
普通初中	293.03	292.79	0.24
普通小学	292.85	292.44	0.41
幼儿园	670.89	670.49	0.41

（资料来源：根据国家统计局与教育部网站、教育部提供的数据资料整理而成）

(二)各省(自治区、直辖市)民办学校举办者投入总量(2013年)

如图1-6所示，2013年，全国各省(自治区、直辖市)民办学校举办者投入总量为147.41亿元。各省(自治区、直辖市)差别显著，由高到低排列，位于前五位的分别是广东、河南、四川、湖北和福建。

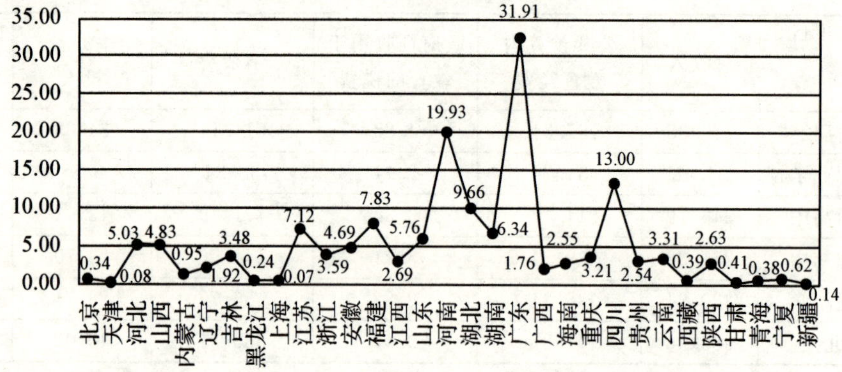

图1-6　2013年各省(自治区、直辖市)民办学校举办者投入情况(亿元)

（资料来源：根据《2014年教育统计经费年鉴》、教育部提供的数据资料整理而成）

五、民办学校资产情况

民办学校资产情况主要包括学校占地面积、校舍建筑面积、教学科研及辅助用房面积、学校固定资产总值、教学科研仪器设备资产值。

(一)各省(自治区、直辖市)民办高校资产情况(2014年)

2014年，全国民办高校总占地面积38540.89万平方米，校舍建筑面积15910.74万平方米，教学科研及辅助用房面积7970.03万平方米，固定资产总值3044.20亿元，教学科研仪器设备资产值362.31亿元。

如表1-29、表1-30所示，2014年，按各省(自治区、直辖市)民办高校生均占地面积由大到小排列，位于前五位的分别是新疆、内蒙古、海南、北京、天津。按学校产权占地面积在学校占地面积中所占比例由高到低排列，位于前五位的分别是宁夏、黑龙江、河南、安徽、河北。

按各省(自治区、直辖市)民办高校生均校舍建筑面积由大到小排列，位于前五位的分别是北京、内蒙古、新疆、福建、江西。按学校产权校舍面积在学校校舍面积中所占比例由高到低排列，位于前五位的分别是宁夏、河南、河北、黑龙江、青海。

按各省(自治区、直辖市)民办高校生均教学科研及辅助用房面积由大到小排列，位于前五位的分别是新疆、内蒙古、北京、青海、江西。按学校产权教学科研及辅助用房面积在学校教学科研及辅助用房面积中所占比例由高到低排列，位于前五位的分别是宁夏、河南、河北、安徽、黑龙江。

按各省(自治区、直辖市)民办高校生均固定资产总值由大到小排列，位于前五位的分别是北京、上海、海南、辽宁、福建。按学校产权固定资产在学校固定资产中所占比例由高到低排列，位于前五位的分别是内蒙古、宁夏、黑龙江、甘肃、河南。

按各省(自治区、直辖市)民办高校生均教学科研仪器设备资产总值由大到小排列，位于前五位的分别是新疆、北京、上海、云南、福建。从学校产权教学科研仪器设备资产在学校教学科研仪器设备资产中所占比例情况看，内蒙古、吉林、黑龙江、河南和海南达到100%，即教学科研仪器设备全部为学校所有。

表1-29　2014年各省(自治区、直辖市)民办高校资产情况①

省份	生均占地面积(平方米)	生均校舍建筑面积(平方米)	生均教学科研及辅助用房面积(平方米)	生均固定资产总值(万元)	生均教学科研仪器设备资产总值(万元)
北京	94.88	42.65	19.03	8.78	0.99
天津	85.20	25.86	13.10	6.43	0.62

① 为避免数值过小，生均占地面积、生均校舍建筑面积、生均教学科研及辅助用房面积以“平方米”为单位，生均固定资产总值、生均教学科研仪器设备资产总值以“万元”为单位；以下表格同。

续表

省份	生均占地面积（平方米）	生均校舍建筑面积（平方米）	生均教学科研及辅助用房面积（平方米）	生均固定资产总值（万元）	生均教学科研仪器设备资产总值（万元）
河北	56.84	25.22	14.02	4.17	0.58
山西	49.50	25.00	12.59	3.74	0.66
内蒙古	132.64	39.98	20.31	6.68	0.75
辽宁	69.27	28.28	15.50	7.53	0.58
吉林	70.19	23.14	11.36	6.04	0.49
黑龙江	77.32	30.79	16.55	5.76	0.58
上海	49.65	30.41	12.28	7.67	0.91
江苏	63.92	27.09	13.42	4.85	0.64
浙江	55.97	28.79	13.67	6.55	0.76
安徽	61.45	26.93	13.70	4.01	0.52
福建	77.15	33.42	16.43	7.32	0.76
江西	83.37	33.09	16.97	5.63	0.73
山东	76.98	30.39	15.84	5.73	0.73
河南	72.93	29.30	15.53	4.49	0.59
湖北	63.72	29.01	15.65	5.37	0.66
湖南	72.68	27.53	13.52	5.07	0.63
广东	62.41	22.76	9.96	4.77	0.45
广西	61.45	24.92	11.54	3.72	0.58
海南	95.26	26.92	11.57	7.61	0.72
重庆	70.35	28.59	14.49	6.27	0.59
四川	66.52	26.67	14.48	6.27	0.66
贵州	52.83	22.84	12.60	3.13	0.53
云南	62.82	32.98	12.90	5.65	0.85
陕西	53.33	24.16	11.72	4.25	0.51
甘肃	29.01	20.49	11.40	3.29	0.48
青海	45.15	26.03	17.36	1.44	0.52
宁夏	75.14	25.35	12.55	3.33	0.55
新疆	206.36	35.88	20.94	3.72	1.18
西藏	—	—	—	—	—

（资料来源：根据国家统计局与教育部网站、教育部提供的数据资料整理而成）

表 1-30 2014年各省(自治区、直辖市)民办高校产权资产在所有资产中的占比(%)

省份	学校产权占地面积占比	学校产权校舍建筑面积占比	学校产权教学科研及辅助用房面积占比	学校产权固定资产总值占比	学校产权教学科研仪器设备资产总值占比
北京	48.92	65.68	65.59	90.93	99.40
天津	73.32	64.99	63.22	83.05	89.50
河北	81.99	88.11	91.82	90.24	97.52
山西	51.01	42.34	44.82	71.70	77.10
内蒙古	77.48	52.19	50.15	100.00	100.00
辽宁	64.16	52.93	57.41	64.99	92.31
吉林	56.42	58.20	60.87	93.17	100.00
黑龙江	90.01	82.62	84.51	98.86	100.00
上海	65.91	46.61	64.20	75.07	98.51
江苏	49.22	29.29	32.58	77.56	94.33
浙江	73.89	54.05	55.64	85.32	98.93
安徽	82.80	77.82	84.91	89.04	96.34
福建	40.67	37.84	40.41	87.11	82.86
江西	67.21	59.62	60.91	83.01	91.79
山东	68.67	59.31	57.91	82.38	96.29
河南	87.02	89.63	91.92	94.99	100.00
湖北	58.48	58.74	59.18	71.93	75.50
湖南	65.41	55.13	55.51	75.42	84.95
广东	42.78	29.88	34.22	59.12	98.47
广西	55.04	38.26	37.37	86.41	85.71
海南	64.32	52.05	56.86	92.04	100.00
重庆	80.13	74.43	77.30	89.17	97.76
四川	61.75	52.45	55.57	72.24	95.34
贵州	64.37	75.54	75.52	77.85	81.90
云南	56.10	36.41	42.66	82.68	53.79
陕西	33.83	45.07	43.19	94.29	98.05
甘肃	62.08	53.31	45.63	96.42	96.11
青海	80.26	80.35	81.27	81.73	99.59

续表

省份	学校产权占地面积占比	学校产权校舍建筑面积占比	学校产权教学科研及辅助用房面积占比	学校产权固定资产总值占比	学校产权教学科研仪器设备资产总值占比
宁夏	97.25	95.02	93.02	99.77	98.59
新疆	72.07	72.17	70.77	68.32	59.52
西藏	—	—	—	—	—

(资料来源：根据国家统计局与教育部网站、教育部提供的数据资料整理而成)

(二)各省(自治区、直辖市)民办普通高中资产情况(2014年)

如表1-31所示，2014年，民办普通高中总占地面积14096.69万平方米，校舍建筑面积7113.20万平方米，教学科研及辅助用房面积2456.32万平方米，固定资产总值1079.53亿元，教学科研仪器设备资产值91.37亿元。按生均占地面积由大到小排列，位于前五位的分别是北京、上海、广东、福建、内蒙古。

表1-31　2014年各省(自治区、直辖市)民办普通高中资产情况

省份	生均占地面积(平方米)	生均校舍建筑面积(平方米)	生均教学科研及辅助用房面积(平方米)	生均固定资产总值(万元)	人均教学科研仪器设备资产值(万元)
北京	170.87	94.47	31.98	14.23	1.26
上海	122.40	86.68	35.43	11.24	1.32
广东	99.61	56.27	20.05	11.07	0.98
福建	82.95	43.28	15.64	6.63	0.44
内蒙古	82.21	32.05	10.85	3.54	0.23
云南	82.12	31.00	10.55	5.50	0.57
海南	81.82	38.54	11.65	6.20	0.49
新疆	80.76	28.96	9.98	3.08	0.25
湖南	69.92	36.15	14.78	4.76	0.37
宁夏	66.30	20.47	8.17	3.07	0.48
天津	66.30	40.12	13.57	4.95	0.48
四川	65.32	40.36	12.88	7.28	0.80
湖北	61.10	25.90	8.26	4.65	0.36
河北	59.34	23.36	8.12	2.50	0.19
安徽	59.30	28.35	8.71	3.91	0.28

续表

省份	生均占地面积（平方米）	生均校舍建筑面积（平方米）	生均教学科研及辅助用房面积（平方米）	生均固定资产总值（万元）	人均教学科研仪器设备资产值（万元）
山东	58.74	24.76	7.97	3.19	0.27
浙江	55.86	31.37	10.70	5.19	0.39
江苏	55.26	29.68	12.08	5.38	0.47
江西	52.34	23.99	7.68	3.22	0.21
山西	48.84	22.90	7.39	2.99	0.29
河南	45.67	23.04	7.88	2.50	0.17
辽宁	45.41	23.31	8.47	3.70	0.24
广西	45.32	21.93	7.52	2.40	0.19
重庆	44.42	28.53	8.66	3.84	0.30
贵州	44.03	22.82	6.72	4.41	0.35
陕西	43.43	25.15	8.73	3.91	0.52
吉林	41.40	23.08	9.32	3.10	0.43
甘肃	35.00	15.10	5.50	3.14	0.16
黑龙江	32.23	19.09	8.19	2.08	0.33
青海	22.79	13.43	5.85	2.51	0.10
西藏	—	—	—	—	—

（资料来源：根据国家统计局与教育部网站、教育部提供的数据资料整理而成）

（三）各省（自治区、直辖市）民办普通初中资产情况（2014 年）

如表 1-32 所示，2014 年，民办普通初中总占地面积 11805.54 万平方米，校舍建筑面积 5799.87 万平方米，教学科研及辅助用房面积 2305.91 万平方米，固定资产总值 792.95 亿元，教学科研仪器设备资产值 78.99 亿元。按生均占地面积由大到小排列，位于前五位的分别是海南、青海、山东、广东和河南。

表 1-32　2014 年各省（自治区、直辖市）民办普通初中资产情况

省份	生均占地面积（平方米）	生均校舍建筑面积（平方米）	生均教学科研及辅助用房面积（平方米）	生均固定资产总值（万元）	生均教学科研仪器设备资产值（万元）
海南	36.84	18.87	6.72	2.46	0.26
青海	33.34	10.48	2.76	1.52	0.00

续表

省份	生均占地面积（平方米）	生均校舍建筑面积（平方米）	生均教学科研及辅助用房面积（平方米）	生均固定资产总值（万元）	生均教学科研仪器设备资产值（万元）
山东	33.20	13.99	4.95	1.72	0.16
广东	30.87	17.38	8.33	2.52	0.34
河南	29.44	14.05	4.82	1.69	0.12
江西	27.77	12.12	4.43	1.49	0.13
河北	26.55	10.04	3.62	1.14	0.10
浙江	26.27	15.13	5.94	1.99	0.22
江苏	26.04	13.37	5.78	1.93	0.18
内蒙古	24.65	7.96	3.59	1.19	0.06
湖北	24.58	11.68	4.39	1.72	0.17
广西	21.87	9.60	3.83	0.85	0.08
宁夏	20.80	5.18	3.26	0.58	0.05
贵州	20.49	9.83	3.98	1.66	0.14
湖南	20.37	10.66	4.04	1.68	0.14
山西	19.62	9.27	3.06	1.33	0.08
黑龙江	19.58	7.81	3.12	1.48	0.09
陕西	19.29	8.06	2.80	1.22	0.13
安徽	18.94	8.21	3.05	1.27	0.09
四川	18.50	10.45	4.32	1.63	0.20
上海	16.79	11.37	4.91	1.11	0.27
北京	15.94	6.02	2.72	0.79	0.07
西藏	14.17	12.62	6.67	0.61	0.05
新疆	13.99	6.21	3.06	0.40	0.11
吉林	13.90	8.55	3.92	0.69	0.09
重庆	13.53	7.25	2.80	1.39	0.11
甘肃	13.41	7.97	2.73	1.05	0.15
辽宁	13.21	6.97	2.87	0.87	0.09
福建	12.79	6.80	2.62	0.99	0.09
云南	12.46	7.43	3.22	0.76	0.08
天津	8.92	5.16	2.04	0.89	0.04

（资料来源：根据国家统计局与教育部网站、教育部提供的数据资料整理而成）

(四)各省(自治区、直辖市)民办普通小学资产情况(2014年)

如表1-33所示，2014年，民办普通小学总占地面积6017.36万平方米，校舍建筑面积2856.57万平方米，教学科研及辅助用房面积1284.95万平方米，固定资产总值365.92亿元，教学科研仪器设备资产值39.22亿元。按生均占地面积由大到小排列，位于前五位的分别是青海、重庆、宁夏、河北、陕西。

表1-33　2014年各省(自治区、直辖市)民办普通小学资产情况

省份	生均占地面积(平方米)	生均校舍建筑面积(平方米)	生均教学科研及辅助用房面积(平方米)	生均固定资产总值(万元)	生均教学科研仪器设备资产值(万元)
青海	47.13	8.39	3.12	0.89	0.03
重庆	17.49	10.08	4.70	2.08	0.13
宁夏	16.23	5.75	2.82	1.74	0.16
河北	15.75	5.81	2.17	0.61	0.05
陕西	15.07	7.00	2.74	0.88	0.13
河南	13.76	5.77	2.39	0.66	0.04
山西	13.71	6.03	1.99	0.66	0.04
山东	12.98	5.36	2.23	0.64	0.06
辽宁	11.80	5.68	2.07	0.75	0.12
内蒙古	11.27	3.80	1.64	0.56	0.07
江苏	8.91	3.55	1.86	0.50	0.07
湖南	8.79	4.94	1.91	0.87	0.10
黑龙江	8.47	5.04	2.55	0.28	0.03
北京	8.42	4.06	2.79	0.32	0.07
安徽	8.42	3.64	1.67	0.46	0.03
西藏	8.11	4.87	2.18	2.48	0.09
湖北	7.85	4.12	1.83	0.49	0.06
上海	7.57	3.94	2.23	0.31	0.12
云南	7.52	3.32	1.79	0.31	0.06
甘肃	7.50	3.27	1.16	0.14	0.03
四川	7.50	4.03	1.84	0.61	0.07
海南	6.77	3.04	1.33	0.38	0.04

续表

省份	生均占地面积（平方米）	生均校舍建筑面积（平方米）	生均教学科研及辅助用房面积（平方米）	生均固定资产总值（万元）	生均教学科研仪器设备资产值（万元）
浙江	6.62	3.84	1.82	0.59	0.06
吉林	6.35	3.14	1.50	0.62	0.07
福建	6.15	3.70	1.69	0.47	0.06
天津	5.92	5.06	2.62	0.39	0.10
新疆	5.90	2.64	1.18	0.10	0.03
广西	5.83	3.58	1.82	0.34	0.03
贵州	5.37	3.16	1.57	0.38	0.05
广东	4.99	2.96	1.53	0.43	0.06
江西	4.41	1.98	0.83	0.23	0.02

（资料来源：根据国家统计局与教育部网站、教育部提供的数据资料整理而成）

（五）各省（自治区、直辖市）民办幼儿园资产情况（2014 年）

如表 1-34 所示，2014 年，民办幼儿园占地面积 20796.39 万平方米，校舍建筑面积 12881.61 万平方米，教学科研及辅助用房面积 9272.06 万平方米。按生均占地面积由高到低排列，位于前五位的分别是青海、北京、内蒙古、江苏和山东。

表 1-34　2014 年各省（自治区、直辖市）民办幼儿园资产情况

省份	生均占地面积（平方米）	生均校舍建筑面积（平方米）	生均教学科研及辅助用房面积（平方米）
青海	15.63	4.70	3.34
北京	14.82	9.95	6.50
内蒙古	14.02	6.89	4.91
江苏	13.96	8.07	5.68
山东	12.76	6.60	4.79
宁夏	12.37	6.77	4.94
新疆	12.27	6.38	4.52
上海	11.96	7.76	5.35
河北	11.69	5.68	4.20
辽宁	11.30	6.36	4.65
河南	10.65	5.15	3.81

续表

省份	生均占地面积（平方米）	生均校舍建筑面积（平方米）	生均教学科研及辅助用房面积（平方米）
黑龙江	10.53	5.59	4.12
天津	10.46	6.63	4.82
吉林	10.39	5.28	3.91
山西	10.10	5.99	4.16
湖南	10.03	6.49	4.73
湖北	9.98	6.17	4.55
广东	9.80	7.72	5.19
陕西	9.79	5.28	3.78
云南	9.72	6.04	4.23
浙江	9.08	7.00	4.83
甘肃	8.97	4.70	3.39
四川	8.59	5.36	3.99
重庆	8.59	5.73	4.33
江西	8.45	5.63	4.23
海南	8.10	5.59	4.06
福建	7.98	6.10	4.40
安徽	7.79	4.29	3.19
贵州	6.73	4.72	3.43
广西	6.33	5.21	3.95
西藏	5.91	3.42	2.58

（资料来源：根据国家统计局与教育部网站、教育部提供的数据资料整理而成）

不难看出，2010 年以后，我国民办教育进入平稳发展期。一方面，《民办教育促进法》等已有政策利好效应逐渐减弱，配套的扶持政策尚有待落实；另一方面，公共财政对教育投入，特别是对公办学校的支持力度不断加大，公办学校持续快速发展对民办学校产生冲击，加上我国适龄入学人口不断减少、生源萎缩因素的影响，民办学校的数量、在校生人数、经费投入额等增速明显放缓，甚至个别教育阶段出现持续下降的趋势。尽管如此，毋庸置疑的是，民办教育已经成为我国教育事业的重要组成部分、重要增长点和促进教育改革的重要力量，发展民办教育已被列为各级政府的重要职责。

第二部分

民办高校学生发展分析

借鉴国外的有益经验，根据国内的相关调研情况和专家座谈意见，课题组发现学习态度、学习策略、能力技能、情绪管理、学习环境气氛是表征和影响民办高校学生发展的主要因素。此次调研得到上海市、重庆市、广东省、浙江省、陕西省、甘肃省、湖北省、宁夏回族自治区等地教育主管部门和50余所民办高校的大力支持，调研范围覆盖国家东部、中部和西部地区。问卷调查采用纸质填写与网络作答相结合的方式，由各省协调人负责协调、督促问卷作答任务。如表2-1所示，共有8个省(自治区、直辖市)56所高校的64631名学生参与了问卷调查。调研结果表明，不同人口统计学特征的民办高校学生群体的学习态度、学习策略、能力技能、情绪管理、学习环境气氛认可度各有不同。

表2-1　学生样本数据来源省份及学校数量

省份(8个)	学校数量(56所)
上海市	7
重庆市	12
广东省	13
湖北省	5
陕西省	10
浙江省	4
甘肃省	4
宁夏回族自治区	1

(注：问卷作答学生数在100名以下的高校未计入此表)

调查工具

课题调研采用自编民办高校学生发展问卷。信度检验显示问卷的克朗巴哈系数 α 为 0.981，表明问卷信度良好，具体各个维度的 α 值如表 2-2 所示。

表 2-2　民办高校学生发展问卷信度检验表

<table>
<tr><th>整体问卷</th><th>维　　度</th><th colspan="2">因　　子</th><th>α</th></tr>
<tr><td rowspan="21">α=0.981
NT=103</td><td rowspan="3">学习态度
α=0.864
NT=15</td><td colspan="2">学习兴趣</td><td>0.76</td></tr>
<tr><td colspan="2">学习效能感</td><td>0.75</td></tr>
<tr><td colspan="2">考试心态</td><td>0.75</td></tr>
<tr><td rowspan="5">学习策略
α=0.943
NT=21</td><td colspan="2">认知策略</td><td>0.88</td></tr>
<tr><td rowspan="3">学习资源管理
α=0.84</td><td>时间管理</td><td>0.65</td></tr>
<tr><td>学习环境</td><td>0.66</td></tr>
<tr><td>需求支持</td><td>0.70</td></tr>
<tr><td colspan="2">方法策略</td><td>0.84</td></tr>
<tr><td rowspan="4">能力技能
α=0.954
NT=22</td><td colspan="2">认知能力</td><td>0.90</td></tr>
<tr><td colspan="2">专业和应用能力</td><td>0.85</td></tr>
<tr><td colspan="2">人际交往能力</td><td>0.85</td></tr>
<tr><td colspan="2">创新能力</td><td>0.76</td></tr>
<tr><td rowspan="4">情绪管理
α=0.947
NT=14</td><td colspan="2">自我情绪评价</td><td>0.84</td></tr>
<tr><td colspan="2">他人情绪评价</td><td>0.91</td></tr>
<tr><td colspan="2">情绪调节</td><td>0.78</td></tr>
<tr><td colspan="2">情绪运用</td><td>0.83</td></tr>
<tr><td rowspan="4">学习环境气氛
α=0.965
NT=31</td><td colspan="2">教室环境</td><td>0.90</td></tr>
<tr><td colspan="2">网络环境</td><td>0.87</td></tr>
<tr><td colspan="2">师生关系</td><td>0.94</td></tr>
<tr><td colspan="2">生生关系</td><td>0.93</td></tr>
</table>

维度比较

课题组将民办高校学生发展分析分为 5 个维度：学习态度、学习策略、能力技能、情绪管理和学习环境气氛认可度。如图 2-1 所示，从问卷分析结果来看，情绪管理分值最高(均值为 3.66)，学习态度分值最低(均值为 3.32)。

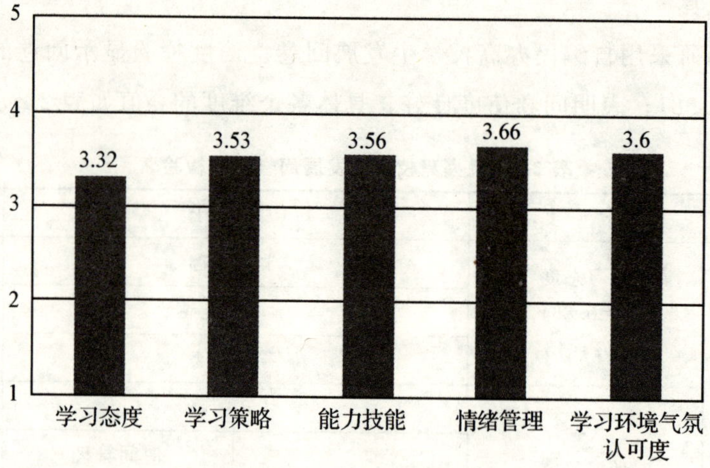

图 2-1 民办高校学生发展问卷各维度均值

一、学习态度

(一)总体概况

样本学生在学习态度方面的均值为 3.32。课题组将民办高校学生学习态度分为 3 个因子：学习兴趣、学习效能感和考试心态。如图 2-2 所示，其中学习兴趣分值最高(均值为 3.62)，考试心态分值最低(均值为 2.82)。

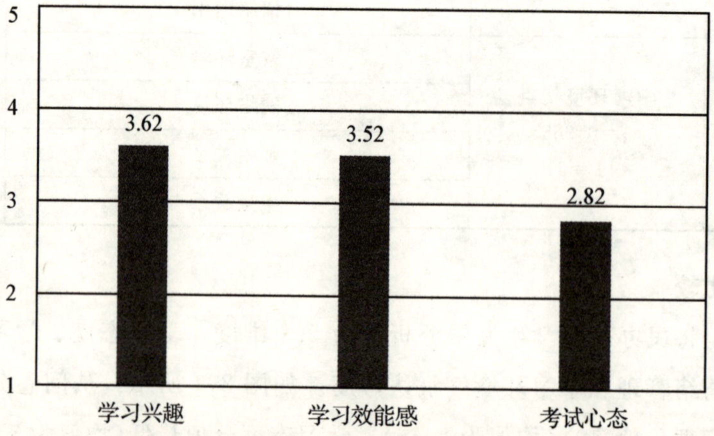

图 2-2 民办高校学生学习态度各因子均值

(二)分组比较

为了解不同人口统计学特征下民办高校学生学习态度的差异，课题组根据变量属性，对不同群体民办高校学生学习态度各因子进行独立样本 *T* 检验或方差分析。具体情况如表 2-3、表 2-4 所示。

表 2-3　不同变量民办高校学生学习态度各因子 *T* 检验摘表

变　量	因　子		*T*	*Sig*
性　别	学习兴趣	假设方差相等	−2.488	0.013
		假设方差不相等	−2.408	0.016
	学习效能感	假设方差相等	6.117	0.000
		假设方差不相等	5.921	0.000
	考试心态	假设方差相等	−2.397	0.017
		假设方差不相等	−2.372	0.018
是否独生子女	学习兴趣	假设方差相等	−10.829	0.000
		假设方差不相等	−10.529	0.000
	学习效能感	假设方差相等	−0.724	0.469
		假设方差不相等	−0.706	0.480
	考试心态	假设方差相等	1.365	0.172
		假设方差不相等	1.366	0.172
办学层次	学习兴趣	假设方差相等	9.026	0.000
		假设方差不相等	9.061	0.000
	学习效能感	假设方差相等	10.819	0.000
		假设方差不相等	10.849	0.000
	考试心态	假设方差相等	19.584	0.000
		假设方差不相等	19.565	0.000

表 2-4　不同变量民办高校学生学习态度各因子方差分析摘表

变　量	因　子	*F*	*Sig*
年　级	学习兴趣	3.959	0.008
	学习效能感	15.814	0.000
	考试心态	68.106	0.000

续表

变　量	因　子	F	Sig
月均花费	学习兴趣	97.397	0.000
	学习效能感	116.163	0.000
	考试心态	659.580	0.000
家庭所在地	学习兴趣	29.065	0.000
	学习效能感	1.833	0.103
	考试心态	46.038	0.000
家长从事的职业	学习兴趣	14.214	0.000
	学习效能感	6.578	0.000
	考试心态	31.107	0.000
录取志愿	学习兴趣	78.568	0.000
	学习效能感	224.903	0.000
	考试心态	902.582	0.000
所学专业	学习兴趣	10.896	0.000
	学习效能感	13.092	0.000
	考试心态	31.713	0.000

1. 性别差异

(1)基本结论

不同性别的民办高校学生在学习态度方面存在差异。女生学习兴趣水平、考试心态水平均高于男生，男生学习效能感高于女生。

(2)差异分析

独立样本 T 检验结果表明，不同性别民办高校学生的学习效能感差异极其显著($P<0.01$)，学习兴趣和考试心态差异显著($P<0.05$)。

如图 2-3 所示，女生学习兴趣(均值为 3.6281)高于男生(均值为 3.6159)，男生学习效能感(均值为 3.5381)高于女生(均值为 3.5076)，女生考试心态(均值为 2.8338)高于男生(均值为 2.8235)。

2. 是否为独生子女差异

(1)基本结论

独生子女与非独生子女的民办高校学生在学习态度方面存在差异。非独生子女学习兴趣高于独生子女。

(2)差异分析

独立样本 T 检验结果表明，独生子女与非独生子女民办高校学生的学习兴

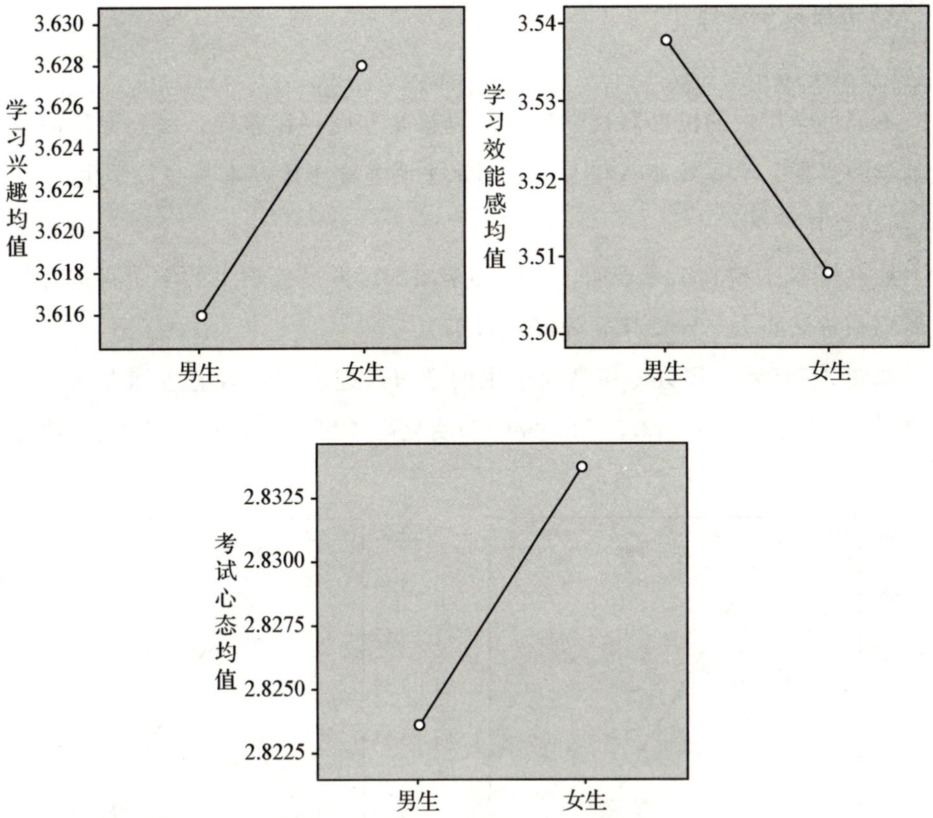

图 2-3　不同性别民办高校学生学习兴趣、学习效能感、考试心态均值

趣差异极其显著($P<0.01$)，但学习效能感和考试心态差异不显著($P>0.05$)。

如图 2-4 所示，非独生子女学习兴趣(均值为 3.6445)高于独生子女(均值为 3.5898)。

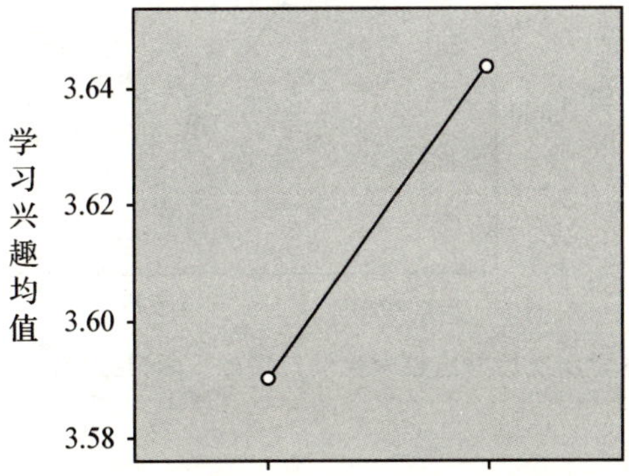

图 2-4　民办高校独生子女与非独生子女学生学习兴趣均值

3. 办学层次差异

(1)基本结论

不同办学层次的民办高校学生在学习态度方面存在差异。民办专科高校学生的学习兴趣、学习效能感和考试心态水平明显高于民办本科高校学生。

(2)差异分析

独立样本 T 检验结果表明，不同办学层次民办高校学生的学习兴趣、学习效能感和考试心态差异极其显著($P<0.01$)。

如图 2-5 所示，民办专科高校学生的学习兴趣、学习效能感和考试心态水平(均值分别为 3.6464、3.5471、28646)明显高于民办本科高校学生(均值分别为 3.6014、3.4928、2.7796)。

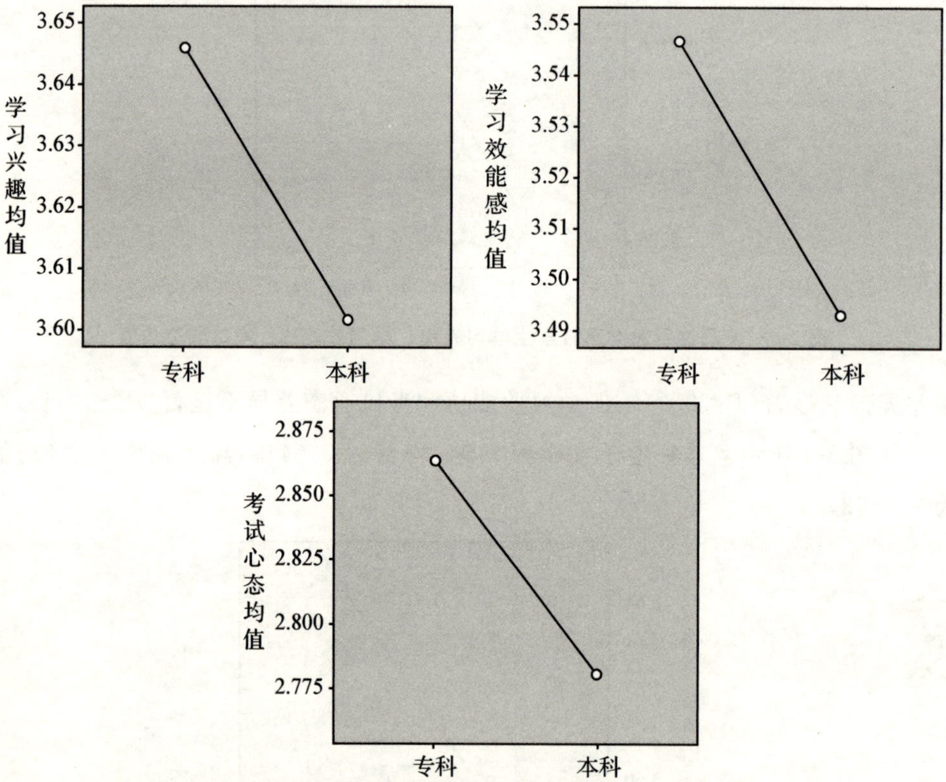

图 2-5 不同办学层次民办高校学生学习兴趣、学习效能感、考试心态均值

4. 年级差异

(1)基本结论

不同年级的民办高校学生在学习态度方面存在差异。一年级学生学习兴趣最高，四年级学生学习兴趣最低；三年级学生学习效能感最高、考试心态最佳，一年级学生学习效能感最低、考试心态最差。

(2)差异分析

方差分析结果表明，不同年级民办高校学生的学习兴趣、学习效能感和考试心态差异极其显著($P<0.01$)。

如图 2-6 所示，在学习兴趣方面，一年级学生学习兴趣最高(均值为 3.6313)，其次是三年级学生，二年级学生学习兴趣最低(均值为 3.6134)；在学习效能感方面，三年级学生学习效能感最高(均值为 3.5660)，其次是四年级学生和二年级学生，一年级学生学习效能感最低(均值为 3.5125)；在考试心态方面，三年级学生考试心态最佳(均值为 2.8875)，其次是二年级学生，一年级学生考试心态最差(均值为 2.8011)。

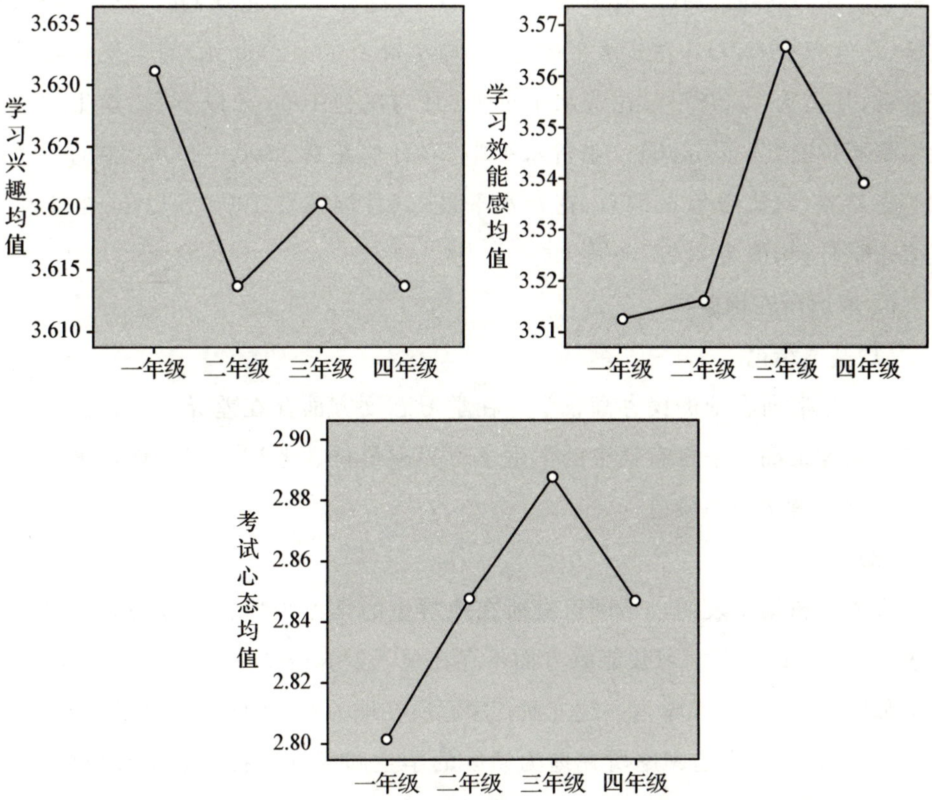

图 2-6 不同年级民办高校学生学习兴趣、学习效能感、考试心态均值

5. 月均花费差异

(1)基本结论

不同月均花费水平的民办高校学生在学习态度方面存在差异。月均花费1000元以下的学生学习兴趣最高，月均花费 2500 元以上的学生学习兴趣最低；月均花费 1000 元以下的学生学习效能感最高，月均花费 1500～2000 元的学生学习效能感最低；月均花费 1000 元以下的学生考试心态最佳，月均花费 1500～2000 元的学生考试心态最差。

(2)差异分析

方差分析结果表明，不同月均花费水平民办高校学生的学习兴趣、学习效能感和考试心态差异极其显著($P<0.01$)。

如图 2-7 所示，月均花费水平越高的学生学习兴趣越低，月均花费 1000 元以下的学生学习兴趣最高(均值为 3.6775)，月均花费 2500 元以上的学生学习兴趣最低(均值为 3.4877)；花费水平中等(月均花费 1500～2000 元)的学生学习效能感最低(均值为 3.4287)，花费水平最低(月均花费 1000 元以下)的学生学习效能感最高(均值为 3.5680)；花费水平中等(月均花费 1500～2000 元)的学生考试心态最差(均值为 2.6381)，花费水平最低(月均花费 1000 元以下)的学生考试心态最佳(均值为 2.9210)。

6. 家庭所在地差异

(1)基本结论

不同家庭所在地的民办高校学生在学习态度方面存在差异。来自农村的学生学习兴趣最高，来自直辖市的学生学习兴趣最低、考试心态最佳，来自省会城市的学生考试心态最差。

(2)差异分析

方差分析结果表明，不同家庭所在地学生的学习兴趣、考试心态差异极其显著($P<0.01$)，在学习效能感方面不存在显著差异($P>0.05$)。

如图 2-8 所示，在学习兴趣方面，家庭所在地为农村的学生学习兴趣最高(均值为 3.6518)，其次是家庭所在地为镇区的学生和家庭所在地为地级市的学生，家庭所在地为直辖市的学生学习兴趣最低(均值为 3.5556)；在考试心态方面，家庭所在地为直辖市的学生考试心态最佳(均值为 2.8966)，其次是家庭所在地为镇区的学生，家庭所在地为省会城市的学生考试心态最差(均值为 2.7841)。

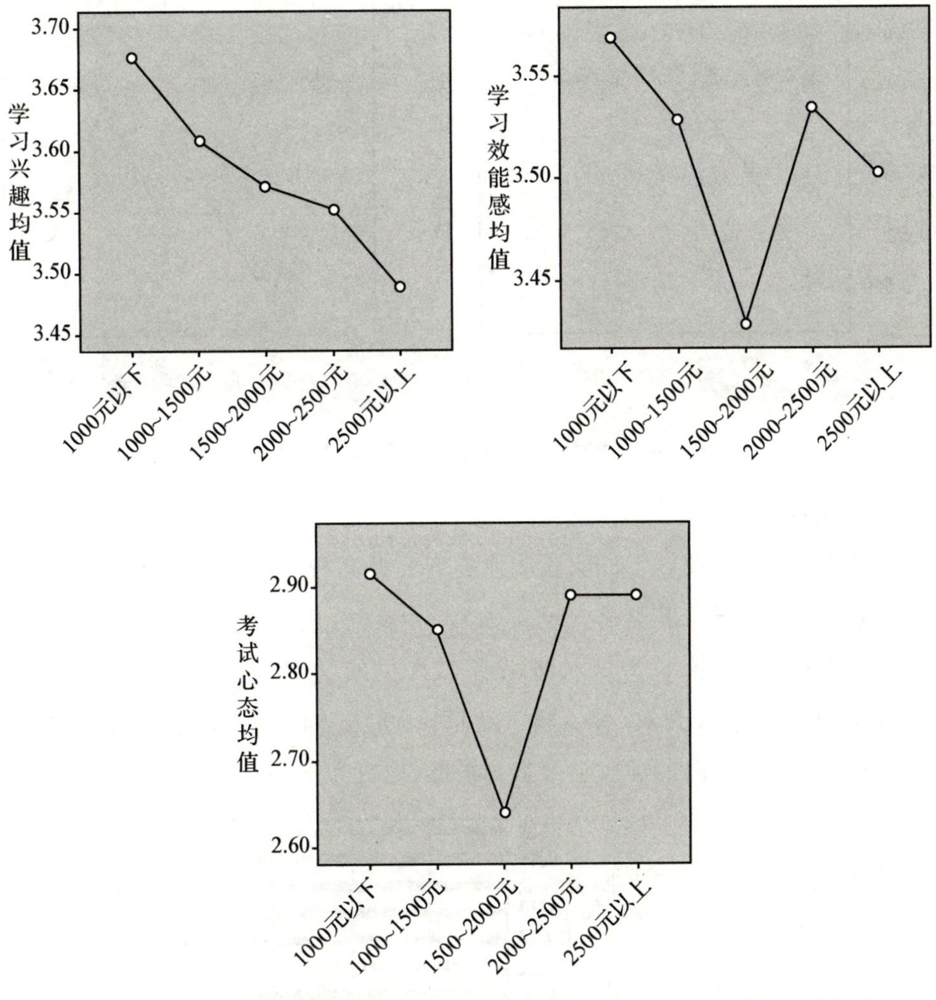

图 2-7　不同月均花费水平民办高校学生学习兴趣、学习效能感、考试心态均值

7. 家长从事的职业差异

(1)基本结论

不同家长职业类型的民办高校学生在学习态度方面存在差异。农村进城务工人员子女的学习兴趣最高，行政管理人员(科级及以上干部)子女的学习兴趣最低；各类经理人员子女的学习效能感最高，行政管理人员(科级及以上干部)子女的学习效能感最低；私营企业主子女的考试心态最佳，农(林、牧、渔)民子女的考试心态最差。

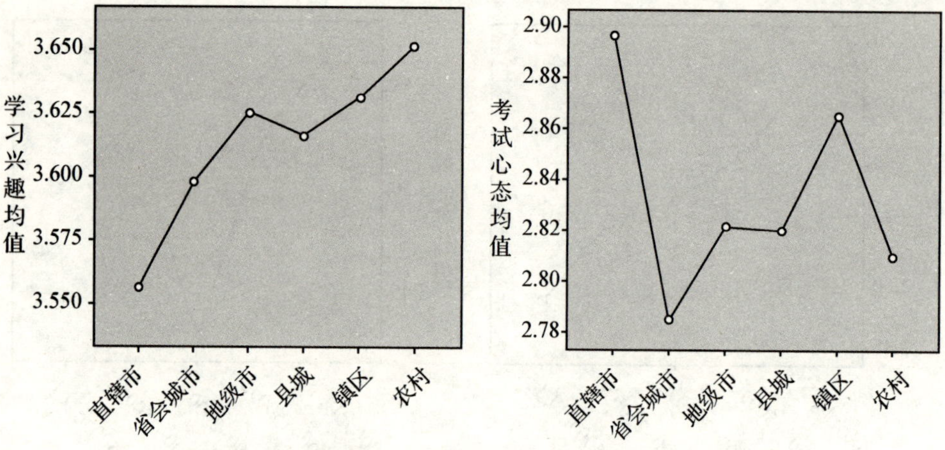

图 2-8　不同家庭所在地学生学习兴趣、考试心态均值

(2)差异分析

方差分析结果表明，不同家长职业类型民办高校学生的学习兴趣、学习效能感和考试心态差异极其显著($P<0.01$)。

如图 2-9 所示，家长为农村进城务工人员的学生学习兴趣最高(均值为 3.6783)，其次是家长为农(林、牧、渔)民、工人等的学生；家长为行政管理人员(科级及以上干部)的学生学习兴趣最低(均值为 3.5280)。

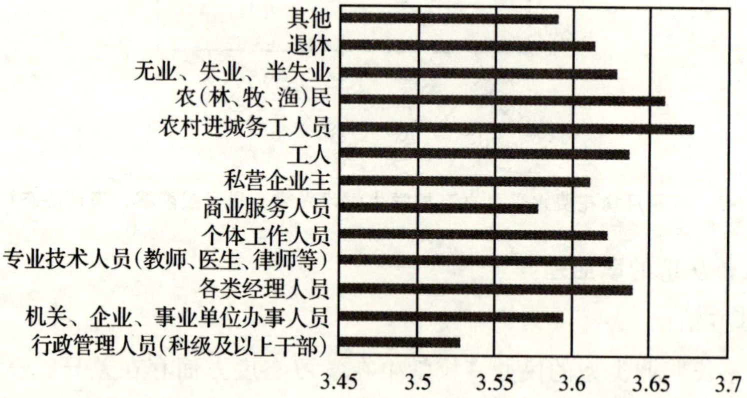

图 2-9　不同家长职业类型民办高校学生学习兴趣均值

如图 2-10 所示，家长为各类经理人员的学生学习效能感最高(均值为 3.5932)，其次是家长为专业技术人员(教师、医生、律师等)的学生和家长为私营企业主的学生；家长为行政管理人员(科级及以上干部)的学生学习效能感最低(均值为 3.4824)，其次是无业、失业、半失业人员和工人以及其他人员子女。

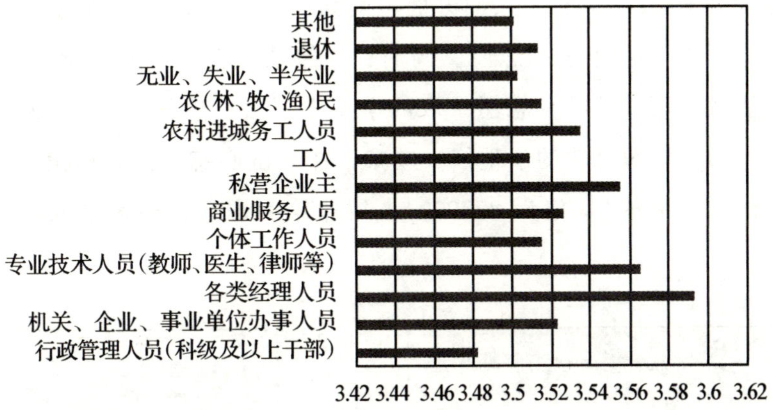

图 2-10 不同家长职业类型的民办高校学生学习效能感均值

如图 2-11 所示，家长为私营企业主的学生考试心态最佳(均值为 2.8710)，其次是家长为各类经理人员、个体工作人员、工人等的学生；家长为农(林、牧、渔)民的学生考试心态最差(均值为 2.7472)。

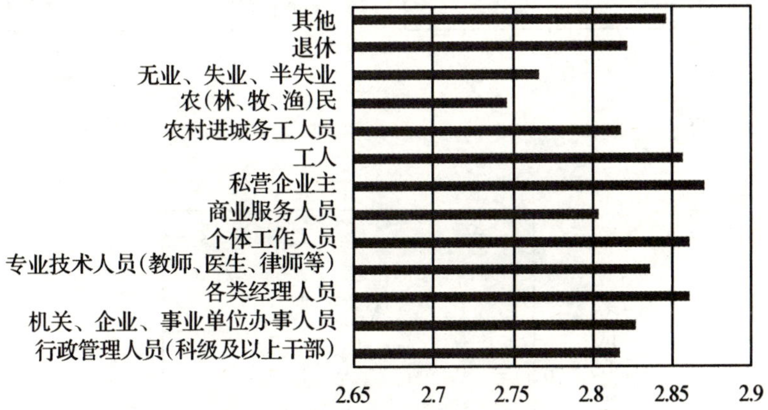

图 2-11 不同家长职业类型民办高校学生考试心态均值

8. 录取志愿差异

(1)基本结论

不同录取志愿批次的民办高校学生在学习态度方面存在差异。被第一志愿录取的学生学习兴趣、学习效能感最高，考试心态最佳；被其他录取类型录取的学生学习兴趣最低；被调剂录取的学生学习效能感、考试心态最差。

(2)差异分析

方差分析结果表明，不同录取志愿批次民办高校学生的学习兴趣、学习效能感和考试心态差异极其显著($P<0.01$)。

如图 2-12 所示，在学习兴趣方面，被第一志愿录取的学生学习兴趣最高(均值为 3.6554)，被非第一志愿、调剂、其他录取类型录取的学生依次递减；在学习效能感方面，被第一志愿录取的学生学习效能感最高(均值为 3.5711)，被非第一志愿、调剂录取的学生依次递减；在考试心态方面，被第一志愿录取的学生考试心态最佳(均值为 2.8999)，被非第一志愿、调剂录取的学生依次递减。

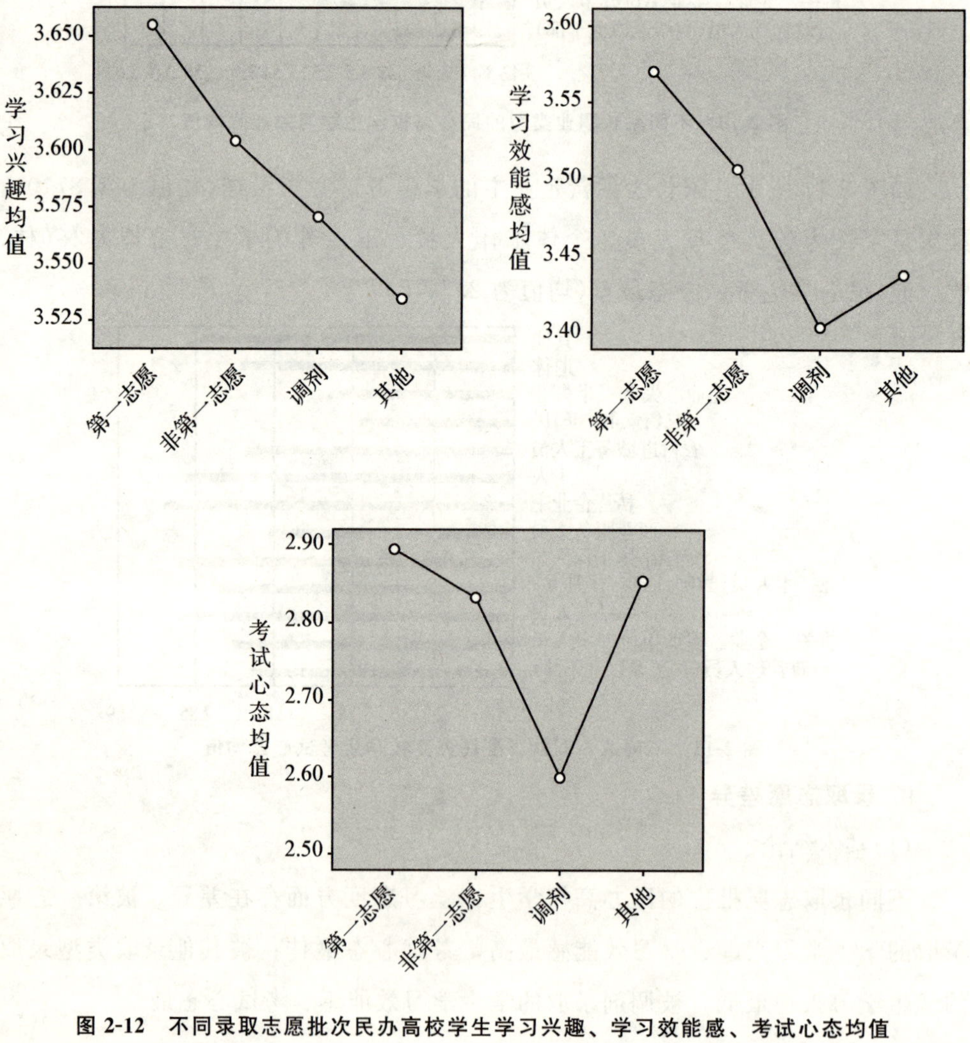

图 2-12　不同录取志愿批次民办高校学生学习兴趣、学习效能感、考试心态均值

9. 所学专业差异

(1)基本结论

不同专业的民办高校学生在学习态度方面存在差异。

(2)差异分析

方差分析结果表明，不同专业民办高校学生的学习兴趣、学习效能感和考试心态差异极其显著($P<0.01$)。

如表2-5、表2-6所示，农学专业学生的学习兴趣(均值为3.702)、学习效能感(均值为3.641)最高，医学专业学生的学习兴趣(均值为3.587)最低、考试心态(均值为2.663)最差，教育学专业学生的学习效能感(均值为3.469)最低，理学专业学生的考试心态(均值为2.921)最佳。整体来看，理工科类(包括理、工、农、医4个专业)与人文社科类(包括哲、法、文、艺、经、管、教7个专业)学生学习态度均值差异较大。其中，理工科类学生学习兴趣(均值为3.627)、学习效能感(均值为3.545)高于人文社科类学生(均值分别为3.624、3.517)，理工科类学生考试心态(均值为2.825)差于人文社科类学生(均值为2.850)。

表2-5　不同专业民办高校学生学习态度均值排序

学习兴趣			学习效能感			考试心态		
排名	专业	均值	排名	专业	均值	排名	专业	均值
1	农学	3.702	1	农学	3.641	1	理学	2.921
2	哲学	3.678	2	哲学	3.576	2	法学	2.915
3	法学	3.646	3	工学	3.540	3	哲学	2.910
4	艺术学	3.636	4	艺术学	3.538	4	农学	2.899
5	工学	3.629	5	法学	3.537	5	艺术学	2.850
6	文学	3.628	6	文学	3.515	6	文学	2.840
7	管理学	3.597	7	理学	3.514	7	教育学	2.832
8	经济学	3.592	8	经济学	3.496	8	工学	2.816
9	理学	3.591	9	管理学	3.484	9	管理学	2.805
10	教育学	3.588	10	医学	3.483	10	经济学	2.799
11	医学	3.587	11	教育学	3.469	11	医学	2.663

表 2-6 民办高校学生学习态度的专业大类均值

专业大类 \ 均值	学习兴趣均值	学习效能感均值	考试心态均值
理工科	3.627	3.545	2.825
人文社科	3.624	3.517	2.85

(三)分析讨论

学习态度是民办高校学生在学习情境中表现出来的比较稳定的心理倾向。大学生的学习态度直接影响其学习行为和学习成绩。[①] 端正的学习态度除了有利于学生提高学习能力、完善学习方法之外，还能帮助个体形成终身学习的习惯和良好的学术修养。民办高校学生学习态度的均值为 3.32，在学生发展五个维度中分值相对较低，表明民办高校学生的学习态度欠佳。影响学生学习态度的原因是多方面的，既有学生个体、学校教育环境方面的原因，也有整个社会大环境的原因。就学生个体而言，民办高校学生学习基础相对较弱，基础知识不牢，进入大学直接学习高阶知识，存在不适应的问题；就学校教育环境而言，实际教学中存在教育者不了解学生接受能力，不能全面因材施教，而且教学方式方法单一、教学内容陈旧枯燥等现实状况；就整个社会而言，特别是在经济发达地区，“学习无用论”和“金钱至上”等思想影响了部分学生的学习态度。

从性别差异来看，民办高校女生的学习兴趣、考试心态水平高于男生，男生学习效能感水平高于女生。学习兴趣和信念都是学习动机的表现形式，而学习兴趣是学习动机的初级形式。学习兴趣是个体力求认识世界、渴望获得知识和探求真理并具有情绪色彩的心理状态，是学习需要的一种情绪表现形式，是学习积极性中最现实、最活跃的心理成分，其基础是好奇心和求知欲。[②] 兴趣以需要为基础。人们若对某件事物或某项活动感到需要，就会热心于接触、观察这一事物，积极从事这项活动。民办高校男生学习兴趣低于女生，并不表明男生探求新知的愿望不强烈，这可能与教学内容、教学方式方法有关。心态就

---

① 冯宪萍，张洪涛．潜能与成长：大学生心理健康教育[M]．济南：山东人民出版社．2013：213.

② 廖策权．心理学教程[M]．成都：西南交通大学出版社．2013：117.

是一个人的心情，心情的好坏会直接影响学生的学习效果。民办高校男生考试心态不佳，既有自身原因，也有考试形式单一、考试内容难易不当等原因。自我效能感是美国著名心理学家班杜拉于20世纪70年代在其著作《思想和行为的社会基础》中提出的，是指个体对自己是否有能力完成某一行为所进行的推测与判断。男生自我学习效能感高于女生，表明在对自我学习结果和学习能力的判断中，男生更自信。

从是否为独生子女来看，非独生子女民办高校学生的学习兴趣高于独生子女。这表明民办高校学生中非独生子女有更强烈的学习愿望。19世纪末，美国心理学家霍尔率先研究独生子女问题，分析了独生子女的特异性。① 独生子女没有兄弟姐妹，而兄弟姐妹关系在儿童社会化过程中具有重要作用。没有兄弟姐妹为伴，独生子女幼年时缺少与小伙伴一起游戏的集体活动，既不易养成与人协同合作的精神，又缺少竞争性，所以社会适应能力差，容易形成孤僻、缺少热情的个性倾向。

不同办学层次民办高校学生的学习兴趣、学习效能感和考试心态均存在极其显著差异，也是值得我们关注的现象。民办专科高校学生在学习兴趣、学习效能感和考试心态方面明显优于民办本科高校学生，这样的结果比较出乎意料。分析其原因，可能与学生心理期望值有关。民办专科高校学生的整体心理期望值较为适当，对知识，特别是实践性知识充满好奇心，不过分看重考试分数，整体学习效能感较高；本科学生整体心理期望值偏高，但由于目前适配民办本科高校学生学习基础与特点的教育资源不足，专业课重理论轻实践、整体教学状况不佳，导致民办高校本科学生学习心态不佳。

从年级差异来看，民办高校一年级学生学习兴趣最高，学习效能感、考试心态水平最低，四年级学生学习兴趣最低，三年级学生学习效能感、考试心态水平最高。这表明民办高校低年级学生有较强的学习兴趣，但学习效能感不高，考试心态不佳；高年级学生学习兴趣稍减，但学习效能感高、考试心态较好。原因可能是低年级学生初入大学，好奇心和求知欲较强烈，学习兴趣高；而对大学考试形式与内容不熟悉，存在焦虑心理，考试心态不佳，学习效能感不高。高年级学生好奇心逐渐减弱，但对考试形式较熟悉，虽然学习兴趣不

---

① 傅宏，王晓萍．小学生心理健康教育[M]．北京：中国轻工业出版社．2008：2.

高，但考试心态较好，学习效能感较高。

从学生月均花费间接探讨学生经济条件与消费状况对学习心态的影响，结论值得思考。月均花费 1000 元以下(花费最低)民办高校学生的学习兴趣、学习效能感最高，考试心态最好。这表明在民办高校，经济条件较差的贫困学生或生活较为节俭(不一定经济条件差)的学生学习心态明显好于经济条件好的学生或生活较为奢侈的学生。月均花费最高的学生学习兴趣最低，表明学生学习兴趣在一定程度上受到学生经济条件的影响。虽然不能一概而论地判定经济条件差的学生学习兴趣一定高于经济条件好的学生，但由此可以推断出，经济条件差或生活较为节俭的学生对知识渴求的心理更强烈，注意力更为专一，学习动力更强。月均花费 1500～2000 元(趋于中上水平)的学生学习效能感最低，考试心态最差，表明在民办高校中，经济状况中上等或生活不太节俭但也不至于奢侈的学生对自我的认可度不高。

不同家庭所在地对民办高校学生的学习兴趣、考试心态有所影响。来自农村的学生学习兴趣最高，来自直辖市的学生学习兴趣最低；来自直辖市的学生考试心态最好，来自省会城市的学生考试心态最差。来自农村的学生比来自城市的学生更渴求知识，这可能与农村学生所处文化环境和接触新知的机会有限有关，也可能与农村学生更希望通过升学改变命运的愿望有关；直辖市学生考试心态优于省会城市学生，也可能受直辖市学生高考升学机会多于省会城市学生的间接影响。

从民办高校学生家长从事的职业来看，农村进城务工人员子女的学习兴趣最高，行政管理人员(科级及以上干部)子女的学习兴趣最低；各类经理人员子女的学习效能感最高，行政管理人员(科级及以上干部)子女的学习效能感最低；私营企业主子女的考试心态最好，农(林、牧、渔)民子女的考试心态最差。行政管理人员(科级及以上干部)子女的学习兴趣、学习效能感最低，原因可能与出身于这些家庭的子女不排除“拼爹”“啃老”意识：一部分学生认为不用通过刻苦学习，只要家长有权力资本就能找到好工作；一部分学生对自己是否能学好并不在意。农村进城务工人员子女学习兴趣最高，主要是因为这部分学生处在社会的较低阶层，清楚地认识到家庭能给他们的帮助有限，个人发展要靠个人努力。

从民办高校学生录取志愿差异来看，被第一志愿录取的学生学习兴趣、学习效能感、考试心态最佳，被其他录取类型录取的学生学习兴趣最低，被调剂录取的学生考试心态、学习效能感最差。这表明被第一志愿录取的学生整体学习态度最好，被调剂录取和其他录取类型录取的学生学习态度普遍不佳。推测其原因是，被第一志愿录取的学生对自己所选学校和专业认可度高，学习目标明确，学习动力较为充足；被调剂录取和其他录取类型录取的学生对所在学校和专业认可度较低，甚至有厌学心理。

从所学专业差异来看，民办高校农学类专业学生的学习兴趣和学习效能感最高，表明农学类学生有很高的学习热情和学习动力，并对学习结果和学习能力充满自信；理学类专业学生考试心态最好。值得关注的是，医学类学生学习兴趣最低，考试心态最差；教育学类学生学习效能感最低。原因可能是医学理论学习阶段的实践操作较少，需要记忆的知识较多，学生对难记的考试内容产生恐惧心理；教育学类专业学生，对能否掌握教育教学知识以及教学能力缺乏信心。

二、学习策略

(一)总体概况

样本学生在学习策略方面的均值为 3.53。课题组将民办高校学生学习策略分为 3 个因子：认知策略、学习资源管理策略和方法策略。如图 2-13 所示，这三个因子均值差异不大，其中学习资源管理策略分值最高(均值为 3.58)，方法策略分值最低(均值为 3.43)。

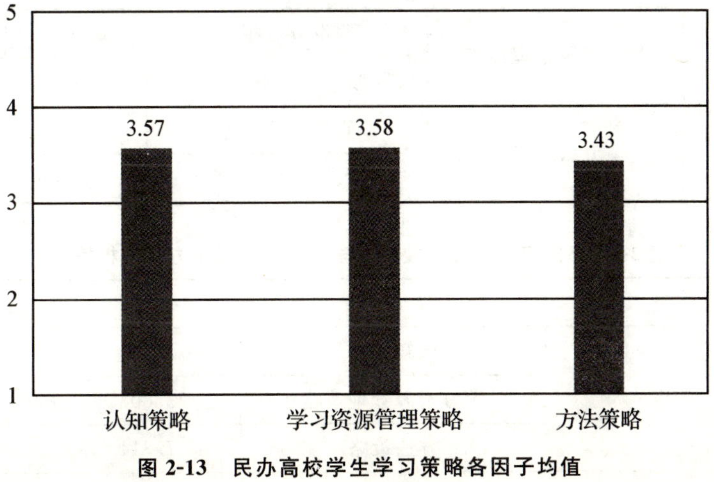

图 2-13 民办高校学生学习策略各因子均值

(二)分组比较

为了解不同人口统计学特征下民办高校学生学习策略的差异，课题组根据变量属性，对不同群体民办高校学生学习策略各因子进行独立样本 *T* 检验或方差分析。具体情况如表 2-7、表 2-8 所示。

表 2-7　不同变量民办高校学生学习策略各因子 *T* 检验摘表

变　量	因　子		*T*	*Sig*
性　别	认知策略	假设方差相等	−4.046	0.000
		假设方差不相等	−3.940	0.000
	学习资源管理策略	假设方差相等	−3.587	0.000
		假设方差不相等	−3.475	0.001
	方法策略	假设方差相等	−10.349	0.000
		假设方差不相等	−10.135	0.000
是否独生子女	学习兴趣	假设方差相等	−9.513	0.000
		假设方差不相等	−9.273	0.000
	学习资源管理策略	假设方差相等	−8.508	0.000
		假设方差不相等	−8.285	0.000
	方法策略	假设方差相等	−10.680	0.000
		假设方差不相等	−10.483	0.000
办学层次	认知策略	假设方差相等	1.408	0.159
		假设方差不相等	1.416	0.157
	学习资源管理策略	假设方差相等	1.910	0.056
		假设方差不相等	1.928	0.054
	方法策略	假设方差相等	−6.778	0.000
		假设方差不相等	−6.819	0.000

表 2-8　不同变量民办高校学生学习策略各因子方差分析摘表

变　量	因　子	*F*	*Sig*
年　级	认知策略	3.331	0.019
	学习资源管理策略	3.808	0.010
	方法策略	7.814	0.000

续表

变　　量	因　　子	*F*	*Sig*
月均花费	认知策略	23.217	0.000
	学习资源管理策略	38.641	0.000
	方法策略	86.836	0.000
家庭所在地	认知策略	28.720	0.000
	学习资源管理策略	27.001	0.000
	方法策略	54.968	0.000
家长从事职业	认知策略	11.073	0.000
	学习资源管理策略	12.574	0.000
	方法策略	25.101	0.000
录取志愿	认知策略	31.626	0.000
	学习资源管理策略	28.023	0.000
	方法策略	116.028	0.000
所学专业	认知策略	7.444	0.000
	学习资源管理策略	6.943	0.000
	方法策略	7.287	0.000

1. 性别差异

(1)基本结论

不同性别的民办高校学生在学习策略方面存在差异。女生的认知策略、学习资源管理策略和方法策略运用能力均强于男生。

(2)差异分析

独立样本 T 检验结果表明，不同性别民办高校学生的认知策略、学习资源管理策略和方法策略差异极其显著($P<0.01$)。

如图 2-14 所示，女生的认知策略、学习资源管理策略和方法策略运用能力(均值分别为 3.5826、3.5825、3.4456)均强于男生(均值分别为 3.5624、3.5658、3.4050)。

2. 是否为独生子女差异

(1)基本结论

独生子女与非独生子女的民办高校学生在学习策略方面存在差异。非独生

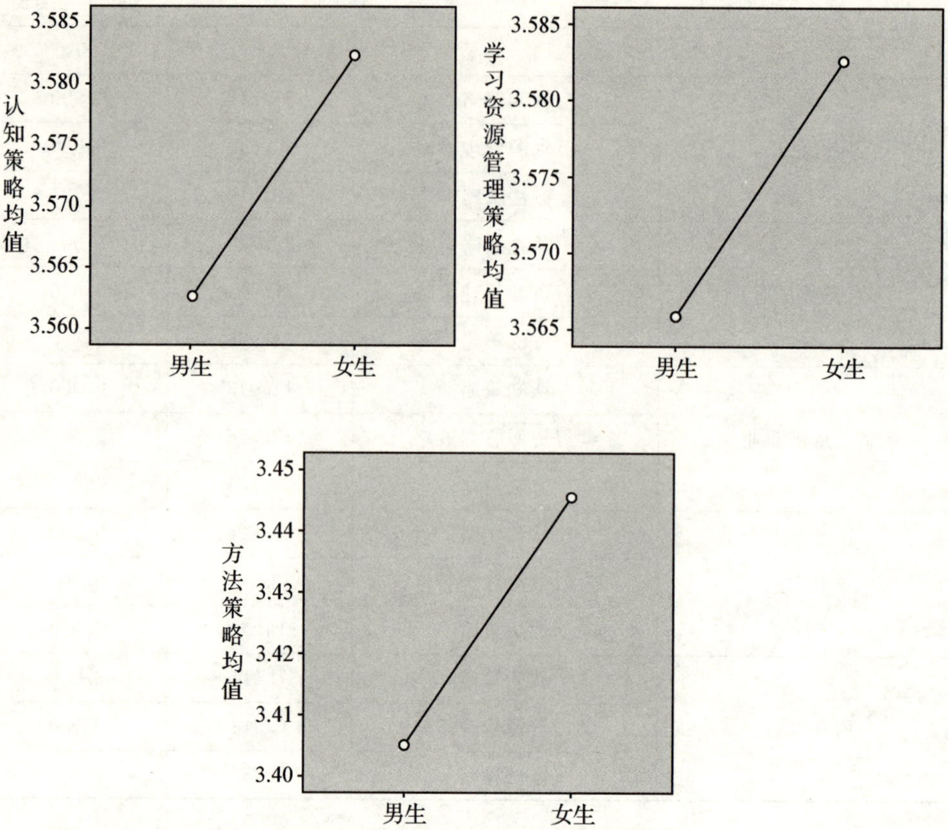

图 2-14　不同性别民办高校学生认知策略、学习资源管理策略、方法策略均值

子女认知策略、学习资源管理策略和方法策略运用能力都强于独生子女。

(2)差异分析

独立样本 *T* 检验结果表明，独生子女与非独生子女民办高校学生的认知策略、学习资源管理策略和方法策略差异极其显著($P<0.01$)。

如图 2-15 所示，非独生子女认知策略、学习资源管理策略和方法策略运用能力(均值分别为 3.5935、3.5917、3.4453)均强于独生子女(均值分别为 3.5450、3.5511、3.4025)。

3. 办学层次差异

(1)基本结论

不同办学层次的民办高校学生在学习策略方面存在差异。民办本科高校学生的方法策略运用能力强于民办专科高校学生。

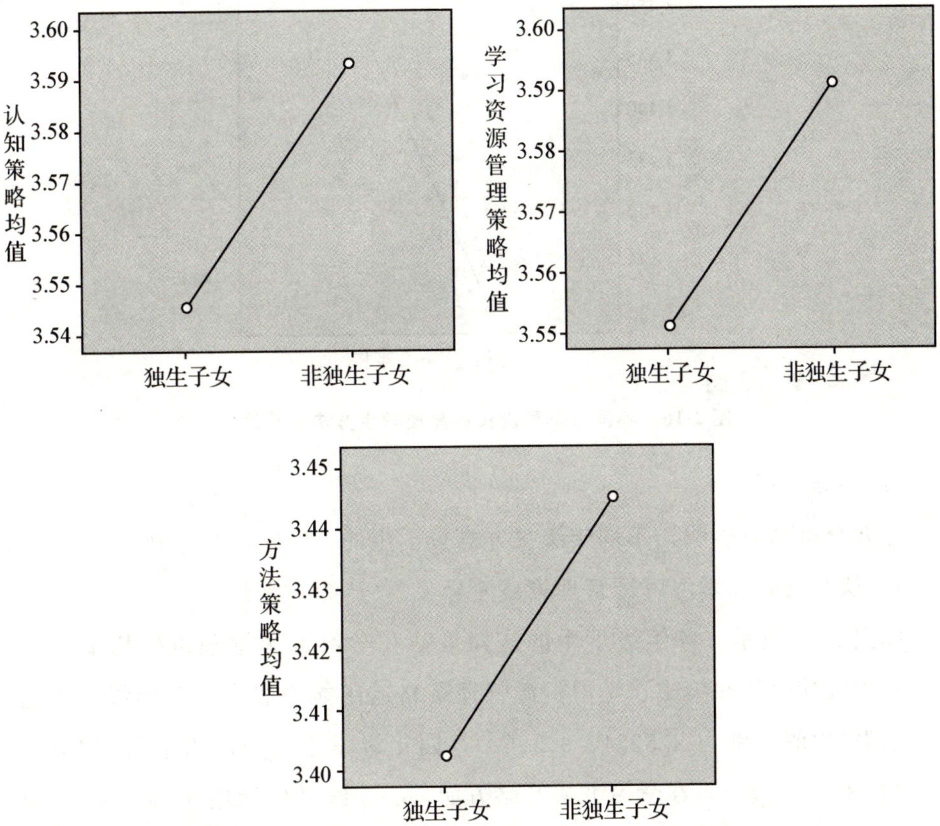

图 2-15　民办高校独生子女与非独生子女学生认知策略、学习资源管理策略、方法策略均值

(2)差异分析

独立样本 T 检验结果表明，不同办学层次民办高校学生的学习方法策略差异极其显著($P<0.01$)。

如图 2-16 所示，民办本科高校学生的方法策略运用能力(均值为 3.4474)强于民办专科高校学生(均值为 3.4205)。

4. 年级差异

(1)基本结论

不同年级的民办高校学生在学习策略方面存在差异。三年级学生认知策略、学习资源管理策略运用能力最强，二年级学生认知策略、学习方法策略运用能力运用能力最弱，四年级学生学习资源管理策略运用能力最弱，一年级学生学习方法策略运用能力最强。

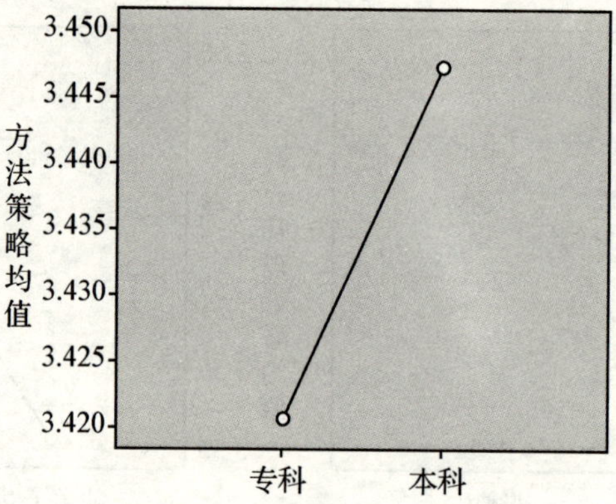

图 2-16　不同办学层次民办高校学生方法策略均值

(2)差异分析

方差分析结果表明，不同年级民办高校学生的方法策略差异极其显著($P<0.01$)，认知策略和学习资源管理策略差异显著($P<0.05$)。

如图 2-17 所示，各年级学生的认知策略和学习资源管理策略均值状况类似。一年级学生认知策略、学习资源管理策略运用能力居中，三年级学生运用能力最强(均值分别为 3.5924、3.5952)，四年级学生运用能力最弱(均值分别为 3.5673、3.5678)。在学习方法策略方面，一年级学生运用能力最强(均值为 3.4379)，二年级、三年级、四年级学生运用能力较弱，但随着年级的不断升高，稳步增强。

5. 月均花费差异

(1)基本结论

不同月均花费水平的民办高校学生在学习策略方面存在差异。月均花费 1000元以下的学生认知策略、学习资源管理策略运用能力最强，月均花费 2500 元以上的学生认知策略、学习资源管理策略、学习方法策略运用能力最弱，月均花费 1500～2000 元的学生学习方法策略运用能力最强。

(2)差异分析

方差分析结果表明，不同月均花费水平民办高校学生的认知策略、学习资源管理策略和方法策略差异极其显著($P<0.01$)。

如图 2-18 所示，在认知策略和学习资源管理策略方面，月均花费 1000 元以下的学生运用能力最强(均值分别为 3.5988、3.6069)，从月均花费 1500～2000 元开

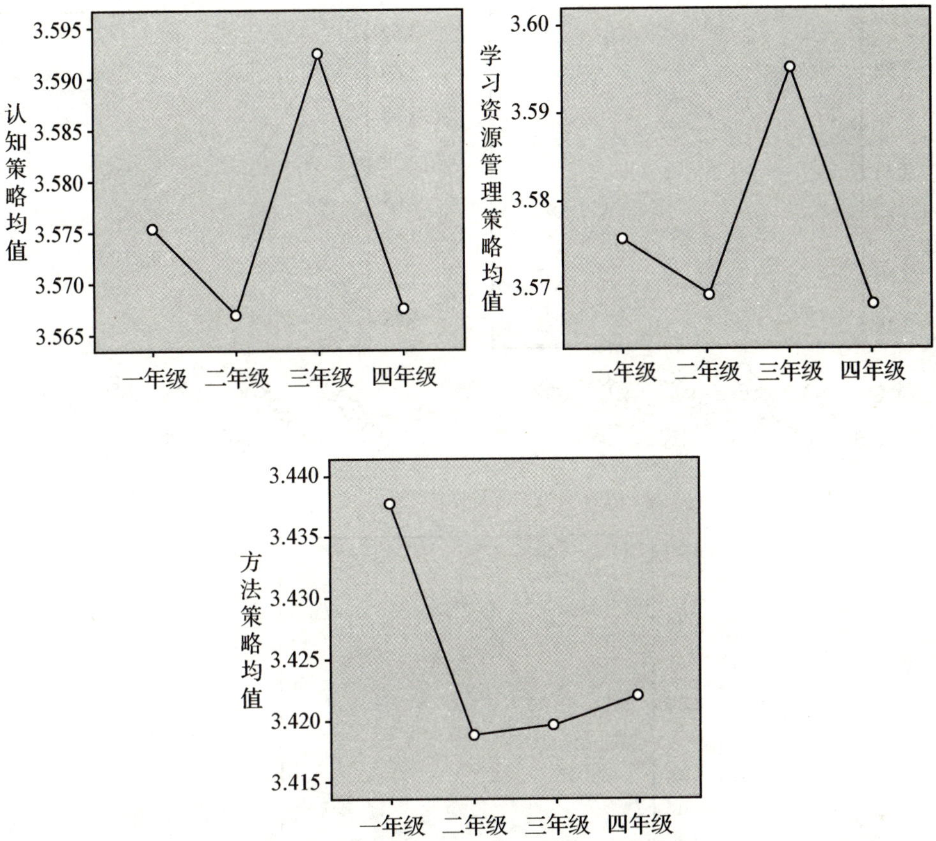

图 2-17 不同年级民办高校学生认知策略、学习资源管理策、方法策略均值

始，到月均花费 2500 元以上的学生运用能力越来越弱；方法策略运用能力最强的是月均花费 1500～2000 元学生(均值为 3.4854)，其次是月均花费 1000 元以下的学生，月均花费 2500 元以上的学生方法策略运用能力最弱(均值为 3.3367)。

6. 家庭所在地差异

(1)基本结论

不同家庭所在地的民办高校学生在学习策略方面存在差异。来自农村的学生认知策略、学习资源管理策略和学习方法策略运用能力最强，来自直辖市的学生认知策略、学习资源管理策略和学习方法策略运用能力最弱。

(2)差异分析

方差分析结果表明，不同家庭所在地民办高校学生的认知策略、学习资源管理策略和方法策略差异极其显著($P<0.01$)。

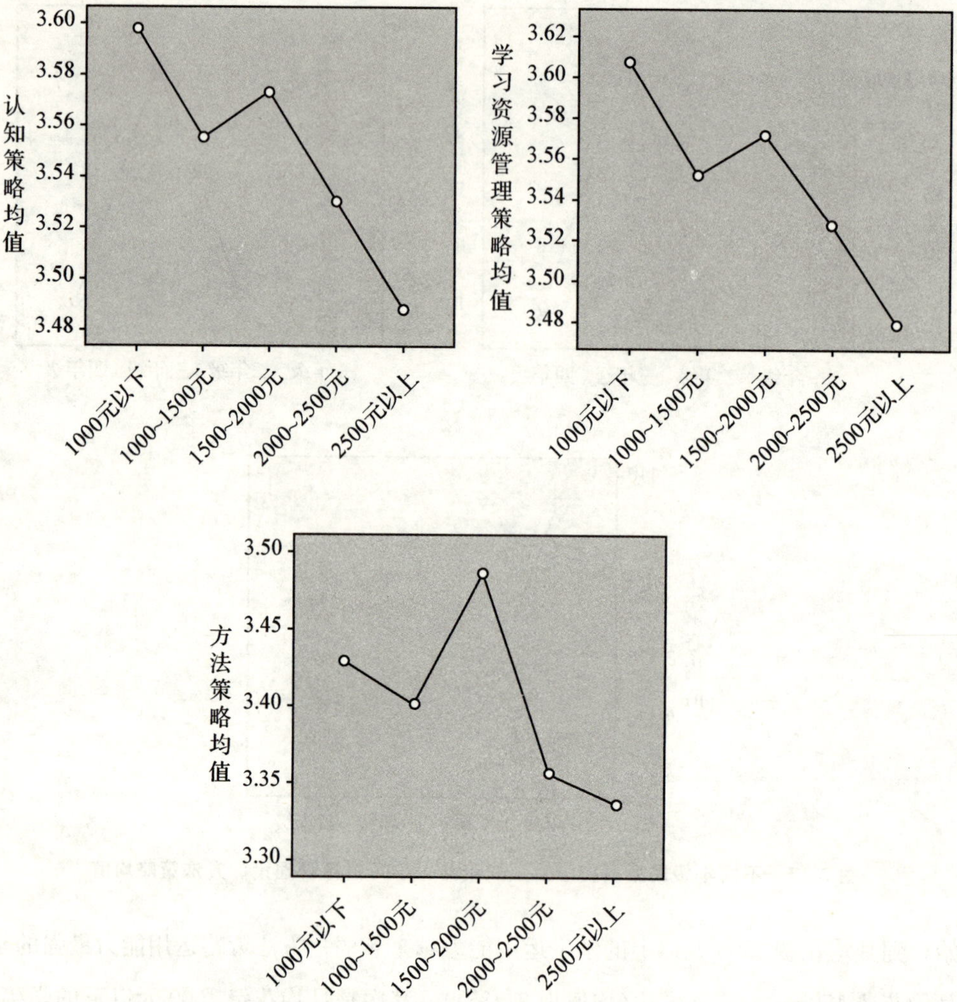

图 2-18　不同月均花费水平学生认知策略、学习资源管理策略、方法策略均值

如图 2-19 所示，不同家庭所在地民办高校学生的认知策略、学习资源管理策略和学习方法策略运用能力大致相似。来自农村的学生认知策略、学习资源管理策略和学习方法策略运用能力最强（均值分别为 3.5992、3.6049、3.4615），来自直辖市的学生认知策略、学习资源管理策略和学习方法策略运用能力最弱(均值分别为 3.5001、3.5159、3.3562)。

7. 家长从事的职业差异

(1)基本结论

不同家长职业类型的民办高校学生在学习策略方面存在差异。农村进城务

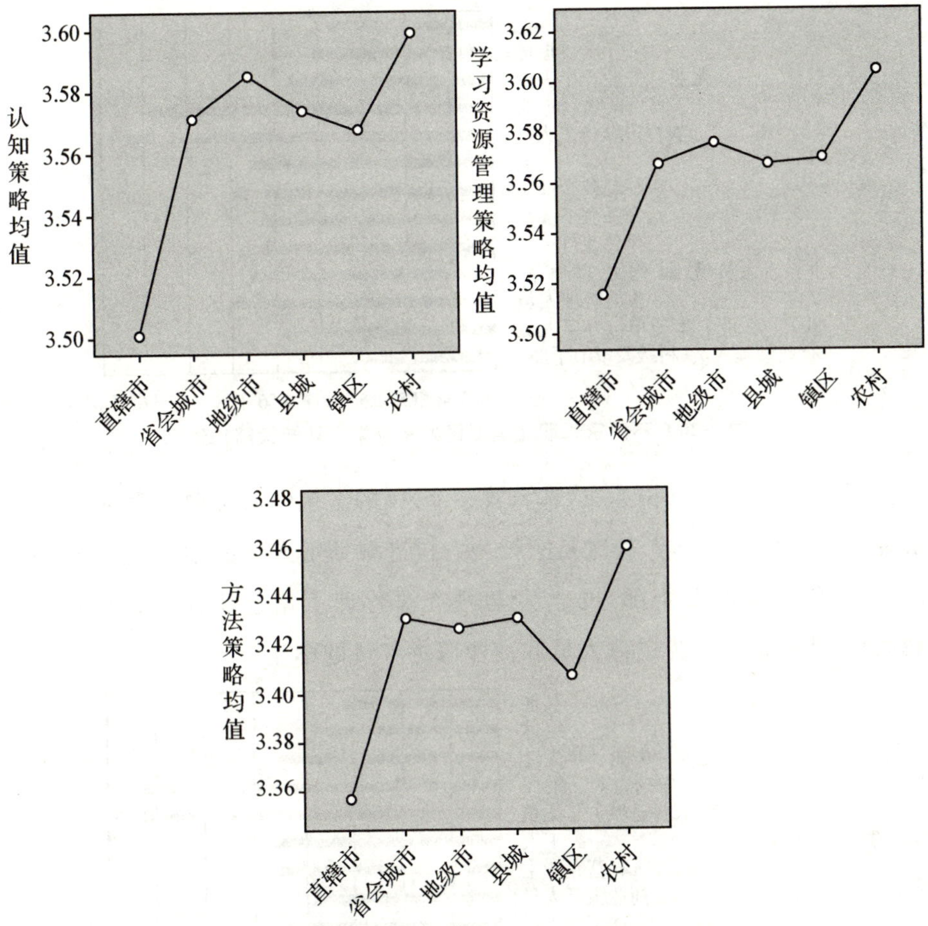

图 2-19　不同家庭所在地民办高校学生认知策略、学习资源管理策略、方法策略均值

工人员子女的认知策略运用能力最强，行政管理人员(科级及以上干部)子女的认知策略、学习资源管理策略、方法策略运用能力最弱，农(林、牧、渔)民子女的学习资源管理策略、方法策略运用能力最强。

(2)差异分析

方差分析结果表明，不同家长职业类型民办高校学生的认知策略、学习资源管理策略和方法策略差异极其显著($P<0.01$)。

如图 2-20 所示，家长为农村进城务工人员的学生认知策略运用能力最强(均值为 3.6273)，其次是家长为农(林、牧、渔)民的学生；家长为行政管理人员(科级及以上干部)的学生认知策略运用能力最弱(均值为 3.5276)，其次是家长为退休人员的学生和家长为无业、失业、半失业人员的学生。

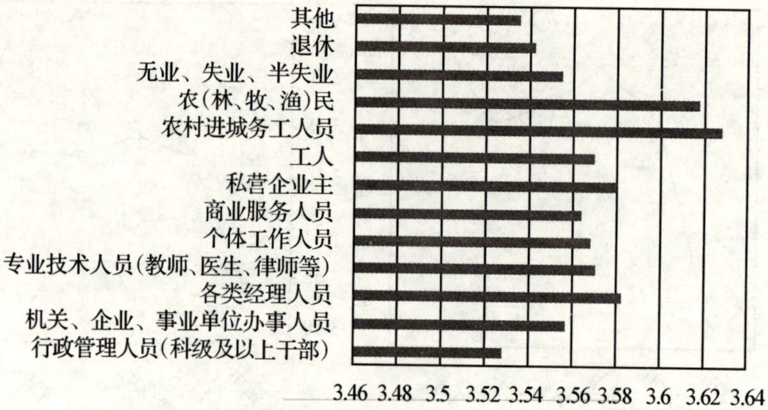

图 2-20　不同家长职业类型民办高校学生认知策略均值

如图 2-21 所示，家长为农(林、牧、渔)民的学生学习资源管理策略运用能力最强(均值为 3.6251)，其次是家长为农村进城务工人员的学生；家长为行政管理人员(科级及以上干部)的学生学习资源管理策略运用能力最弱(均值为 3.5332)，其次是家长为退休人员和商业服务人员的学生。

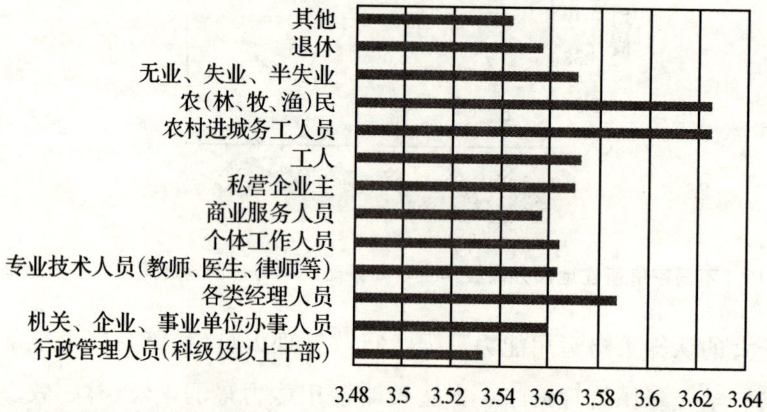

图 2-21　不同家长职业类型民办高校学生学习资源管理策略均值

如图 2-22 所示，家长为农(林、牧、渔)民的学生方法策略运用能力最强(均值为 3.4937)，其次是家长为农村进城务工人员的学生；家长为行政管理人员(科级及以上干部)的学生方法策略运用能力最弱(均值为 3.3850)，其次是家长为退休人员和商业服务人员的学生。

8. 录取志愿差异

(1)基本结论

不同录取志愿批次的民办高校学生在学习策略方面存在差异。被第一志愿

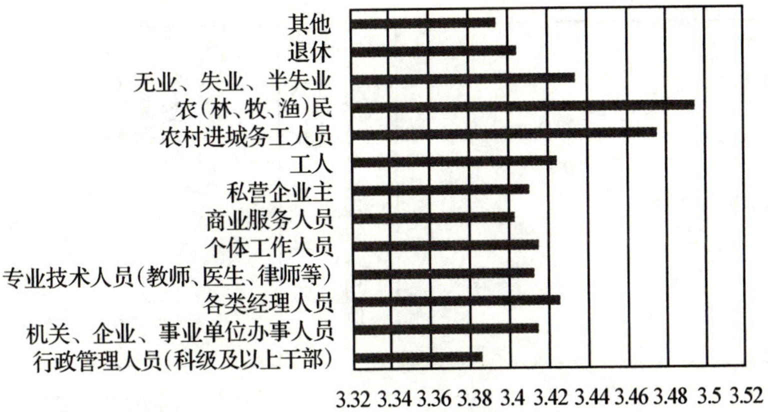

图 2-22　不同家长职业类型民办高校学生方法策略均值

录取的学生认知策略和学习资源管理策略运用能力最强，被其他录取类型录取的学生认知策略和学习资源管理策略运用能力最弱；被调剂录取的学生学习方法策略运用能力最强，被其他录取类型录取的学生学习方法策略运用能力最弱。

(2)差异分析

方差分析结果表明，不同录取志愿批次民办高校学生的认知策略、学习资源管理策略和方法策略差异极其显著($P<0.01$)。

如图 2-23 所示，被第一志愿录取的学生的认知策略和学习资源管理策略运用能力最强(均值为 3.5892、3.5887)，方法策略运用能力较强；被调剂录取的学生方法策略运用能力最强(均值为 3.5016)，认知策略和学习资源管理策略运用能力较强；被非第一志愿录取的学生认知策略、学习资源管理策略和方法策略运用能力均较弱；被其他录取类型录取的学生三方面策略运用能力均为最弱(均值分别为 3.4703、3.4841、3.3447)。

9. 所学专业差异

(1)基本结论

不同专业的民办高校学生在学习策略方面存在差异。

(2)差异分析

方差分析结果表明，不同专业民办高校学生的认知策略、学习资源管理策略和方法策略差异极其显著($P<0.01$)。

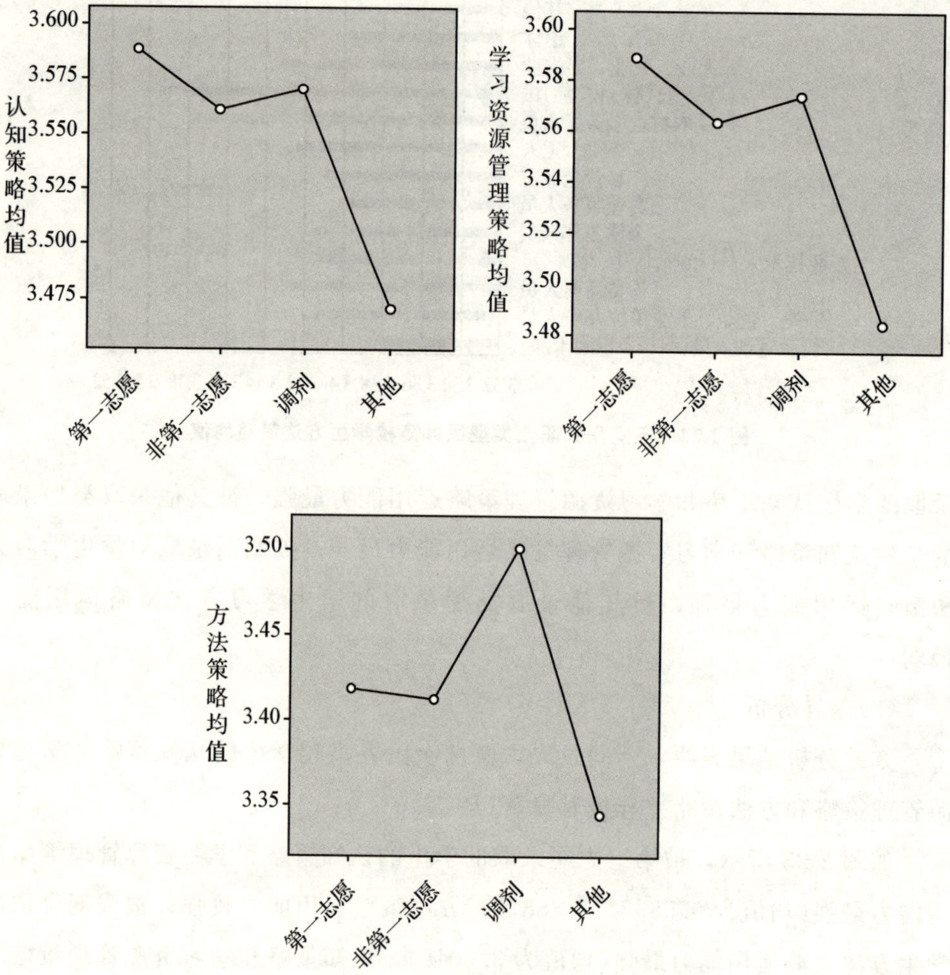

图 2-23　不同录取志愿批次民办高校学生认知策略、学习资源管理策略、方法策略均值

如表 2-9、表 2-10 所示，农学专业学生的认知策略(均值为 3.641)、学习资源管理策略(均值为 3.615)运用能力最强；医学专业学生的学习方法策略(均值为 3.481)运用能力最强；理学专业学生的认知策略(均值为 3.490)、学习资源管理策略(均值为 3.490)、方法策略(均值为 3.341)运用能力均最弱。整体来看，理工科类学生的学习资源管理策略(均值为 3.567)、方法策略(均值为 3.424)运用能力与人文社科类学生无明显差别(均值分别为 3.566、3.423)，理工科类学生认知策略(均值为 3.575)运用能力略高于人文社科类学生(均值为 3.564)。

表 2-9　不同专业民办高校学生学习策略均值排序

认知策略			学习资源管理策略			方法策略		
排名	专业	均值	排名	专业	均值	排名	专业	均值
1	农学	3.641	1	农学	3.615	1	医学	3.481
2	哲学	3.619	2	哲学	3.609	2	文学	3.457
3	医学	3.585	3	工学	3.590	3	农学	3.446
4	工学	3.582	4	医学	3.571	4	管理学	3.429
5	文学	3.573	5	文学	3.568	5	工学	3.426
6	经济学	3.562	6	艺术学	3.567	6	教育学	3.425
7	管理学	3.558	7	管理学	3.563	7	经济学	3.424
8	艺术学	3.547	8	教育学	3.562	8	哲学	3.419
9	教育学	3.546	9	经济学	3.560	9	艺术学	3.402
10	法学	3.545	10	法学	3.533	10	法学	3.402
11	理学	3.490	11	理学	3.490	11	理学	3.341

表 2-10　民办高校学生学习策略专业大类均值

均值 专业大类	认知策略均值	学习资源管理策略均值	方法策略均值
人文社科	3.564	3.566	3.423
理工科	3.575	3.567	3.424

(三)分析讨论

学习策略是学习者为了提高学习效果和效率，有意识、有目的地制订和使用有关学习的方式方法，包括学习者在学习过程中有效学习的规则、技巧以及调节控制的方式方法等。[①] 民办高校学生学习策略均值为 3.53，在学生发展五个维度中分值相对较低，说明民办高校学生学习策略运用能力值得关注。影响

① 彭小虎，王国锋，朱丹．儿童发展与教育心理学[M]．上海：华东师范大学出版社，2014：253.

大学生学习策略运用的因素有很多，从外部环境来讲，文化背景和教学模式都会对大学生学习策略的运用产生影响；从学生自身来看，学习习惯、学习动机和个性差异等则是影响大学生学习策略运用的根本因素。①

从性别差异来看，民办高校女生认知策略、学习资源管理策略和方法策略运用能力均强于男生。认知策略是学习者用以控制注意、学习、记忆、思考等行为的内在组织技能。加涅认为，如何促成认知策略的改善，从而使每位学习者“发挥其潜能”，是教育面临的挑战之一。② 学习资源管理策略辅助学习者管理可用的环境和资源，对学习者的动机具有重要的作用。成功的学习者使用这些策略，能帮助他们适应环境、调节环境以符合自己的需要。③ 民办高校女生学习方法策略整体高于男生，表明女生比男生更善于把握学习、记忆，善用学习环境、学习时间，并根据个人的学习需求选择合适的学习方法策略。

从是否为独生子女来看，非独生子女群体认知策略、学习资源管理策略和方法策略运用能力均强于独生子女群体。在已有研究中，常有独生子女和非独生子女智力水平的比较，有学者研究了独生子女的发展状况，提出了“独生子女的智力发展超过非独生子女，而人格发展落后于非独生子女”的理论。④ 非独生子女不仅在人格发展方面优于独生子女，在意志力、克服困难、寻求解决问题办法等方面也优于独生子女。从非独生子女群体的学习策略强于独生子女群体的研究结果中可以推断，学习策略不仅受到智力因素的影响，也受到人格、意志力等因素的影响。

从不同办学层次民办高校学生的学习策略，特别是学习方法策略来看，民办本科高校学生的方法策略运用能力强于民办专科高校学生。虽然民办专科高校学生的学习兴趣、学习效能感和考试心态优于民办本科高校学生，但其运用学习策略的能力低于本科学生。原因可能主要是民办高校本科生学习基础略好于专科生，表现在本科学生专业和应用能力高于专科学生。

---

① 曲木铁西，夏仕武．少数民族高等教育导论[M]．北京：民族出版社，2013：228.

② 中公教育师资格考试研究院．信息技术学科知识与教学能力[M]．北京：世界图书出版公司，2013：173.

③ 颜世富．培训与开发[M]．北京：北京师范大学出版社，2007：81.

④ 池方浩，池哲萍．教师的德育研究[M]．长春：吉林大学出版社，2008：208.

从年级差异来看，民办高校三年级学生的认知策略、学习资源管理策略运用能力最强，二年级学生认知策略、学习方法策略运用能力最弱；四年级学生的学习资源管理策略运用能力最弱；一年级学生的学习方法策略运用能力最强。在认知策略和学习资源管理策略方面，随着年级的升高和学习的深入以及尚未面临就业压力，民办高校三年级学生对自己的注意、学习、记忆、思考等行为控制能力，时间管理、环境需求的掌控能力最强。值得注意的是，二年级学生认知策略运用能力和四年级学生学习资源管理策略运用能力较弱，这与二年级学生学习动力减弱以及四年级学生承受就业压力有关。在学习方法策略方面，由于学习兴趣最高，一年级学生在学习方法策略上最用心，二年级之后随着学习兴趣降低，能力逐渐下降。威洛比等的实验证明，已有知识基础影响学习策略的使用效果，当学生具有良好的知识基础时，精加工提问是最有效的策略，尤其是学科学习策略的掌握更与学习者的知识基础有关。[①]

从民办高校学生月均花费间接研究学生经济条件与消费状况对学习策略的影响，得出的结论值得关注。月均花费最高(月均花费 2500 元以上)的学生认知策略、学习资源管理策略和方法策略运用能力最弱；月均花费最低(1000元以下)的学生认知策略、学习资源管理策略运用能力最强；月均花费1500～2000 元的学生方法策略运用能力最强。这表明在民办高校，经济条件好或生活较为奢侈的学生运用学习策略的能力明显弱于经济条件差或生活较为节俭的学生。虽然不能断定经济条件好或生活较为奢侈的学生个人运用学习策略能力都比较低，但可以推断出，这部分学生对学习的关注不够，在学习策略上的精力投入可能被其他活动分散。

家庭所在地对学生学习策略运用能力有显著影响。来自农村的学生认知策略、学习资源管理策略和方法策略运用能力最强，来自直辖市的学生认知策略、学习资源管理策略和方法策略运用能力最弱。这表明在民办高校，家庭所处环境越差的学生运用学习策略能力越强，农村学生运用学习策略能力整体强于城市学生，特别是来自直辖市的学生。既与农村学生学习较为刻苦有关，也与城市家庭学生知识基础较为薄弱、高考分数普遍不高有关。

---

① 胡卫平，韩琴，严文法．科学课程与教学论研究[M]．北京：高等教育出版社，2007：205.

从民办高校学生家长从事的不同职业来看，家长为行政管理人员(科级及以上干部)的学生认知策略、学习资源管理策略和学习方法策略运用能力最弱，家长为农村进城务工人员的学生认知策略运用能力最强，家长为农(林、牧、渔)民的学生学习资源管理策略、学习方法策略运用能力最强。值得关注的是，家长为行政管理人员(科级及以上干部)的学生整体运用学习策略能力较弱。据此推测，父母社会地位较高的学生会享有更多的社会资源，在学习上花费精力不如父母社会地位较低(农村进城务工人员和农、林、牧、渔民子女)的学生，从而学习策略运用能力明显落后。

从录取志愿差异来看，被第一志愿录取的学生的认知策略和学习资源管理策略运用能力最强，被其他录取类型录取的学生认知策略和学习资源管理策略运用能力最弱；被调剂录取的学生学习方法策略运用能力最强，被其他录取类型录取的学生学习方法策略运用能力最弱。这表明第一志愿学生的学习策略运用能力较强，尤其在认知策略和学习资源管理策略能力运用上表现突出；调剂学生在学习方法策略能力运用上表现突出。

从所学专业差异来看，农学专业民办高校学生认知策略、学习资源管理策略运用能力最强；医学专业学生方法策略运用能力最强；理学专业学生整体学习策略运用能力最弱。这表明应用类、操作性强的专业学生运用学习策略能力强于理论性强的专业学生。值得关注的是，理学专业学生学习策略运用能力较低，原因可能是“理科学生不具备社会洞察力，不了解自己学科领域发展的社会意义”①，因而影响到策略运用能力；也可能因为民办高校理科学生知识基础较弱，学习纯理论知识有些吃力，又没有工科学生那么多的实践机会，对学习失去兴趣。

三、能力技能

(一)总体概况

样本学生在能力技能方面的均值为3.57。课题组将民办高校学生能力技能

① 李廉水．江苏科教兴省战略实施研究[M]．南京：南京师范大学出版社，2000：233.

分为 4 个因子：认知能力、专业与应用能力、人际交往能力和创新能力。如图 2-24 所示，其中人际交往能力分值最高(均值为 3.64)，相对较低的是专业与应用能力(均值为 3.45)。

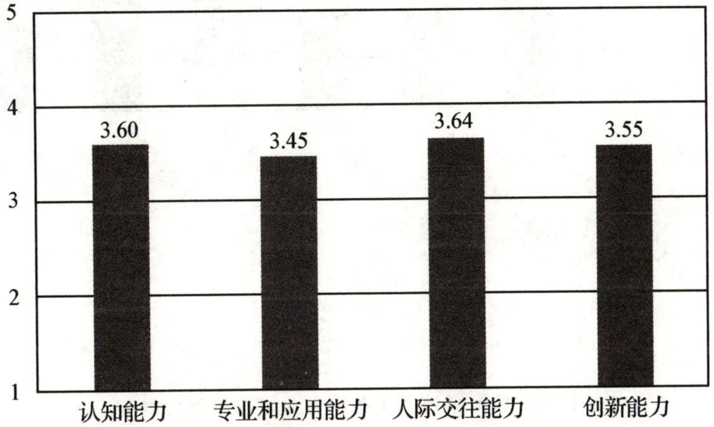

图 2-24　民办高校学生能力技能各因子均值

如图 2-25 所示，在民办高校学生认知能力中，对个人社会责任重要性的理解能力最强，阅读和理解学习材料的能力最弱。

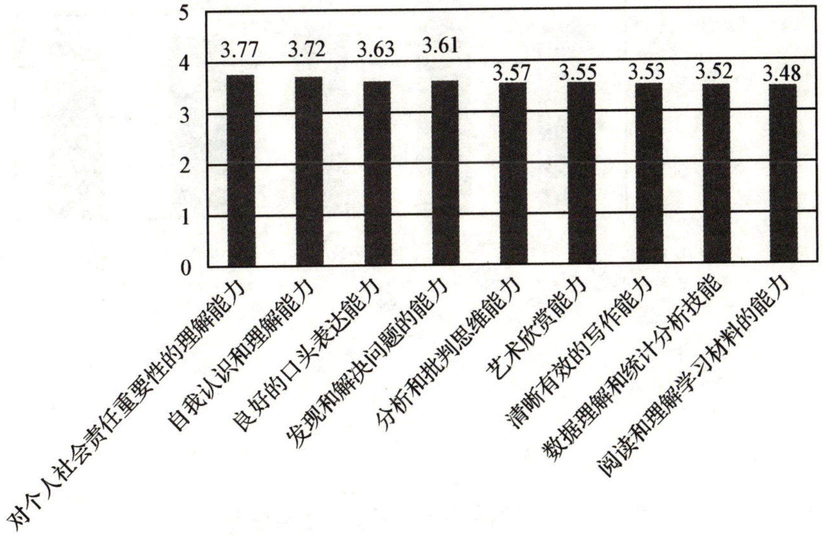

图 2-25　民办高校学生各项认知能力均值

如图 2-26 所示，在民办高校学生专业与应用能力中，获得工作或工作相关的知识技能最强，外语技能最弱。

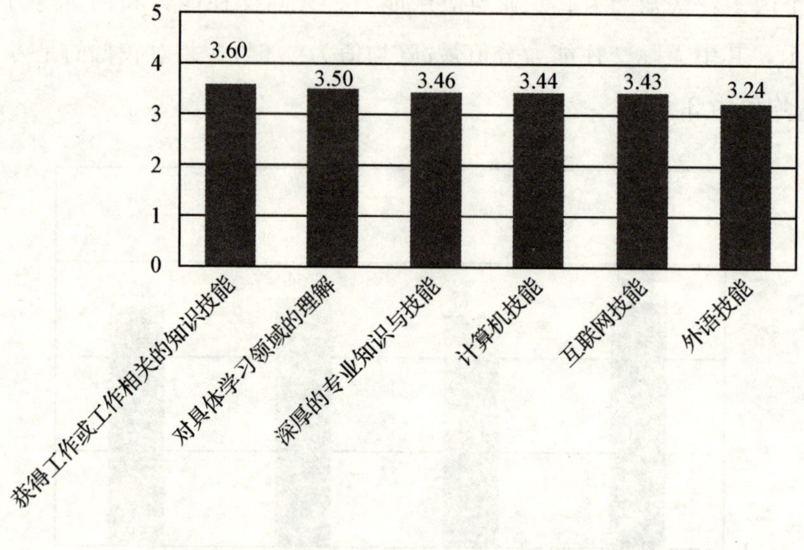

图 2-26　民办高校学生各项专业与应用能力均值

如图 2-27 所示，在民办高校学生人际交往能力中，与他人有效合作的能力最强，良好的组织领导能力最弱。

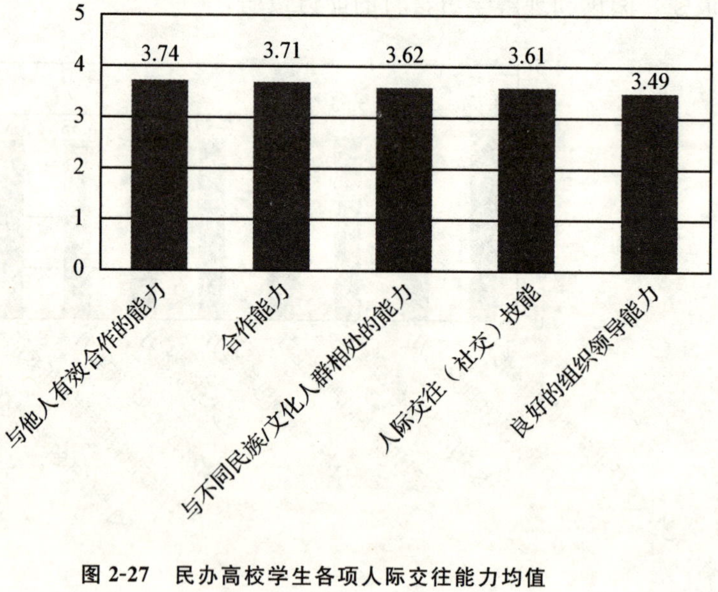

图 2-27　民办高校学生各项人际交往能力均值

如图 2-28 所示，在民办高校学生创新能力中，创造力和科研兴趣与创新意识较为接近，均处于中上水平。

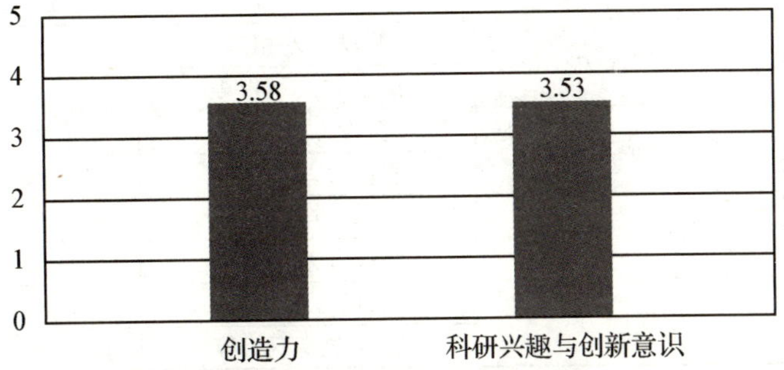

图 2-28　民办高校学生各项创新能力均值

(二)分组比较

为了解不同人口统计学特征下民办高校学生能力技能的差异，课题组根据变量属性，对不同群体民办高校学生能力技能各因子进行独立样本 T 检验或方差分析。具体情况如表 2-11、表 2-12 所示。

表 2-11　不同变量民办高校学生能力技能各因子 *T* 检验摘表

变　量	因　子		*T*	*Sig*
性　别	认知能力	假设方差相等	17.783	0.000
		假设方差不相等	17.274	0.000
	专业与应用能力	假设方差相等	25.956	0.000
		假设方差不相等	25.207	0.000
	人际交往能力	假设方差相等	15.210	0.000
		假设方差不相等	14.830	0.000
	创新能力	假设方差相等	29.211	0.000
		假设方差不相等	28.738	0.000
是否独生子女	认知能力	假设方差相等	9.985	0.000
		假设方差不相等	9.740	0.000
	专业与应用能力	假设方差相等	18.513	0.000
		假设方差不相等	18.138	0.000
	人际交往能力	假设方差相等	6.953	0.000
		假设方差不相等	6.800	0.000
	创新能力	假设方差相等	7.826	0.000
		假设方差不相等	7.735	0.000

续表

变　量	因　子		*T*	*Sig*
办学层次	认知能力	假设方差相等	2.497	0.013
		假设方差不相等	2.514	0.012
	专业与应用能力	假设方差相等	−7.218	0.000
		假设方差不相等	−7.279	0.000
	人际交往能力	假设方差相等	6.018	0.000
		假设方差不相等	6.052	0.000
	创新能力	假设方差相等	1.557	0.119
		假设方差不相等	1.561	0.119

表 2-12　不同变量民办高校学生能力技能各因子方差分析摘表

变　量	因　子	*F*	*Sig*
年　级	认知能力	10.889	0.000
	专业与应用能力	58.869	0.000
	人际交往能力	9.947	0.000
	创新能力	5.592	0.001
月均花费	认知能力	21.112	0.000
	专业与应用能力	141.644	0.000
	人际交往能力	23.622	0.000
	创新能力	85.549	0.000
家庭所在地	认知能力	65.885	0.000
	专业与应用能力	178.396	0.000
	人际交往能力	35.271	0.000
	创新能力	55.913	0.000
家长从事职业	认知能力	33.207	0.000
	专业与应用能力	68.182	0.000
	人际交往能力	23.634	0.000
	创新能力	24.854	0.000
录取志愿	认知能力	51.117	0.000
	专业与应用能力	25.596	0.000
	人际交往能力	76.795	0.000
	创新能力	18.102	0.000
所学专业	认知能力	16.754	0.000
	专业与应用能力	16.053	0.000
	人际交往能力	11.804	0.000
	创新能力	18.079	0.000

1. 性别差异

(1)基本结论

不同性别的民办高校学生在能力技能方面存在差异。男生的认知能力、专业与应用能力、人际交往能力、创新能力均值均高于女生。

(2)差异分析

独立样本 T 检验结果表明，不同性别民办高校学生的认知能力、专业与应用能力、人际交往能力和创新能力差异极其显著($P<0.01$)。

如图 2-29 所示，男生的认知能力、专业与应用能力、人际交往能力、创新能力(均值分别为 3.6451、3.5161、3.6784、3.6467)均值均高于女生(均值分别为 3.5632、3.3933、3.6045、3.4816)。

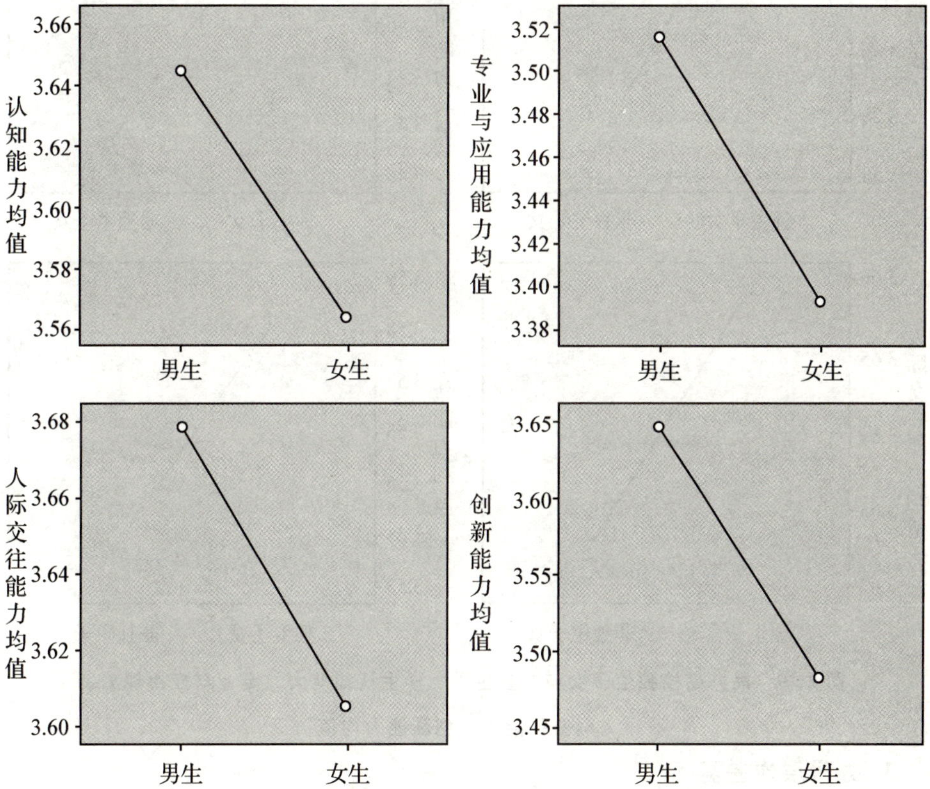

图2-29 不同性别民办高校学生认知能力、专业与应用能力、人际交往能力、创新能力均值

2. 是否为独生子女差异

(1)基本结论

独生子女与非独生子女的民办高校学生在能力技能方面存在差异。独生子女的认知能力、专业与应用能力、人际交往能力和创新能力均高于非独生子女。

(2)差异分析

独立样本 T 检验结果表明，独生子女与非独生子女民办高校学生的认知能力、专业与应用能力、人际交往能力、创新能力差异极其显著（$P<0.01$）。

如图2-30所示，独生子女的认知能力、专业与应用能力、人际交往能力和创新能力（均值分别为3.6288、3.5026、3.6588、3.5817）均高于非独生子女（均值分别为3.5817、3.4127、3.6242、3.5361）。

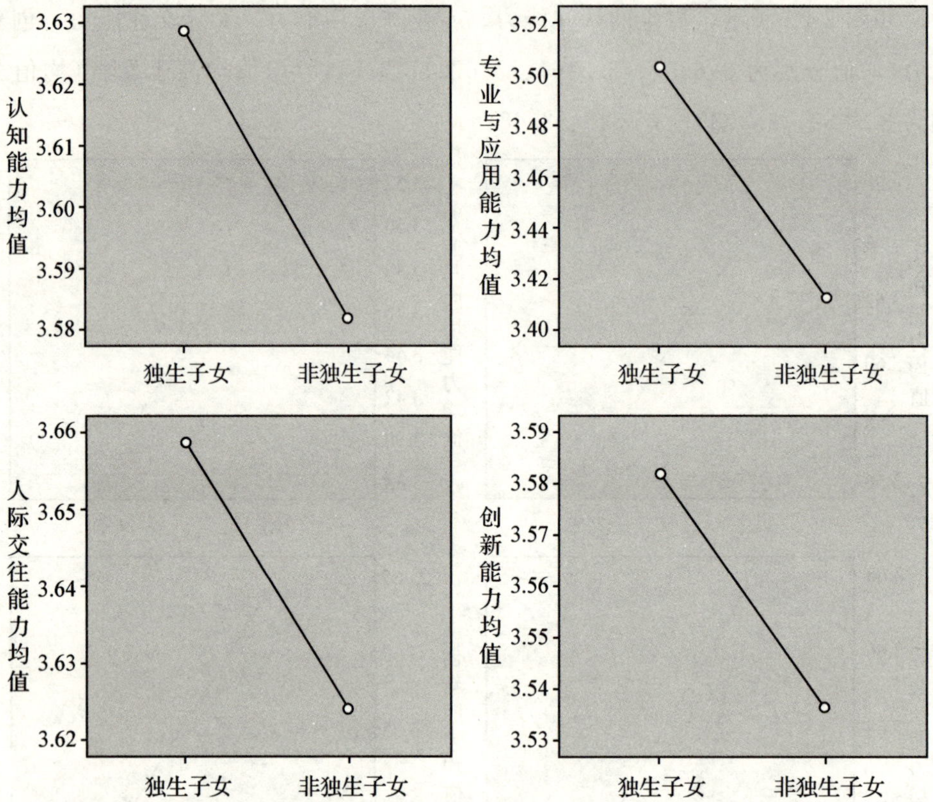

图2-30 民办高校独生子女与非独生子女学生认知能力、专业与应用能力、人际交往能力、创新能力均值

3. 办学层次差异

（1）基本结论

不同办学层次的民办高校学生在能力技能方面存在差异。民办专科高校学生的认知能力、人际交往能力和创新能力均高于民办本科高校学生，民办本科高校学生在专业与应用能力高于民办专科高校学生。

（2）差异分析

独立样本T检验结果表明，不同办学层次民办高校学生的专业与应用能力、人际交往能力差异极其显著（$P<0.01$），认知能力差异显著（$P<0.05$），创

新能力差异不显著（$P>0.05$）。

如图 2-31 所示，民办专科高校学生的认知能力、人际交往能力和创新能力（均值分别为 3.6071、3.6519、3.5596）均高于民办本科高校学生（均值分别为 3.5954、3.6223、3.5506），民办本科高校学生专业与应用能力（均值为 3.4681）高于民办专科高校学生（均值为 3.4334）。

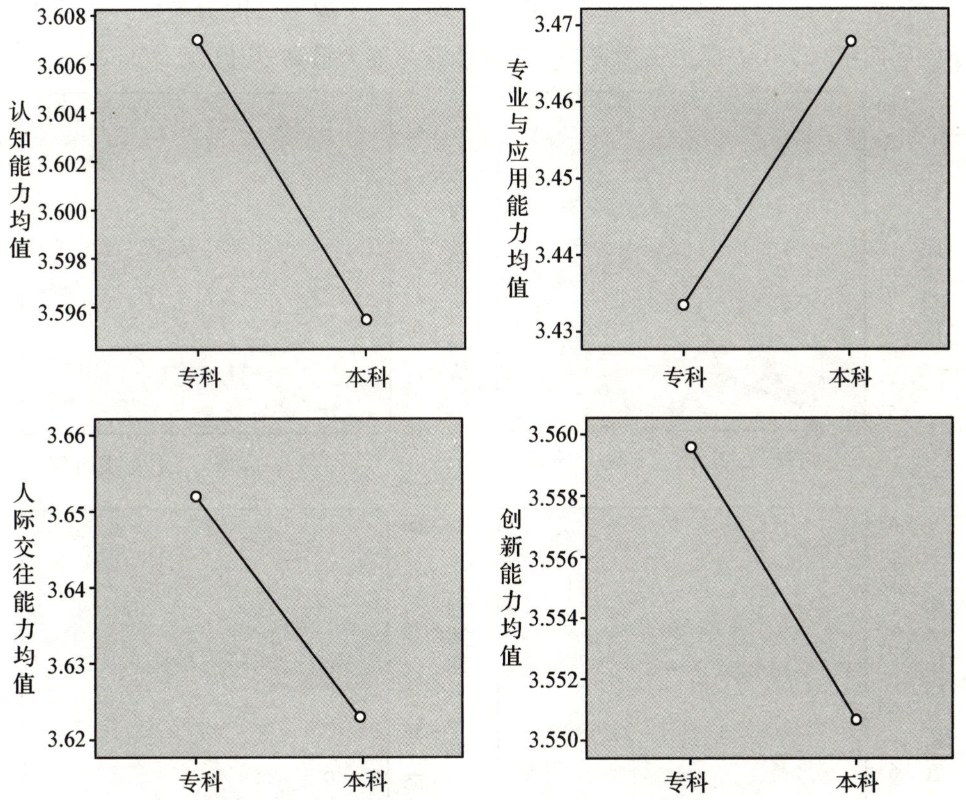

图 2-31　不同办学层次民办高校学生认知能力、专业与应用能力、人际交往能力、创新能力均值

4. 年级差异

（1）基本结论

不同年级的民办高校学生在能力技能方面存在差异。一年级学生专业与应用能力、人际交往能力、认知能力最弱，二年级学生创新能力最弱，三年级学生认知能力最强，四年级学生专业与应用能力、人际交往能力、创新能力最强。

（2）差异分析

方差分析结果表明，不同年级民办高校学生的认知能力、专业与应用能力、人际交往能力和创新能力差异极其显著（$P<0.01$）。

如图 2-32 所示，民办高校学生认知能力、专业与应用能力、人际交往能力和创新能力存在类似差异，年级越高，学生的能力越强。在认知能力方面，一年级、二年级学生较弱，三年级、四年级学生较强，三年级学生认知能力最高(均值为 3.6310)；在专业与应用能力、人际交往能力方面，随着年级的升高，这两方面的能力也越来越高，四年级学生的专业与应用能力、人际交往能力最高(均值分别为 3.5475、3.6694)；在创新能力方面，二年级学生能力最低，从二年级学生到四年级学生，能力逐渐提高，四年级学生能力最高(均值为 3.5968)。

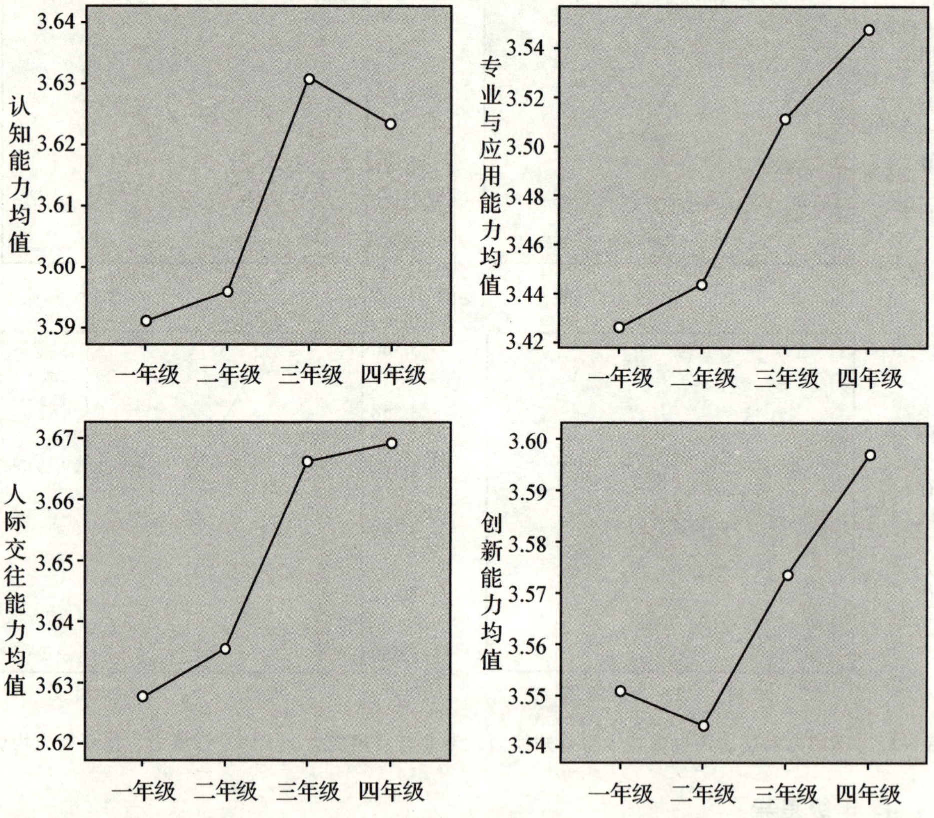

图2-32　不同年级民办高校学生认知能力、专业与应用能力、人际交往能力、创新能力均值

5. 月均花费差异

(1)基本结论

不同月均花费水平的民办高校学生在能力技能方面存在差异。月均花费2500元以上学生的认知能力、专业与应用能力、创新能力最强，月均花费 1000 元以下学生的认知能力、专业与应用能力、创新能力最弱；月均花费 2000～2500元学生的人际交往能力最强，月均花费 1500～2000 元学生的人际交往能力最弱。

(2)差异分析

方差分析结果表明，不同月均花费水平民办高校学生的认知能力、专业与应用能力、人际交往能力和创新能力差异极其显著($P<0.01$)。

如图 2-33 所示，在民办高校学生的认知能力、专业与应用能力和创新能力方面，月均花费水平越高，学生的能力均值越高，且最高值与最低值之间的差距较大。在人际交往能力方面，月均花费 1500～2000 元的学生均值最低(均值为 3.6153)，月均花费 2000～2500 元的学生均值最高(均值为 3.7460)，且差距较大。

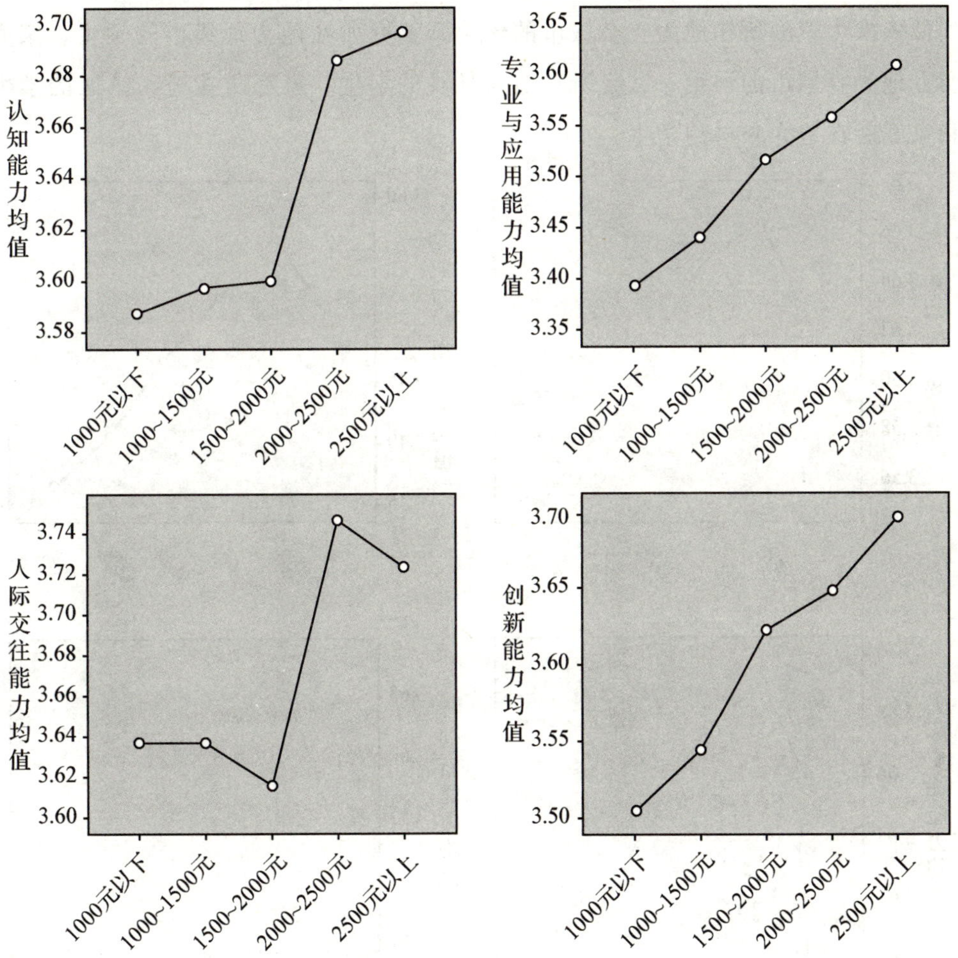

图 2-33　不同月均花费水平学生认知能力、专业与应用能力、人际交往能力、创新能力均值

6. 家庭所在地差异

(1)基本结论

不同家庭所在地的民办高校学生在能力技能方面存在差异。来自省会城市的学生认知能力、专业与应用能力、人际交往能力和创新能力最强，来自农村的学生认知能力、专业与应用能力、人际交往能力和创新能力最弱。

(2)差异分析

方差分析结果表明，不同家庭所在地民办高校学生的认知能力、专业与应用能力、人际交往能力和创新能力差异极其显著($P<0.01$)。

如图 2-34 所示，不同家庭所在地民办高校学生认知能力、专业与应用能力、人际交往能力和创新能力均值呈现类似的分布趋势，即各项能力均值由高到低依次为家庭所在地为省会城市的学生、家庭所在地为地级市的学生、家庭所在地为直辖市的学生、家庭所在地为县城的学生、家庭所在地为镇区的学生和家庭所在地为农村的学生。

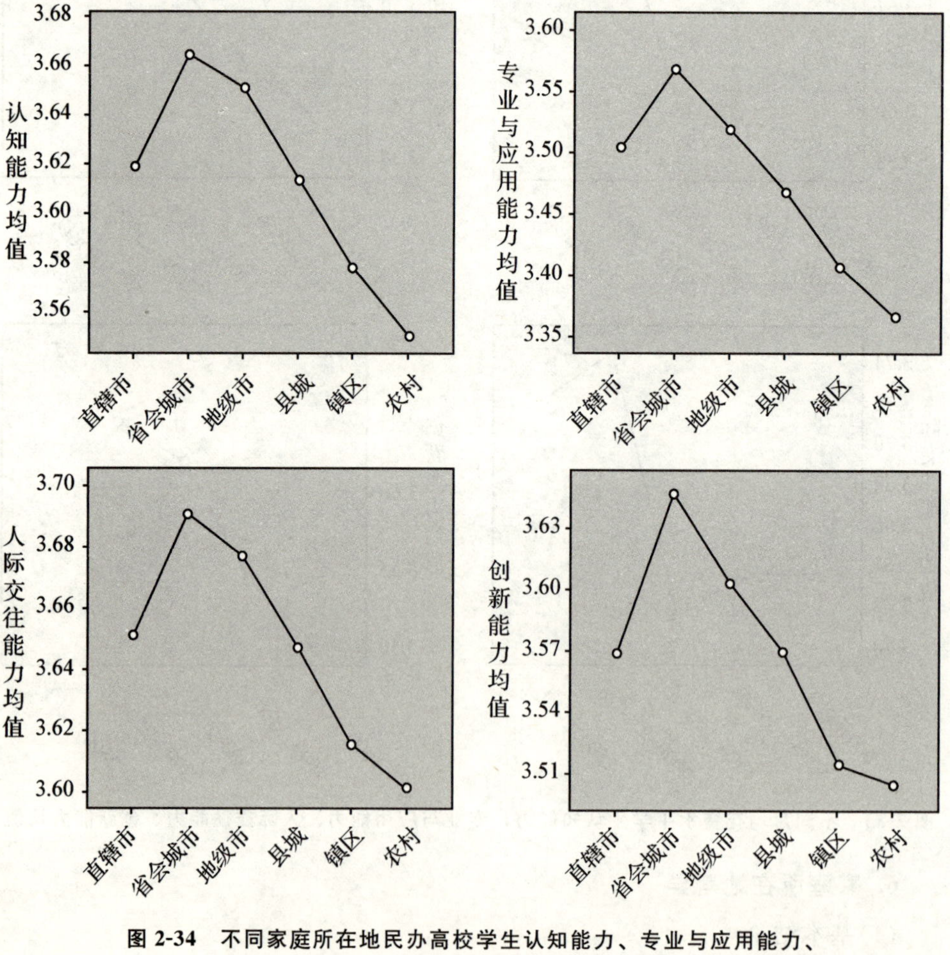

图 2-34　不同家庭所在地民办高校学生认知能力、专业与应用能力、人际交往能力、创新能力均值

7. 家长从事的职业差异

(1)基本结论

不同家长职业类型的民办高校学生在能力技能方面存在差异。各类经理人员子女的认知能力、人际交往能力最强，农(林、牧、渔)民子女的认知能力最弱，行政管理人员(科级及以上干部)子女的认知能力、创新能力最强，农村进城务工人员子女的认知能力最弱，其他人员子女的人际交往能力最弱，工人子女的创新能力最弱。

(2)差异分析

方差分析结果表明，不同家长职业类型民办高校学生的认知能力、专业与应用能力、人际交往能力和创新能力差异极其显著($P<0.01$)。

如图 2-35 所示，家长为各类经理人员的学生认知能力最强(均值为 3.7178)，其次是家长为行政管理人员(科级及以上干部)和私营企业主的学生；家长为农(林、牧、渔)民的学生认知能力最弱(均值为 3.5547)，其次是家长为工人、农村进城务工人员等的学生。

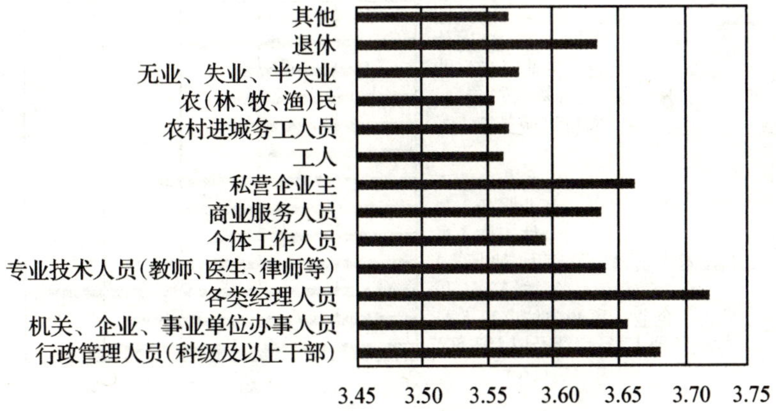

图 2-35　不同家长职业类型民办高校学生认知能力均值

如图 2-36 所示，家长为行政管理人员(科级及以上干部)的学生专业与应用能力最强(均值为 3.5893)，其次是家长为各类经理人员和商业服务人员的学生；家长为农村进城务工人员的学生专业与应用能力最弱(均值为 3.3567)，其次是家长为工人、农(林、牧、渔)民等的学生。

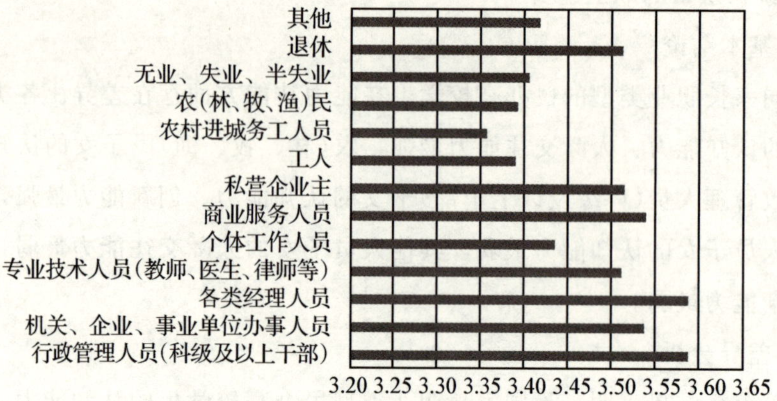

图 2-36　不同家长职业类型民办高校学生专业与应用能力均值

如图 2-37 所示，家长为各类经理人员的学生人际交往能力最强(均值为 3.7392)，其次是家长为行政管理人员(科级及以上干部)和私营企业主等的学生；家长为其他人员的学生人际交往能力最弱(均值为 3.5966)，其次是家长为工人、农(林、牧、渔)民或无业、失业、半失业等人员的学生。

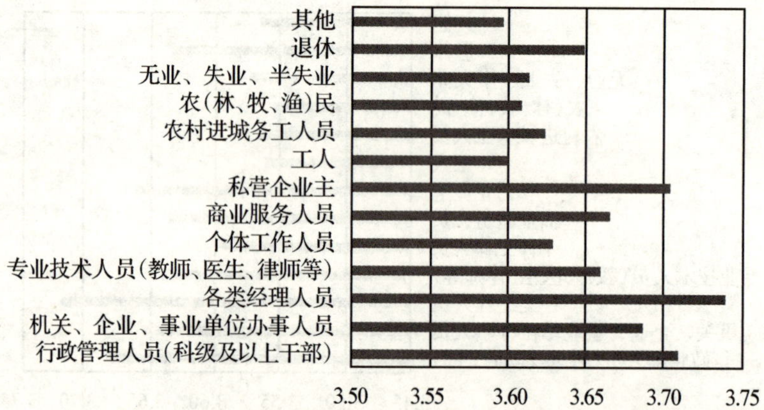

图 2-37　不同家长职业类型民办高校学生人际交往能力均值

如图 2-38 所示，家长为行政管理人员(科级及以上干部)的学生创新能力最强(均值为 3.6761)，其次是家长为各类经理人员、私营企业主、商业服务人员的学生；家长为工人的学生创新能力最弱(均值为 3.4908)，其次是家长为农村进城务工人员、农(林、牧、渔)民或个体工作人员的学生。

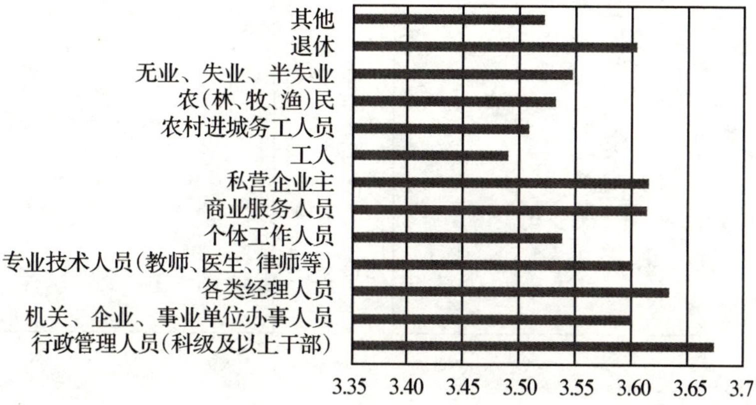

图 2-38　不同家长职业类型的民办高校学生创新能力均值

8. 录取志愿差异

(1)基本结论

不同录取志愿批次的民办高校学生在能力技能方面存在差异。被第一志愿录取的学生认知能力、人际交往能力最强，被其他录取类型录取的学生认知能力、人际交往能力最弱；被调剂录取的学生专业与应用能力、创新能力最强，被其他录取类型录取的学生专业与应用能力、创新能力最弱。

(2)差异分析

方差分析结果表明，不同录取志愿批次民办高校学生的认知能力、专业与应用能力、人际交往能力和创新能力差异极其显著($P<0.01$)。

如图 2-39 所示，在认知能力和人际交往能力方面，民办高校学生的能力均值呈现类似地分布形态，按第一志愿录取、非第一志愿录取、调剂录取和其他录取类型录取的顺序，民办高校学生的两项能力均值逐渐降低；专业与应用能力和创新能力均值也呈现相似的分布形态，由高到低依次为被调剂录取的学生、被第一志愿录取的学生、被非第一志愿录取的学生和被其他录取类型录取的学生。

9. 所学专业差异

(1)基本结论

不同专业的民办高校学生在能力技能方面存在差异。

(2)差异分析

方差分析结果表明，不同专业民办高校学生的认知能力、专业与应用能力、人际交往能和创新能力差异极其显著($P<0.01$)。

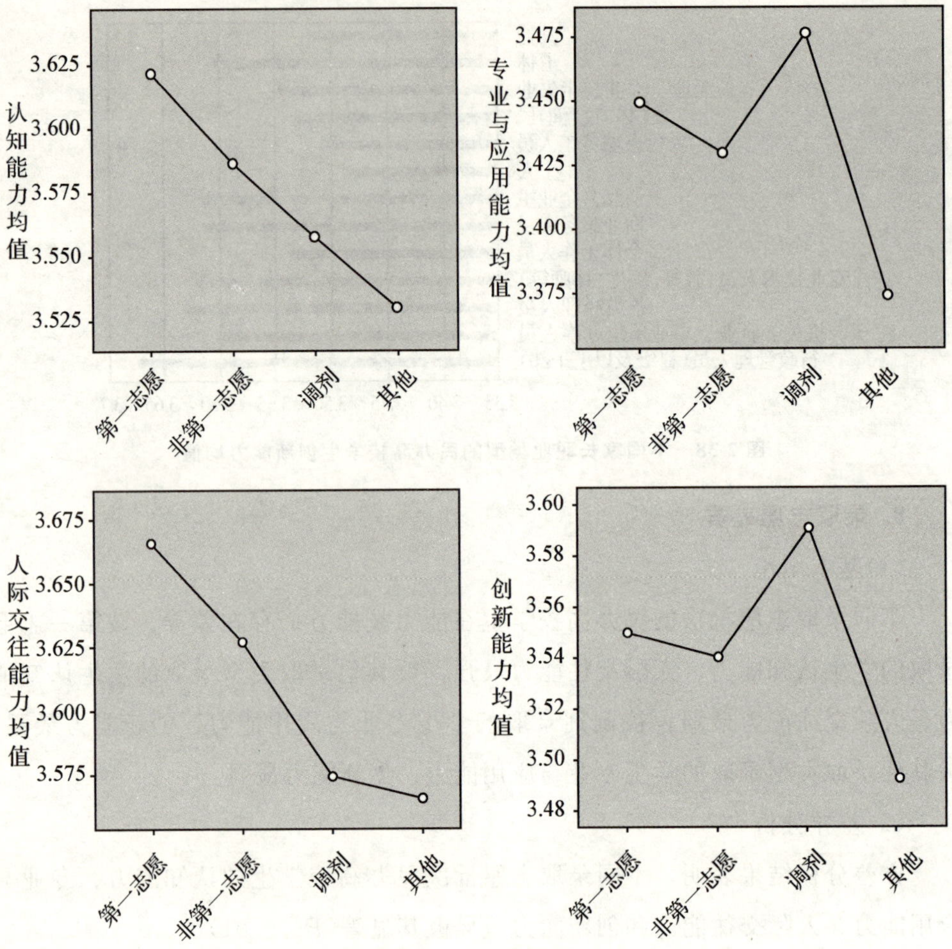

图 2-39　不同录取志愿批次民办高校学生认知能力、专业与应用能力、人际交往能力、创新能力均值

如表 2-13、表 2-14、表 2-15 所示，哲学专业学生的认知能力(均值为 3.644)、人际交往能力(均值为 3.682)最强，医学专业学生认知能力(均值为 3.497)、人际交往能力(均值为 3.535)最弱；工学专业学生专业与应用能力(均值为 3.491)最强，理学专业学生专业与应用能力(均值为 3.348)最弱；农学专业学生创新能力(均值为 3.661)最强，教育学专业学生创新能力(均值为 3.412)最弱。整体来看，人文社科类学生的认知能力(均值为 3.588)、专业与应用能力(均值为 3.423)、人际交往能力(均值为 3.631)强于理工科类学生(均值分别为 3.565、3.419 和 3.616)，但人文社科类学生创新能力(均值为 3.515)弱于理工科类学生(均值为 3.562)。

表 2-13　不同专业民办高校学生认知能力、专业与应用能力技能均值排序

认知能力			专业与应用能力		
排名	专业	均值	排名	专业	均值
1	哲学	3.644	1	工学	3.491
2	艺术学	3.633	2	经济学	3.464
3	农学	3.623	3	艺术学	3.457
4	工学	3.622	4	哲学	3.456
5	经济学	3.604	5	文学	3.447
6	文学	3.590	6	农学	3.430
7	管理学	3.565	7	医学	3.406
8	教育学	3.541	8	管理学	3.402
9	法学	3.538	9	教育学	3.369
10	理学	3.517	10	法学	3.368
11	医学	3.497	11	理学	3.348

表 2-14　不同专业民办高校学生人际交往能力、创新能力排序

人际交往能力			创新能力		
排名	专业	均值	排名	专业	均值
1	哲学	3.682	1	农学	3.661
2	农学	3.679	2	工学	3.610
3	艺术学	3.659	3	艺术学	3.595
4	工学	3.655	4	哲学	3.567
5	经济学	3.635	5	经济学	3.565
6	文学	3.632	6	医学	3.535
7	教育学	3.607	7	管理学	3.513
8	管理学	3.606	8	文学	3.511
9	法学	3.596	9	法学	3.445
10	理学	3.595	10	理学	3.441
11	医学	3.535	11	教育学	3.412

表 2-15　民办高校学生能力技能的专业大类均值

均值 / 专业大类	认知能力均值	专业与应用能力均值	人际交往能力均值	创新能力均值
人文社科	3.588	3.423	3.631	3.515
理工科	3.565	3.419	3.616	3.562

(三)分析讨论

民办高校学生的能力技能分为能力和技能两个方面。能力是人对掌握知识的心理活动的概括，是完成某种活动所必需而且直接影响活动效率的个性心理特征。技能不同于能力，它是一种有目的的、通过练习而巩固了的自动化的活动方式，是对动作方式的具体概括，属心理活动过程的范畴。[①] 本研究中的能力技能包括认知能力、专业与应用能力、人际交往能力和创新能力。民办高校学生能力技能的均值为 3.56，在学生发展五个维度中分值相对较低，表明民办高校学生能力技能水平不高。影响民办高校学生能力技能的因素有很多。当代心理学认为，遗传和环境是影响能力形成和发展的两大因素。能力是在这两种因素交互作用下形成和发展起来的。美国心理学家阿纳斯塔西指出："二三十年前，遗传和环境关系问题曾经是人们激烈争论的中心，但这已为今天的许多心理学家所忘却。现在大家普遍认为，遗传和环境二者共同影响着人的全部行为。"[②]技能强调的是经过学习和练习发展起来的能力，是在从事活动中有效地运用天资和知识的力量。影响技能的因素更多的在于实践。[③]

从性别差异来看，男生的认知能力、专业与应用能力、人际交往能力、创新能力均数值均高于女生。对待男女能力差异的看法，在教育实践者和研究者中比较普遍的认识是：第一，在不同的年龄阶段，男女智力发展速度不同。例如，青春期后，男生智力发展速度超过女生。第二，在智力结构中，两性智力要素的发展各具特色。普遍认为，女生长于记忆、形象思维和语言能力等，而男生长于空间能力、抽象思维和操作能力等。第三，男女学生在能力发展上所存在的局部或阶段性差异并非先天固有的，因而也不是一成不变的。[④]

从是否为独生子女来看，独生子女群体的认知能力、专业与应用能力、人际交往能力和创新能力均高于非独生子女群体。1980 年 1 月，美国心理学家约·克

---

① 廉茵. 管理心理学(第 2 版)[M]. 北京：对外经济贸易出版社，2013：57.

② 叶奕乾，祝蓓里. 心理学(第 4 版)[M]. 上海：华东师范大学出版社，2012：204.

③ 程良越. 大学生职业发展与训练[M]. 广州：广东高等教育出版社，2008：127.

④ 杨承印. 学科教育实习指南(化学)[M]. 西安：陕西师范大学出版社，2012：129.

劳央等人对4321名学生进行比较发现，独生子女比非独生子女更聪明，更富有创造性。《独生子女在美国》的作者托尼·福尔博也得出独生子女智力发育良好的结论，并将独生子女智力发育较好的原因归结为父母照顾得比较多，受教育比较好。[①] 尽管如此，非独生子女可通过意志力、学习策略等优势弥补能力技能发展的劣势。

不同办学层次民办高校学生能力技能存在显著差异。民办专科高校学生认知能力、人际交往能力和创新能力均高于民办本科高校学生；民办本科高校学生专业与应用能力高于民办专科高校学生。这可能是民办本科高校往往关注学生的专业与应用能力，对学生基本认知能力、人际交往能力和创新能力的培养不够，导致民办本科学生在部分因子上的得分较低。

从年级差异来看，高年级学生能力技能强于低年级学生，三年级学生认知能力最强，一年级学生认知能力最弱；四年级学生专业与应用能力、人际交往能力最强，一年级学生专业与应用能力、人际交往能力最弱；四年级学生创新能力最强，二年级学生创新能力最弱。一定程度上说明随着年级的升高，学生的能力技能不断增强。可见，能力技能的增强既有先天因素，也有后天环境影响和不断练习提高的因素。

从学生月均花费间接研究学生经济条件与消费状况对能力技能的影响，发现月均花费高的学生能力技能较强。月均花费最高(2500元以上)学生的认知能力、专业与应用能力、创新能力强，月均花费最低(1000元以下)学生的认知能力、专业与应用能力、创新能力弱；月均花费2000～2500元学生的人际交往能力最强，月均花费1500～2000元学生的人际交往能力弱。在民办高校中，经济条件好或生活较为奢侈的学生能力技能明显强于经济条件差或生活较为节俭的学生。可见，能力技能的提高离不开必要的经费保障。

从不同家庭所在地来看，来自省会城市的学生认知能力、专业与应用能力、人际交往能力和创新能力强，来自农村的学生认知能力、专业与应用能力、人际交往能力和创新能力弱。这在某种程度上说明，先天优越的环境对学生能力技能的形成和提高有重要影响。农村学生成长环境不如城市，特别是省会城市学生的成长环境优越。尽管如此，农村学生仍然可以通过后天努力提高

① 田雨普．独生子女体育研究[M]．北京：人民体育出版社．2004：26-27.

个人的能力技能。

从家长从事的职业来看，家长为各类经理人员、行政管理人员（科级及以上干部）的学生能力技能强；家长为农（林、牧、渔）民、农村进城务工人员、工人的学生能力技能弱。据此推测，家庭环境，特别是家长的社会地位影响学生能力技能的发展。家长为干部、商人的学生能力技能较强，而家长为工人、农民的学生能力技能较弱。这可能是由于不同家庭提供给孩子的教育资源不同，也可能是对孩子教育重视的程度不同。

从民办高校学生录取志愿差异看，被第一志愿录取的学生认知能力、人际交往能力强；被调剂录取的学生专业与应用能力、创新能力强，被其他录取类型录取的学生能力技能弱。据此推测，认知能力和人际交往能力强的学生选报学校和专业是理性的，成功率高；被调剂录取的学生虽然学习心态不佳，但专业与应用能力、创新能力较强。据此推测，很多民办高校调剂学生高考分数不低，专业课基础较好，并有很强的创新能力。

从所学专业差异来看，哲学专业民办高校学生认知能力、人际交往能力最强；工学专业学生专业与应用能力最强；农学专业学生创新能力最强。医学专业学生认知能力、人际交往能力最弱；理学专业学生专业与应用能力最弱；教育学专业学生创新能力最弱。这可能是由于哲学专业学生逻辑思维能力训练较多，认知能力、人际交往能力较强；而医学专业学生重技能而认知能力、人际交往能力稍弱。工学专业学生实习实训机会较多，因而专业与应用能力较强；理学专业学生重理论轻实践，因而专业与应用能力较弱。农学专业学生实验、实践机会较多，教育学专业学生主要学习理论，因而创新能力不同。

四、情绪管理

（一）总体概况

样本学生在情绪管理方面的均值为 3.54。课题组将民办高校学生情绪管理分为 4 个因子：自我情绪评价、他人情绪评价、情绪调节和情绪运用。如图 2-40 所示，其中学生自我情绪评价分值最高（均值为 3.69），情绪调节分值相对较低

（均值为 3.61）。

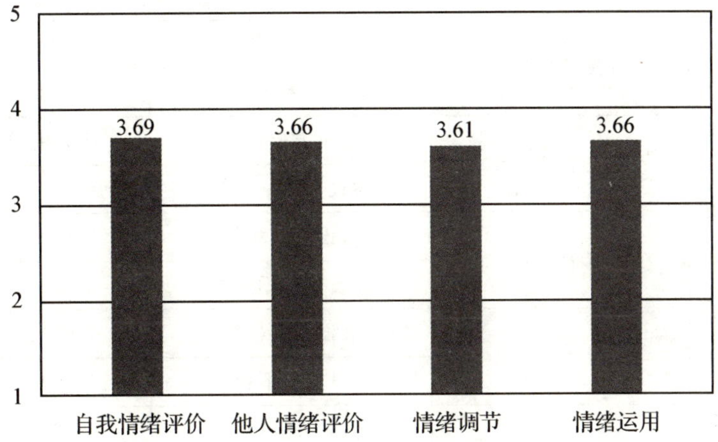

图 2-40　民办高校学生情绪管理各因子均值

（二）分组比较

为了解不同人口统计学特征下民办高校学生情绪管理的差异，课题组根据变量属性，对不同群体民办高校学生情绪管理各因子进行独立样本 *T* 检验或方差分析。具体情况如表 2-16、表 2-17 所示。

表 2-16　不同变量民办高校学生情绪管理各因子 *T* 检验摘表

变　量	因　子		*T*	*Sig*
性　别	自我情绪评价	假设方差相等	−19.949	0.000
		假设方差不相等	−19.664	0.000
	他人情绪评价	假设方差相等	−20.350	0.000
		假设方差不相等	−20.073	0.000
	情绪调节	假设方差相等	−10.151	0.000
		假设方差不相等	−10.003	0.000
	情绪运用	假设方差相等	−18.110	0.000
		假设方差不相等	−17.848	0.000

续表

变　量	因　子		T	Sig
是否独生子女	自我情绪评价	假设方差相等	−3.539	0.000
		假设方差不相等	−3.498	0.000
	他人情绪评价	假设方差相等	−0.749	0.454
		假设方差不相等	−0.739	0.460
	情绪调节	假设方差相等	−3.340	0.001
		假设方差不相等	−3.304	0.001
	情绪运用	假设方差相等	−1.631	0.103
		假设方差不相等	−1.609	0.108
办学层次	自我情绪评价	假设方差相等	−7.925	0.000
		假设方差不相等	−7.999	0.000
	他人情绪评价	假设方差相等	−12.857	0.000
		假设方差不相等	−12.953	0.000
	情绪调节	假设方差相等	−5.924	0.000
		假设方差不相等	−5.977	0.000
	情绪运用	假设方差相等	−5.170	0.000
		假设方差不相等	−5.222	0.000

表 2-17　不同变量民办高校学生情绪管理各因子方差分析摘表

变　量	因　子	F	Sig
年　级	自我情绪评价	7.784	0.000
	他人情绪评价	5.946	0.000
	情绪调节	3.196	0.022
	情绪运用	6.532	0.000
月均花费	自我情绪评价	16.667	0.000
	他人情绪评价	40.773	0.000
	情绪调节	21.477	0.000
	情绪运用	1.891	0.109

续表

变　　量	因　　子	F	Sig
家庭所在地	自我情绪评价	9.353	0.000
	他人情绪评价	11.006	0.000
	情绪调节	11.020	0.000
	情绪运用	5.632	0.000
家长从事职业	自我情绪评价	12.210	0.000
	他人情绪评价	9.909	0.000
	情绪调节	10.064	0.000
	情绪运用	7.344	0.000
录取志愿	自我情绪评价	4.397	0.004
	他人情绪评价	23.320	0.000
	情绪调节	11.794	0.000
	情绪运用	17.295	0.000
所学专业	自我情绪评价	17.492	0.000
	他人情绪评价	22.127	0.000
	情绪调节	6.633	0.000
	情绪运用	16.905	0.000

1. 性别差异

(1)基本结论

不同性别的民办高校学生在情绪管理方面存在差异。女生自我情绪评价、他人情绪评价、情绪调节、情绪运用能力均高于男生。

(2)差异分析

独立样本 T 检验结果表明，不同性别民办高校学生的自我情绪评价、他人情绪评价、情绪调节、情绪运用差异极其显著($P<0.01$)。

如图 2-41 所示，女生自我情绪评价、他人情绪评价、情绪调节、情绪运用能力(均值分别为 3.7425、3.7134、3.6350、3.7052)均高于男生(均值分别为 3.6270、3.5992、3.5783、3.6008)。

2. 是否为独生子女差异

(1)基本结论

独生子女与非独生子女的民办高校学生在情绪管理方面存在差异。非独生

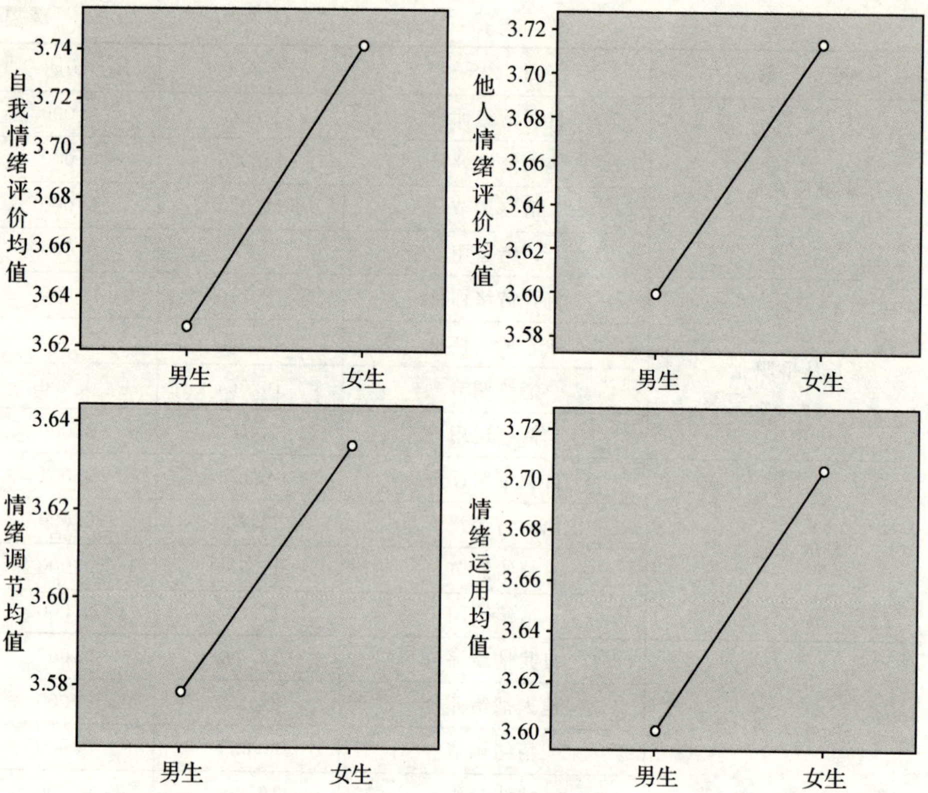

图 2-41 不同性别民办高校学生自我情绪评价、他人情绪评价、情绪调节、情绪运用均值

子女在自我情绪评价和情绪调节方面强于独生子女。

(2)差异分析

独立样本 *T* 检验结果表明，独生子女与非独生子女民办高校学生的自我情绪评价、情绪调节差异极其显著($P<0.01$)。

如图 2-42 所示，非独生子女的自我情绪评价和情绪调节(均值分别为 3.7021、3.6187)强于独生子女(均值分别为 3.6811、3.5996)。

3. 办学层次差异

(1)基本结论

不同办学层次的民办高校学生在情绪管理方面存在差异。民办本科高校学生的自我情绪评价、他人情绪评价、情绪调节、情绪运用能力均强于民办专科高校学生。

(2)差异分析

独立样本 *T* 检验结果表明，不同办学层次民办高校学生的自我情绪评价、他人情绪评价、情绪调节、情绪运用差异极其显著($P<0.01$)。

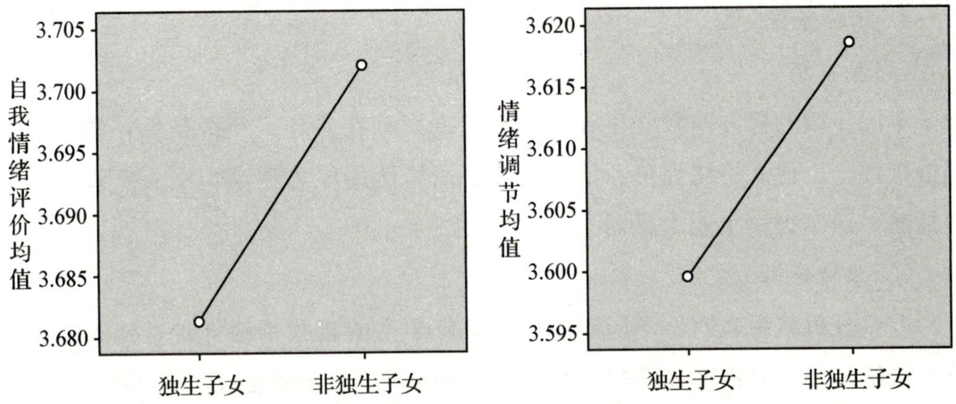

图 2-42　独生子女民办高校学生与非独生子女民办高校学生自我情绪管理、情绪调节均值

如图 2-43 所示，民办本科高校学生的自我情绪评价、他人情绪评价、情绪调节、情绪运用能力(均值分别为 3.7232、3.7103、3.6331、3.6808)均强于民办专科高校学生(均值分别为 3.6767、3.6372、3.5996、3.6507)。

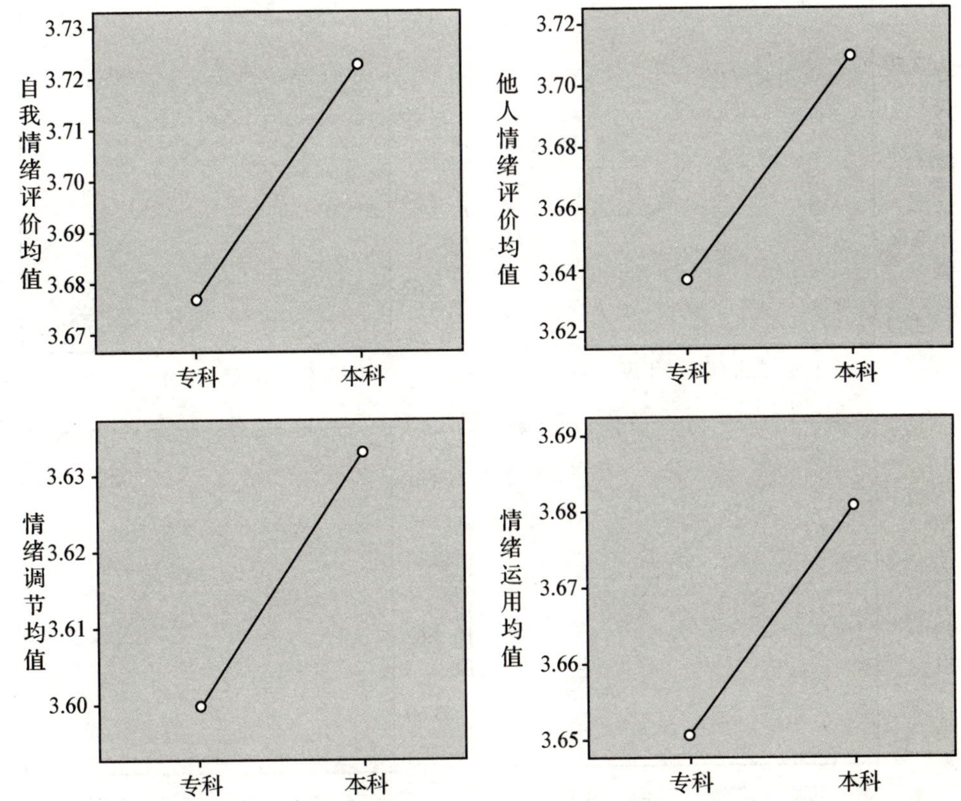

图 2-43　不同办学层次民办高校学生自我情绪评价、他人情绪评价、情绪调节、情绪运用均值

4. 年级差异

(1)基本结论

不同年级的民办高校学生在情绪管理方面存在差异。年级越低，学生的自我情绪评价、他人情绪评价、情绪调节、情绪运用能力越高，即一年级学生能力最强，四年级学生能力最弱。

(2)差异分析

方差分析结果表明，不同年级民办高校学生的自我情绪评价、他人情绪评价、情绪运用差异极其显著($P<0.01$)，情绪调节差异显著($P<0.05$)。

如图 2-44 所示，总体而言，民办高校学生的自我情绪评价、他人情绪评价、情绪调节、情绪运用能力均值分布类似，即一年级学生各项能力最强(均值分别为 3.7023、3.6723、3.6173、3.6678)，四年级学生最弱(均值分别为 3.6442、3.6170、3.5785、3.5988)。

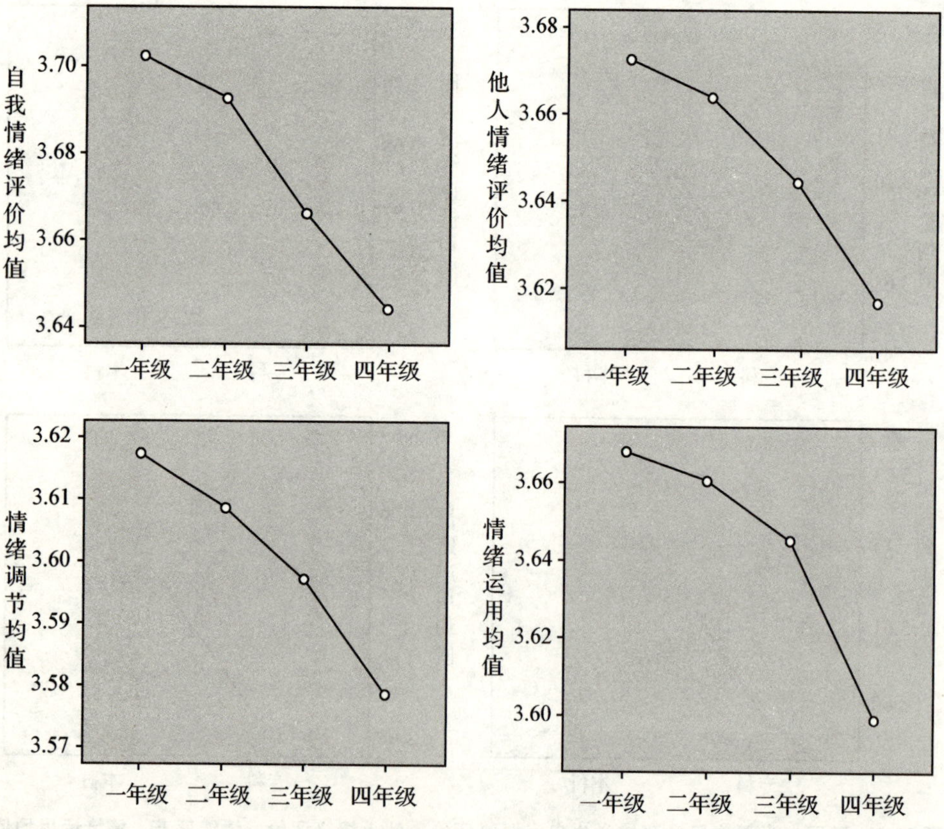

图 2-44 不同年级民办高校学生自我情绪评价、他人情绪评价、情绪调节、情绪运用均值

5. 月均花费差异

(1)基本结论

不同月均花费水平的民办高校学生在情绪管理方面存在差异。月均花费1500～2000元的学生自我情绪评价、他人情绪评价、情绪调节能力最强，月均花费2500元以上的学生自我情绪评价、他人情绪评价、情绪调节能力最弱。

(2)差异分析

方差分析结果表明，不同月均花费水平民办高校学生的自我情绪评价、他人情绪评价、情绪调节差异极其显著($P<0.01$)。

如图2-45所示，不同月均花费水平民办高校学生的自我情绪评价、情绪调节能力均值呈现相似的分布形态：由高到低依次为月均花费1500～2000元的学生、1000元以下的学生、1000～1500元的学生、2000～2500元的学生、2500元以上的学生。而在他人情绪评价方面，月均花费1500～2000元的学生均值最高，2500元以上的学生最低。

6. 家庭所在地差异

(1)基本结论

不同家庭所在地的民办高校学生在情绪管理方面存在差异。自我情绪评价能力最强的是来自农村的学生，最弱的是来自直辖市的学生；他人情绪评价能力、情绪调节能力和情绪运用能力最强的是来自地级市的学生，最弱的是来自直辖市的学生。

(2)差异分析

方差分析结果表明，不同家庭所在地民办高校学生的自我情绪评价、他人情绪评价、情绪调节和情绪运用差异极其显著($P<0.01$)。

如图2-46所示，共同特点是家庭所在地为直辖市的学生自我情绪评价、他人情绪评价、情绪调节和情绪运用能力最弱(均值分别为3.6531、3.6327、3.5651、3.6398)，家庭所在地为农村的学生自我情绪评价能力最强(均值为3.7130)，家庭所在地为地级市的学生他人情绪评价能力、情绪调节能力和情绪运用能力最强(均值分别为3.7008、3.6265、3.6917)。

7. 家长从事的职业差异

(1)基本结论

不同家长职业类型的民办高校学生在情绪管理方面存在差异。农村进城务

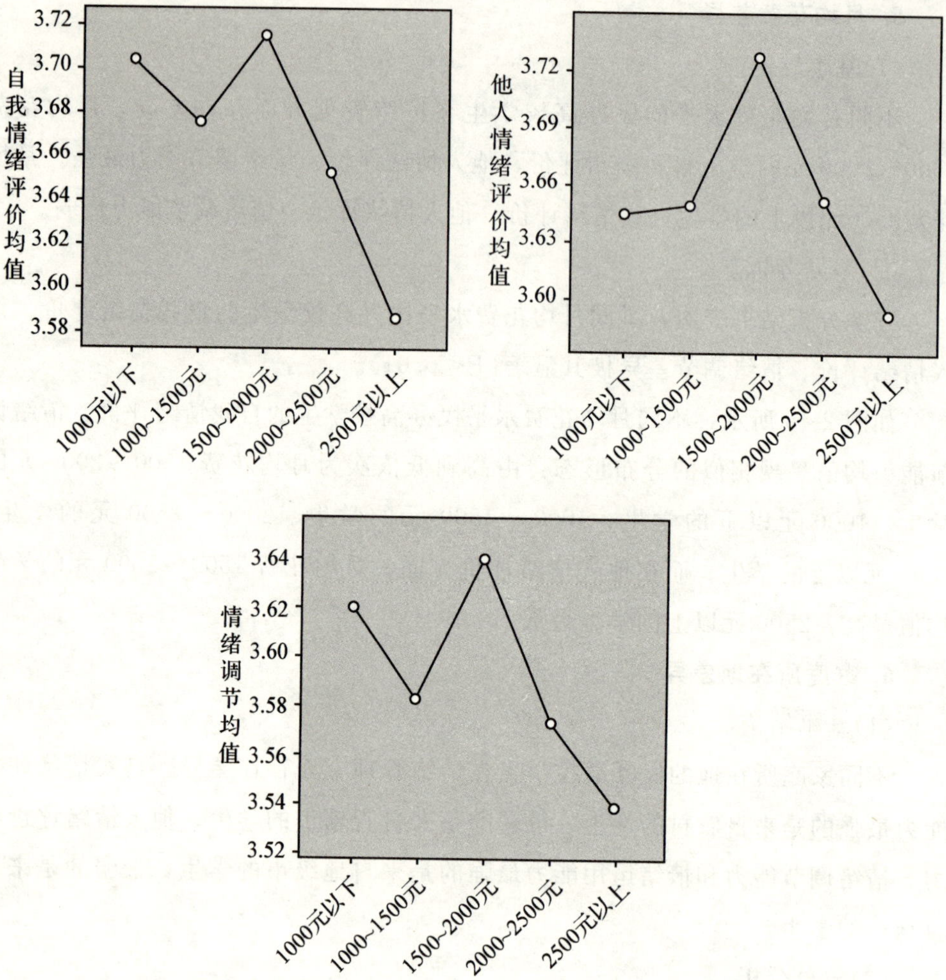

图 2-45 不同月均花费水平民办高校自我情绪评价、他人情绪评价、情绪调节均值

工人员的子女自我情绪评价最高，行政管理人员(科级及以上干部)的子女自我情绪评价最低；各类经理人员的子女他人情绪评价能力最强，行政管理人员(科级及以上干部)的子女他人情绪评价能力最弱；农村进城务工人员的子女情绪调节能力最强，行政管理人员(科级及以上干部)的子女情绪调节能力最弱；各类经理人员的子女情绪运用能力最强，行政管理人员(科级及以上干部)的子女情绪运用能力最弱。

(2)差异分析

方差分析结果表明，不同家长职业类型民办高校学生的自我情绪评价、他人情绪评价、情绪调节、情绪运用差异极其显著($P<0.01$)。

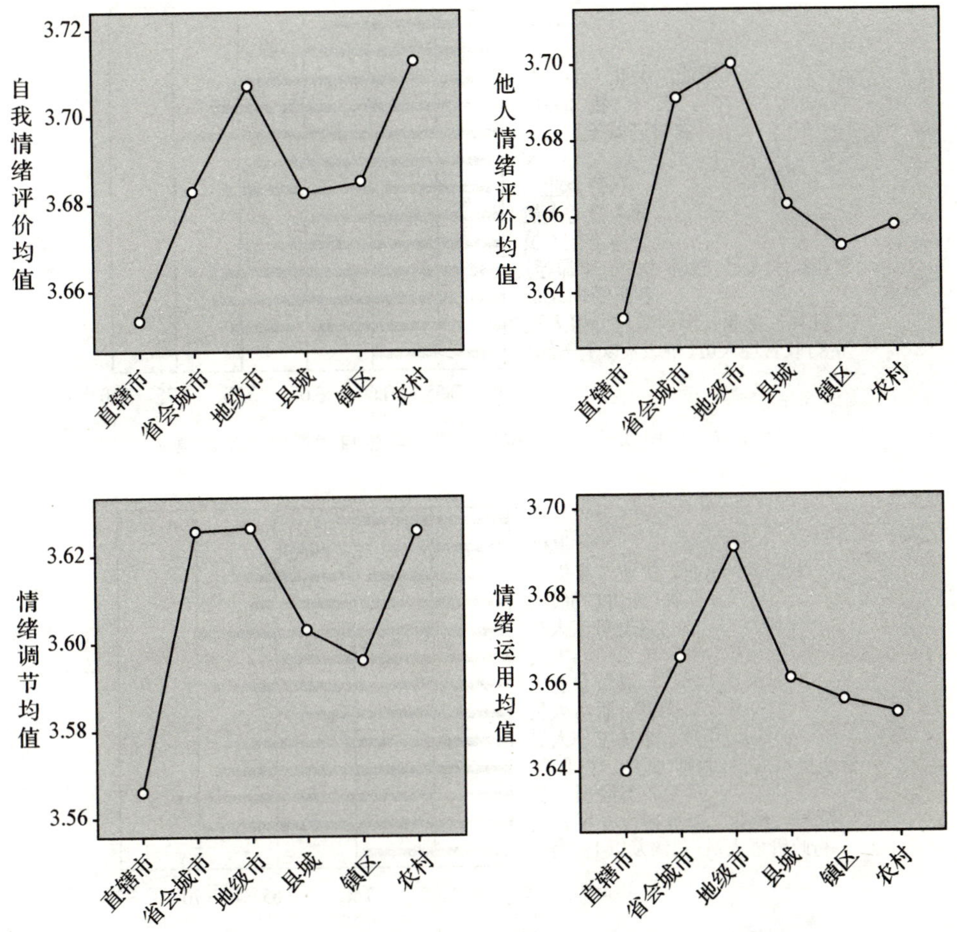

图 2-46　不同家庭所在地民办高校学生自我情绪评价、他人情绪评价、情绪调节、情绪运用均值

如图 2-47 所示，家长为农村进城务工人员的学生自我情绪评价最高(均值为 3.7501)，其次是家长为农(林、牧、渔)民、各类经理人员的学生；家长为行政管理人员(科级及以上干部)的学生自我情绪评价能力最弱(均值为 3.5898)，其次是家长为其他人员和商业服务人员的学生。

如图 2-48 所示，家长为各类经理人员的学生他人情绪评价能力最强(均值为 3.7164)，其次是家长为农村进城务工人员和机关、企业、事业单位办事人员的学生；家长为行政管理人员(科级及以上干部)的学生他人情绪评价能力最弱(均值为 3.5962)，其次是家长为其他人员、工人和退休人员的学生。

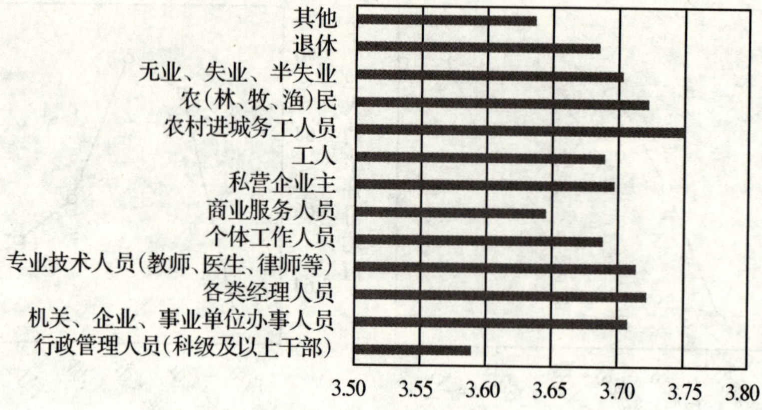

图 2-47　不同家长职业类型民办高校学生自我情绪评价均值

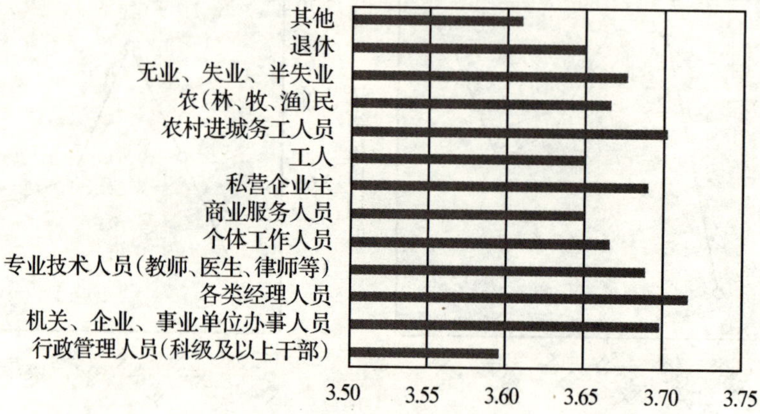

图 2-48　不同家长职业类型民办高校学生他人情绪评价均值

如图 2-49 所示，家长为农村进城务工人员的学生情绪调节能力最强(均值为 3.6556)，其次是家长为各类经理人员、农(林、牧、渔)民的学生；家长为行政管理人员(科级及以上干部)的学生情绪调节能力最弱(均值为 3.5497)，其次是家长为其他人员、商业服务人员和退休人员的学生。

如图 2-50 所示，家长为各类经理人员的学生情绪运用能力最强(均值为 3.7094)，其次是家长为专业技术人员(教师、医生、律师等)、农村进城务工人员和机关、企业、事业单位办事人员的学生；家长为行政管理人员(科级及以上干部)的学生情绪运用能力最弱(均值为 3.6020)，其次是家长为其他人员和商业服务人员的学生。

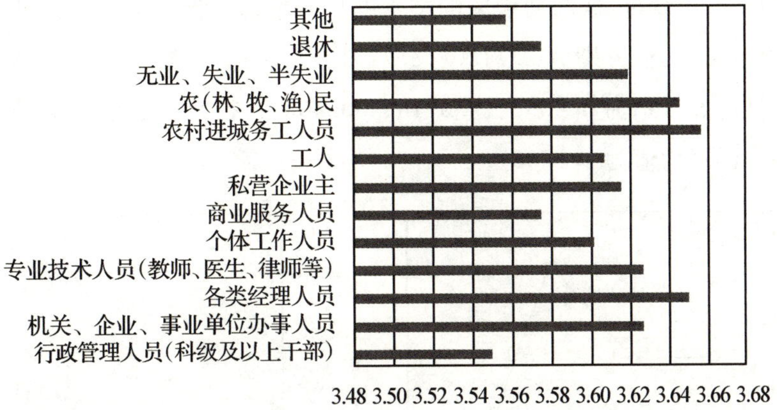

图 2-49　不同家长职业类型民办高校学生情绪调节均值

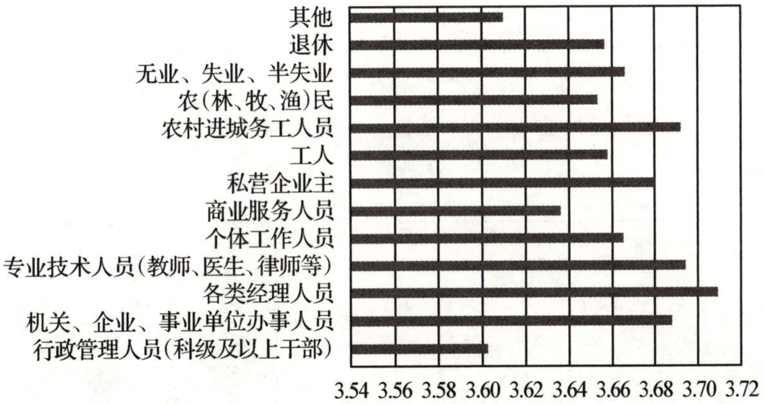

图 2-50　不同家长职业类型民办高校学生情绪运用均值

8. 录取志愿差异

(1)基本结论

不同录取志愿批次的民办高校学生在情绪管理方面存在差异。被调剂录取的学生自我情绪评价、他人情绪评价、情绪调节能力最强，被其他录取类型录取的学生自我情绪评价、他人情绪评价、情绪调节能力最弱；被第一志愿录取的学生情绪运用能力最强，被其他录取类型录取的学生情绪运用能力最弱。

(2)差异分析

方差分析结果表明，不同录取志愿批次民办高校学生的自我情绪评价、他人情绪评价、情绪调节、情绪运用差异极其显著($P<0.01$)。

如图 2-51 所示，被调剂录取的学生的自我情绪评价、他人情绪评价、情绪调节能力最强(均值分别为 3.7120、3.7101、3.6318)，被其他录取类型录取的学生最弱(均值分别为 3.6598、3.6116、3.5403)；被第一志愿录取的学生情绪运用能力最强(均值为 3.6736)。

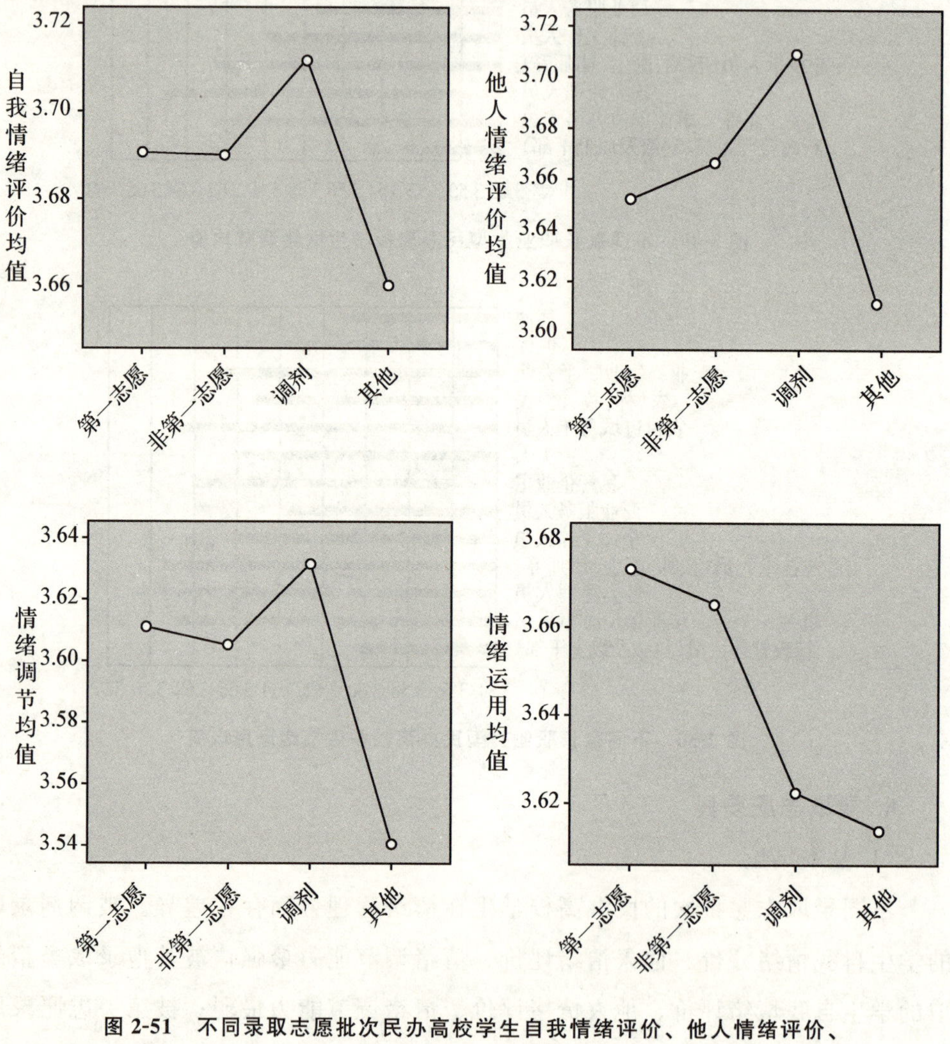

图 2-51　不同录取志愿批次民办高校学生自我情绪评价、他人情绪评价、情绪调节、情绪运用均值

9. 所学专业差异

(1)基本结论

不同专业的民办高校学生在情绪管理方面存在差异。

(2)差异分析

方差分析结果表明，不同专业民办高校学生的自我情绪评价、他人情绪评价、情绪调节和情绪运用差异极其显著($P<0.01$)。

表2-18、表2-19、表2-20所示，自我情绪评价能力最强的是教育学专业学生(均值为3.848)，最弱的是农学专业学生(均值为3.633)；他人情绪评价最强的是教育学专业学生(均值为3.782)，最弱的是工学专业学生(均值为3.605)；情绪调节能力最强的是教育学专业学生(均值为3.665)，最弱的是理学专业学生(均值为3.544)；情绪运用能力最强的是教育学专业学生(均值为3.777)，最弱的是医学专业学生(均值为3.606)。整体来看，人文社科类学生自我情绪评价、他人情绪评价、情绪调节、情绪运用能力(均值分别为3.729、3.659、3.625、3.701)均高于理工科类学生(均值分别为3.665、3.635、3.583、3.632)。

表2-18　不同专业民办高校学生自我情绪评价、他人情绪评价均值排序

自我情绪评价			他人情绪评价		
排名	专业	均值	排名	专业	均值
1	教育学	3.848	1	教育学	3.782
2	文学	3.777	2	文学	3.762
3	法学	3.709	3	经济学	3.687
4	管理学	3.705	4	管理学	3.680
5	经济学	3.701	5	医学	3.666
6	医学	3.695	6	艺术学	3.665
7	哲学	3.686	7	法学	3.654
8	艺术学	3.676	8	哲学	3.638
9	理学	3.649	9	理学	3.636
10	工学	3.638	10	农学	3.634
11	农学	3.633	11	工学	3.605

表 2-19　不同专业民办高校学生情绪调节、情绪运用均值排序

情绪调节			情绪运用		
排名	专业	均值	排名	专业	均值
1	教育学	3.665	1	教育学	3.777
2	文学	3.658	2	文学	3.743
3	经济学	3.631	3	法学	3.720
4	管理学	3.621	4	经济学	3.677
5	农学	3.609	5	理学	3.671
6	法学	3.602	6	哲学	3.670
7	艺术学	3.598	7	艺术学	3.664
8	哲学	3.597	8	管理学	3.659
9	医学	3.593	9	农学	3.645
10	工学	3.585	10	工学	3.607
11	理学	3.544	11	医学	3.606

表 2-20　民办高校学生情绪管理的专业大类均值

均值 专业大类	自我情绪评价均值	他人情绪评价均值	情绪调节均值	情绪运用均值
人文社科	3.729	3.659	3.625	3.701
理工科	3.665	3.635	3.583	3.632

(三)分析讨论

情绪管理能力是辨别、控制自身和他人感受与情绪，并据此调整自身行为的能力。高智商的人未必能适应生活与工作，由于情感对此的影响很大，因此学者开始关注与智商相应的另一种内在能力，即辨别、控制自身和他人情感的能力，情绪能力的概念由此提出。① 我们将情绪管理分为自我情绪评价、他人情绪评价、情绪调节和情绪运用。其中，情绪运用是指能够较好地利用自身的情绪来提高行为的有效性。民办高校学生情绪管理的均值为3.66，在学生发展五个维度中分值相对较高，表明民办高校学生情绪管理能力较强。影响民办高

① 秦志华，蒋诚潇．组织行为学[M]．大连：东北财经大学出版社，2013：30.

校学生情绪管理的因素很多，但与个体人生价值观的总体水平、个体的成长环境和人际交往艺术有较大关系。大学生情绪管理的核心，是使个性得到完全发展，人的价值得到充分体现，从而提高其对情绪的自觉意识，达到控制低潮情绪，保持乐观心态，不断自我激励、自我完善的目的。①

从性别差异来看，女生自我情绪评价、他人情绪评价、情绪调节、情绪运用能力均高于男生。有研究指出，情绪的感知和调节中存在着性别差异，男性倾向于忽视和抑制积极情绪，而女性则对积极情绪更为重视，也更愿意表达自己的积极感受；男性体验到更多的负面情绪，如蔑视、愤怒和内疚，而女性则感受到更多的悲伤和快乐。②

从是否为独生子女来看，非独生子女群体在自我情绪评价和情绪调节方面强于独生子女群体。原因主要是独生子女生活条件较为优越，什么事情都由家长安排得妥妥当当，他们在成长中较少遇到困难与挫折，因而忍耐性、持久性和意志力都较弱。与此同时，独生子女缺少与同龄人的合作与分享，缺少与同龄人间的竞争考验，吃苦耐劳、战胜困难的勇气和毅力也稍欠缺。③

不同办学层次的民办高校学生情绪管理能力存在显著性差异。本科学生自我情绪评价、他人情绪评价、情绪调节、情绪运用能力均强于专科学生。表明本科学生情绪管理能力强于专科学生。这可能是由于本科学生较专科学生有一些优越心理，同时也受到社会认可度的影响。专科学生面对家人、同辈同学时，压力更大。

从年级差异来看，民办高校学生自我情绪评价、他人情绪评价、情绪调节、情绪运用能力随着年级的升高而减弱，即一年级学生的能力最强，四年级学生的能力最弱。这在一定程度上说明，随着年龄的增长和年级的升高，情绪的复杂性增强，烦恼会越来越多，如不及时疏导和调控，会累积成严重的情绪问题。拉鲍维维夫等从生命全程角度对情绪的复杂性进行了年龄差异的考察，认为随着年龄老化，个体间的差异有增大的趋势。情绪复杂性得分较低反映的

① 宋彩玲，徐传庚．大学生心理健康教育[M]．济南：山东人民出版社，2009：54.

② 刘玉新．工作压力与生活个体应对与组织管理[M]．北京：中国社会科学出版社，2011：362.

③ 田雨普．独生子女体育研究[M]．北京：人民体育出版社，2004：34.

不是情绪体验弱的问题，而是个体缺乏适当的策略来进行情绪调节的问题。[①]

从学生月均花费间接研究学生经济条件与消费状况对情绪管理的影响，发现月均花费中等的学生情绪管理能力较强，花费最高的学生能力较弱。这表明在民办高校中，经济条件中等的学生情绪管理能力明显强于经济条件好或生活较为奢侈的学生。可见，生活过于贫困或过于富裕都易产生更多的情绪问题。

从不同家庭所在地来看，来自直辖市的学生整体情绪管理能力较弱。来自农村的学生的自我情绪评价能力强；来自地级市的学生他人情绪评价能力、情绪调节能力和情绪运用能力强。这表明来自大都市的学生情绪问题较乡村和小城市学生更为严重，情绪管理能力偏弱。这可能与大都市的竞争压力较大有关；农村学生由于所处环境不佳，经历的磨难较多，为改变自己命运考上大学，对自己有清晰的认识；来自小城市的学生各方面环境对心理影响较为平衡，没有过多的物质和精神压力，情绪较为平和。

从民办高校学生家长从事的职业来看，家长为农村进城务工人员的学生和家长为各类经理人员的学生情绪管理能力较强；家长为行政管理人员(科级及以上干部)的学生整体情绪管理能力较弱。每个人的身心素质、家庭环境、教育条件以及社会阶层都不同，自我作为一个系统的外在特征及其表现就会因人而异，每个人的生理自我、道德伦理自我、心理自我、家庭自我和社会自我表现不同就不难理解了。[②] 农民工子女和各类经理人员子女有着共同的特征，就是接触人的类型较多，独自和社会接触的机会较多；而行政管理人员对子女的管束较多，子女独立能力较弱，在情绪管理上的差异性也较大。

从民办高校学生录取志愿差异来看，被调剂录取的学生自我情绪评价、他人情绪评价、情绪调节能力最强，被其他录取类型录取的学生自我情绪评价、他人情绪评价、情绪调节能力最弱；被第一志愿录取的学生情绪运用能力最强，被其他录取类型录取的学生情绪运用能力最弱。可见，被调剂录取的学生整体情绪管理能力较强，留下来没有退学的调剂学生能积极调节自己的情绪。但能运用情绪调节自我行为有效性的还属被第一志愿录取的学生。

---

① 许淑莲，申继亮．成人发展心理学[M]．北京：人民教育出版社，2006：211.

② 刘平青．领导力与项目人力资源管理中国职场的工作技能与领导力自我开发[M]．北京：机械工业出版社，2013：131.

从所学专业差异来看，教育学专业学生表现突出，其自我情绪评价、他人情绪评价能力、情绪调节能力和情绪运用能力均较强。自我情绪评价能力弱的是农学专业学生；他人情绪评价能力弱的是工学专业学生；情绪调节能力弱的是理学专业学生；情绪运用能力弱的是医学专业学生。分析原因，可能是由于教育学专业学生接受过专业的心理知识、技能训练，能有效地管理情绪；而其他专业学生缺乏专业心理训练。

五、学习环境气氛认可度

(一)总体概况

样本学生在学习环境气氛认可度方面的均值为 3.60。课题组将民办高校学生学习环境气氛认可度分为 4 个因子：教室环境、网络环境、师生关系和生生关系。如图 2-52 所示，其中生生关系认可度分值最高(均值为 3.68)，师生关系认可度最低(均值为 3.48)。

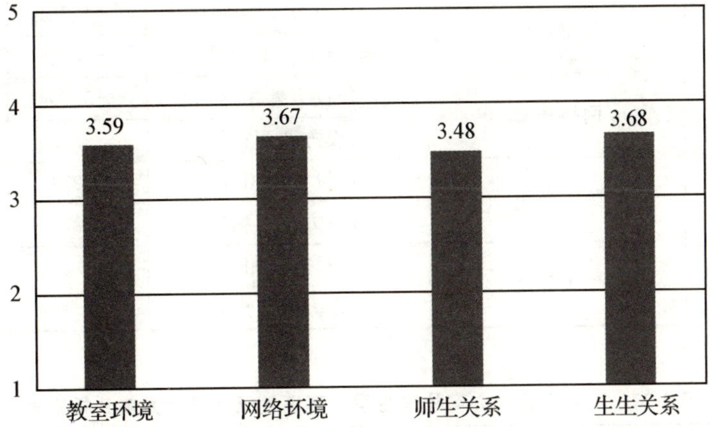

图 2-52 民办高校学习环境气氛认可度各因子均值

(二)分组比较

为了解不同人口统计学特征下民办高校学生学习环境气氛认可度的差异，课题组根据变量属性，对不同群体民办高校学生学习环境气氛认可度各因子进行独立样本 T 检验或方差分析。具体情况如表 2-21、表 2-22 所示。

表 2-21　不同变量民办高校学生学习环境气氛认可度各因子 *T* 检验摘表

变　量	因　子		*T*	*Sig*
性　别	教室环境	假设方差相等	3.992	0.000
		假设方差不相等	3.934	0.000
	网络环境	假设方差相等	1.470	0.141
		假设方差不相等	1.440	0.150
	师生环境	假设方差相等	11.836	0.000
		假设方差不相等	11.591	0.000
	生生环境	假设方差相等	−5.358	0.000
		假设方差不相等	−5.249	0.000
是否独生子女	教室环境	假设方差相等	1.738	0.082
		假设方差不相等	1.717	0.086
	网络环境	假设方差相等	5.327	0.000
		假设方差不相等	5.220	0.000
	师生环境	假设方差相等	1.358	0.174
		假设方差不相等	1.335	0.182
	生生环境	假设方差相等	−6.684	0.000
		假设方差不相等	−6.566	0.000
办学层次	教室环境	假设方差相等	−4.761	0.000
		假设方差不相等	−4.776	0.000
	网络环境	假设方差相等	−5.604	0.000
		假设方差不相等	−5.626	0.000
	师生环境	假设方差相等	0.974	0.330
		假设方差不相等	0.979	0.328
	生生环境	假设方差相等	−7.394	0.000
		假设方差不相等	−7.426	0.000

表 2-22　不同变量民办高校学生学习环境气氛认可度方差分析摘表

变　量	因　子	*F*	*Sig*
年　级	教室环境	16.502	0.000
	网络环境	5.311	0.001
	师生关系	7.156	0.000
	生生关系	6.079	0.000

续表

变　量	因　子	*F*	*Sig*
月均花费	教室环境	1.159	0.327
	网络环境	5.069	0.000
	师生关系	8.319	0.000
	生生关系	23.824	0.000
家庭所在地	教室环境	5.715	0.000
	网络环境	18.635	0.000
	师生关系	10.924	0.000
	生生关系	27.801	0.000
家长从事职业	教室环境	7.765	0.000
	网络环境	11.283	0.000
	师生关系	12.938	0.000
	生生关系	23.400	0.000
录取志愿	教室环境	32.518	0.000
	网络环境	11.810	0.000
	师生关系	28.866	0.000
	生生关系	17.323	0.000
所学专业	教室环境	11.018	0.000
	网络环境	6.390	0.000
	师生关系	11.468	0.000
	生生关系	7.178	0.000

1. 性别差异

(1)基本结论

不同性别的民办高校学生在学习环境气氛认可度方面存在差异。男生对教室环境和师生关系认可度高于女生，女生对生生关系认可度高于男生。

(2)差异分析

独立样本 *T* 检验结果表明，不同性别民办高校学生的教室环境、师生关系、生生关系认可度差异极其显著($P<0.01$)。

如图 2-53 所示，男生对教室环境和师生关系认可度(均值分别为 3.5999、

3. 5121)高于女生(均值分别为 3. 5786、3. 4485)，女生对生生关系认可度(均值为 3. 6921)高于男生(均值为 3. 6646)。

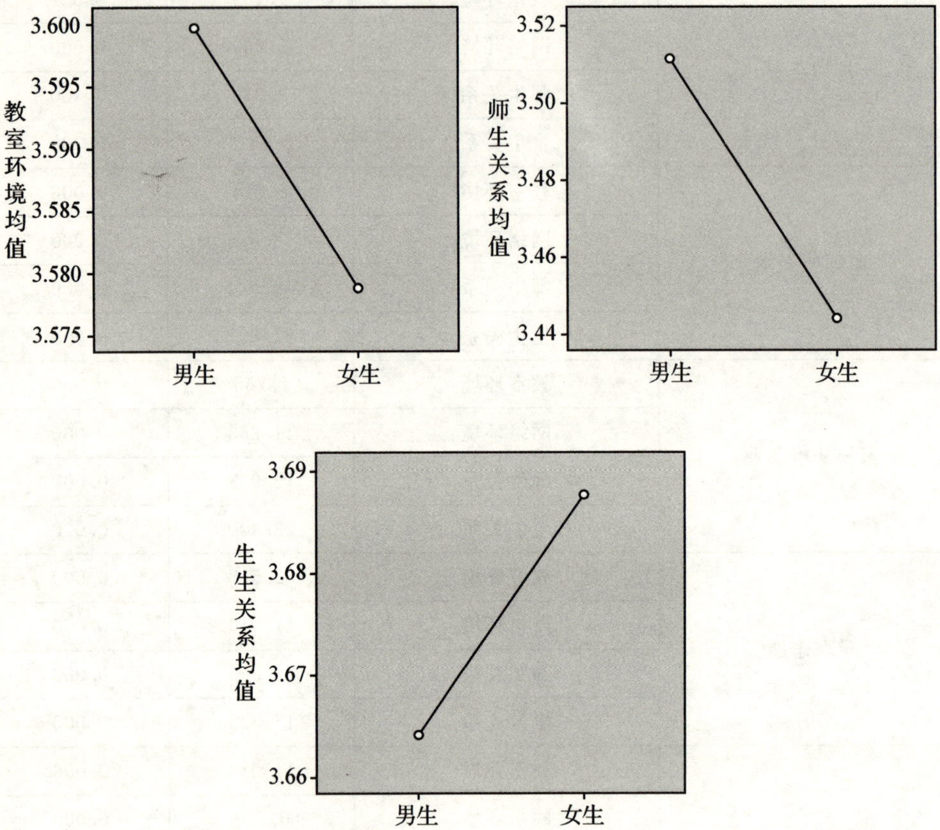

图 2-53　不同性别民办高校学生教室环境、师生关系、生生关系认可度均值

2. 是否为独生子女差异

(1)基本结论

独生子女与非独生子女的民办高校学生在学习环境气氛认可度方面存在差异。独生子女的网络环境认可度高于非独生子女，非独生子女的生生关系认可度高于独生子女。

(2)差异分析

独立样本 *T* 检验结果表明，独生子女与非独生子女民办高校学生的网络环境和生生关系认可度差异极其显著($P<0.01$)。

如图 2-54 所示，独生子女对网络环境认可度(均值为 3. 6888)高于非独生子女(均值为 3. 6602)，非独生子女对生生关系的认可度(均值为 3. 6947)高于独生子女(均值为 3.6596)。

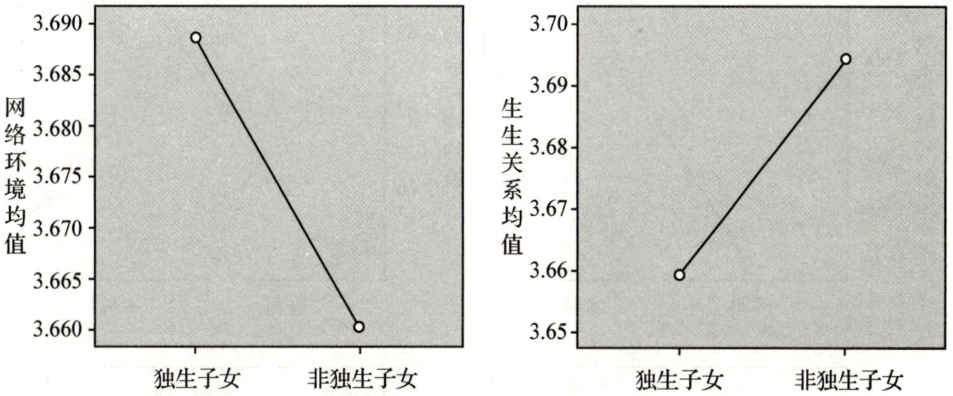

图 2-54　民办高校独生子女与非独生子女学生对网络环境、生生关系认可度均值

3. 办学层次差异

(1)基本结论

不同办学层次的民办高校学生在学习环境气氛认可度方面存在差异。民办本科高校学生对教室环境、网络环境和生生关系认可度高于民办专科高校学生，民办专科高校学生对师生关系认可度高于民办本科高校学生。

(2)差异分析

独立样本 T 检验结果表明，不同办学层次民办高校学生的教室环境、网络环境和生生关系认可度差异极其显著($P<0.01$)。

如图 2-55 所示，民办本科高校学生对教室环境、网络环境和生生关系认可度(均值分别为 3.6057、3.6896、3.7054)高于民办专科高校学生(均值分别为 3.5801、3.6600、3.6670)，民办专科高校学生对师生关系认可度(均值为 3.4801)高于民办本科高校学生(均值为 3.4748)。

4. 年级差异

(1)基本结论

不同年级的民办高校学生在学习环境气氛认可度方面存在差异。三年级学生对教室环境、网络环境认可度最高，一年级学生对教室环境、网络环境认可度最低；四年级学生对师生关系认可度最高，一年级学生对师生关系认可度最低；二年级学生对生生关系认可度最高，一年级学生对生生关系认可度最低。

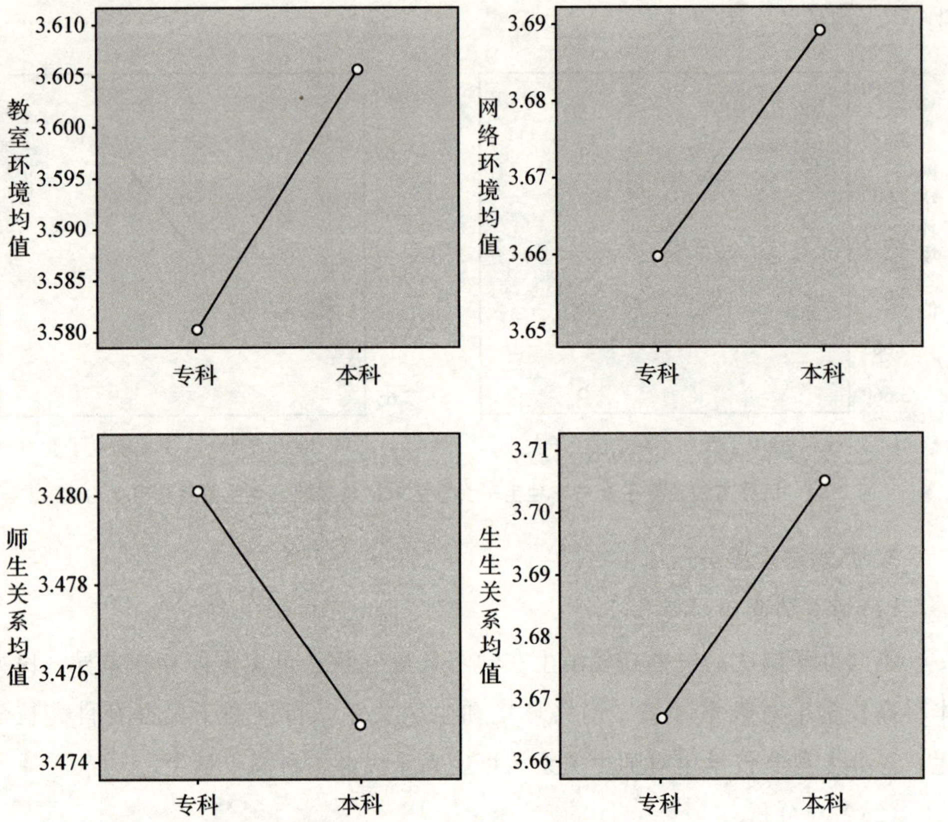

图 2-55　不同办学层次民办高校学生教室环境、网络环境、师生关系、生生关系认可度均值

(2)差异分析

方差分析结果表明，不同年级民办高校学生的教室环境、网络环境、师生关系、生生关系认可度差异极其显著($P<0.01$)。

如图 2-56 所示，在教室环境、网络环境方面，三年级学生认可度最高(均值分别为 3.6298、3.6853)，一年级学生最低(均值分别为 3.5724、3.6600)，最高值与最低值之间差距较大；在师生关系方面，随着年级的升高，学生的师生关系逐步增高，一年级学生认可度最低(均值为 3.4689)，四年级学生最高(均值为 3.5136)；在生生关系方面，一年级学生认可度最低(均值为 3.6695)，二年级学生最高(均值为 3.6922)，且差距较大。

5. 月均花费差异

(1)基本结论

不同月均花费水平的民办高校学生在学习环境气氛认可度方面存在差异。

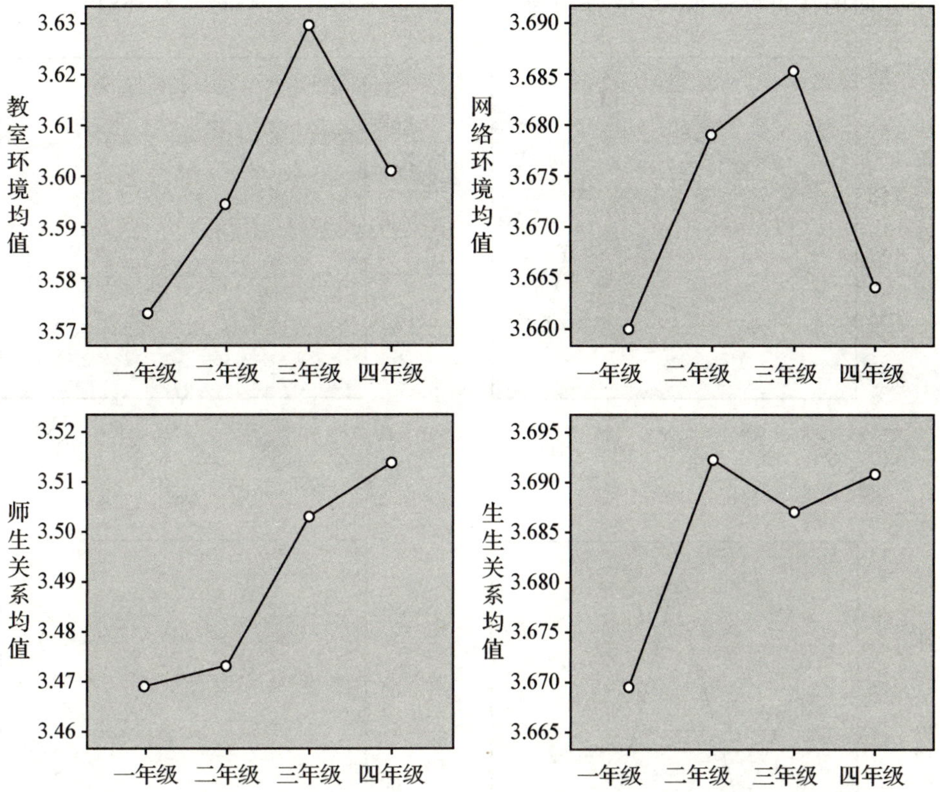

图 2-56　不同年级民办高校学生教室环境、网络环境、师生关系、生生关系认可度均值

月均花费 2000～2500 元的学生对教室环境认可度最高，月均花费 2500 元以上的学生对教室环境认可度最低；月均花费 1500～2000 元的学生对网络环境、师生关系、生生关系认可度最高，月均花费 2500 元以上的学生对网络环境、师生关系、生生关系认可度最低。

(2)差异分析

方差分析结果表明，不同月均花费水平民办高校学生的网络环境、师生关系和生生关系认可度差异极其显著($P<0.01$)。

如图 2-57 所示，在教室环境、网络环境、师生关系、生生关系方面，不同月均花费水平民办高校学生认可度最高值和最低值之间差距较大。月均花费 2000～2500 元的学生教室环境认可度均值最高(均值为 3.5992)，月均花费 1500～2000 元的学生网络环境认可度、师生关系认可度、生生关系认可度均值最高(均值分别为 3.6860、3.4956、3.7011)，月均花费 2500 元以上的学生在

4 个方面的认可度最低(均值分别为 3.5553、3.6357、3.4517、3.5681)。

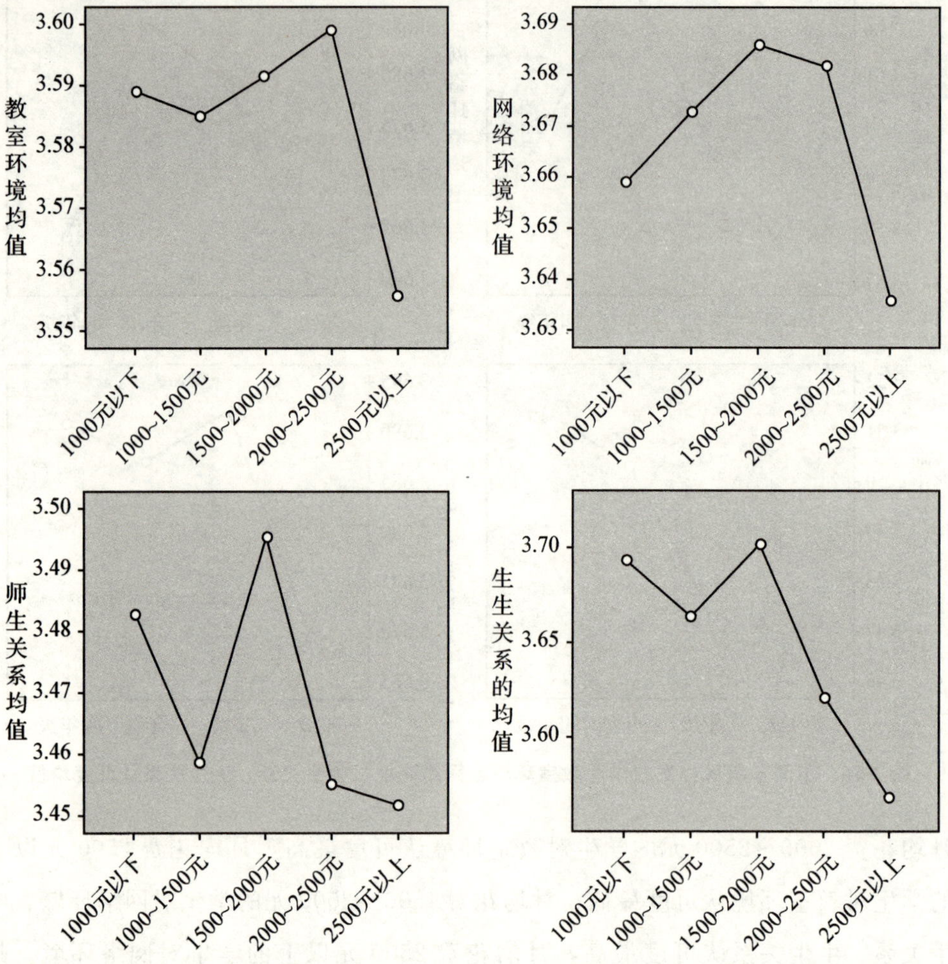

图 2-57 不同月均花费水平民办高校学生教室环境、网络环境、师生关系、生生关系认可度均值

6. 家庭所在地差异

(1)基本结论

不同家庭所在地的民办高校学生在学习环境气氛认可度方面存在差异。来自地级市的学生对教室环境、网络环境认可度最高，来自农村的学生认可度最低；来自省会城市的学生对师生关系认可度最高，来自直辖市的学生认可度最低；来自农村的学生对生生关系认可度最高，来自直辖市的学生认可度最低。

(2)差异分析

方差分析结果表明，不同家庭所在地民办高校学生的教室环境、网络环境、师生关系和生生关系认可度差异极其显著($P<0.01$)。

如图 2-58 所示，在教室环境和网络环境方面，民办高校学生认可度均值分布状况类似，均值由高到低依次为家庭所在地为地级市的学生、家庭所在地为省会城市的学生、家庭所在地为县城的学生、家庭所在地为直辖市的学生、家庭所在地为镇区的学生、家庭所在地为农村的学生。在师生关系方面，家庭所在地为省会城市的学生认可度最高，其次是家庭所在地为县城和农村的学生，家庭所在地为直辖市的学生认可度最低。在生生关系方面，家庭所在地为农村的学生认可度最高，其次是家庭所在地为地级市、省会城市的学生，家庭所在地为直辖市的学生认可度最低。

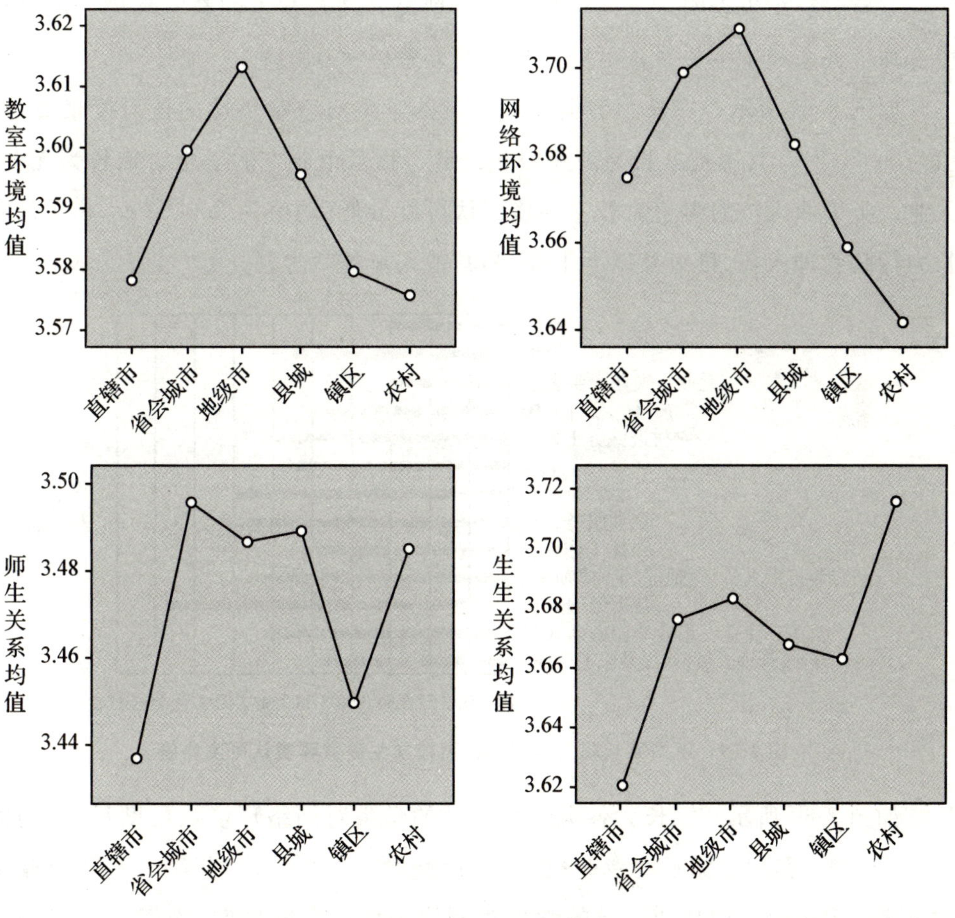

图 2-58 不同家庭所在地民办高校学生教室环境、网络环境、师生关系、生生关系认可度均值

7. 家长从事的职业差异

(1)基本结论

不同家长职业类型的民办高校学生在学习环境气氛认可度方面存在差异。各类经理人员的子女对教室环境认可度最高，无业、失业、半失业人员的子女对教室环境认可度最低；各类经理人员的子女对网络环境认可度最高，其他从业人员的子女对网络环境认可度最低；商业服务人员的子女对师生关系认可度最高，其他从业人员的子女对师生关系认可度最低；农村进城务工人员的子女对生生关系的认可度最高，其他从业人员的子女对生生关系认可度最低。

(2)差异分析

方差分析结果表明，不同家长职业类型民办高校学生的教室环境、网络环境、师生关系和生生关系认可度差异极其显著($P<0.01$)。

如图 2-59 所示，家长为各类经理人员的学生对教室环境的认可度最高(均值为 3.6548)，其次是家长为商业服务人员、私营企业主的学生；家长为无业、失业、半失业人员的学生对教室环境的认可度最低(均值为 3.5408)，其次是家长为行政管理人员(科级及以上干部)和其他人员的学生。

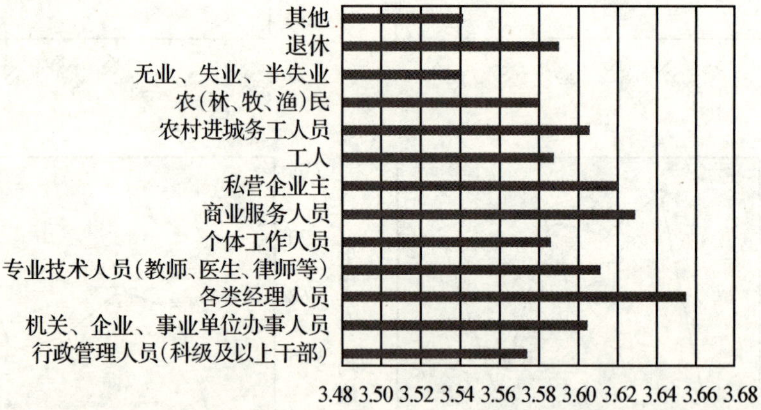

图 2-59　不同家长职业类型民办高校学生教室环境认可度均值

如图 2-60 所示，家长为各类经理人员的学生对网络环境认可度最高(均值为 3.7382)，其次是家长为专业技术人员(教师、医生、律师等)、私营企业主的学生；家长为其他从业人员的学生对网络环境认可度最低(均值为 3.6224)，其次是家长为行政管理人员(科级及以上干部)、农(林、牧、渔)民的学生。

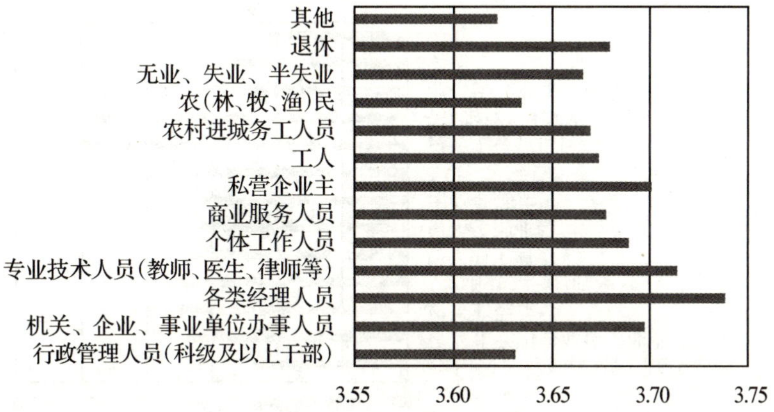

图 2-60　不同家长职业类型民办高校学生网络环境认可度均值

如图 2-61 所示，家长为商业服务人员的学生对师生关系认可度最高(均值为 3.5326)，其次是家长为农(林、牧、渔)民、农村进城务工人员的学生；家长为其他从业人员的学生对师生关系认可度最低(均值为 3.4195)，其次是家长为无业、失业、半失业和其他从业人员的学生。

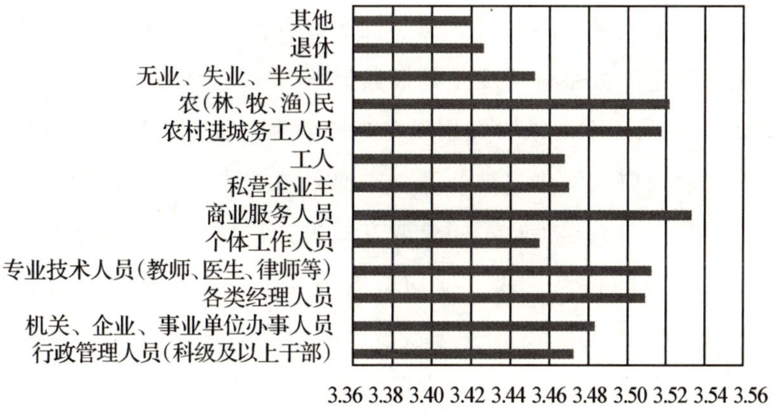

图 2-61　不同家长职业类型民办高校学生师生关系认可度均值

如图 2-62 所示，家长为农村进城务工人员的学生对生生关系认可度最高(均值为 3.7531)，其次是家长为农(林、牧、渔)民、各类经理人员的学生；家长为其他从业人员的学生对生生关系认可度最低(均值为 3.6095)，其次是家长为行政管理人员(科级及以上干部)、退休人员的学生。

8. 录取志愿差异

(1)基本结论

不同录取志愿批次的民办高校学生在学习环境气氛认可度方面存在差异。

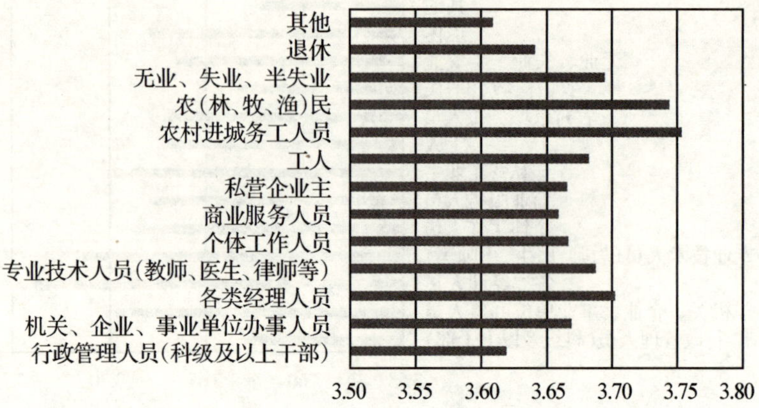

图 2-62　不同家长职业类型民办高校学生生生关系认可度均值

被第一志愿录取的学生对教室环境、网络环境、师生关系和生生关系认可度最高，被其他录取类型录取的学生对教室环境、网络环境、师生关系和生生关系认可度最低。

(2)差异分析

方差分析结果表明，不同录取志愿批次民办高校学生的教室环境、网络环境、师生关系和生生关系认可度差异极其显著($P<0.01$)。

如图 2-63 所示，不同录取类型民办高校学生对教室环境认可度由高到低依次为被第一志愿录取的学生、被非第一志愿录取的学生、被调剂录取的学生和被其他录取类型录取的学生；不同录取方式民办高校学生对网络环境、生生关系认可度呈现相似的特点，认可度均值由高到低依次为被第一志愿录取的学生、被调剂录取的学生、被非第一志愿录取的学生和被其他录取类型录取学生；在师生关系方面，被第一志愿录取的学生认可度最高，其次是被调剂录取的学生，被其他录取类型录取的学生认可度最低。

9. 所学专业差异

(1)基本结论

不同专业的民办高校学生在学习环境气氛认可度方面存在差异。

(2)差异分析

方差分析结果表明，不同专业民办高校学生的教室环境、网络环境、师生关系和生生关系认可度差异极其显著($P<0.01$)。

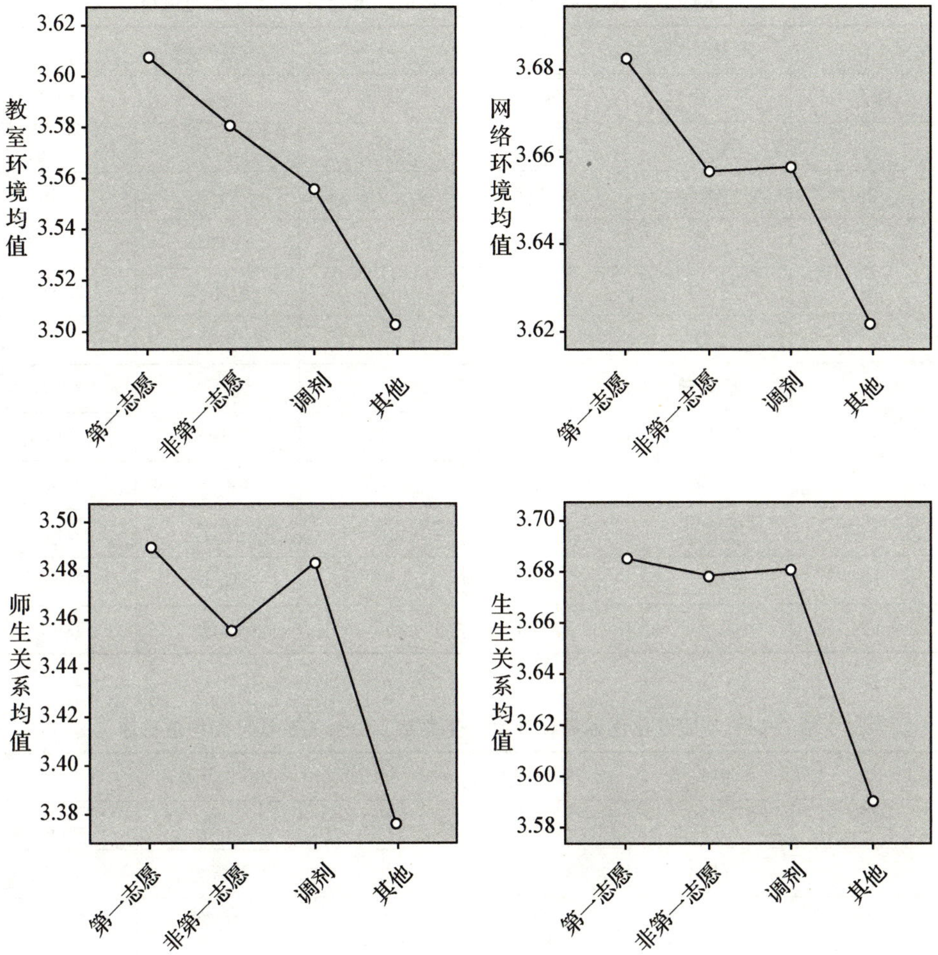

图 2-63　不同录取志愿批次民办高校学生教室环境、网络环境、师生关系、生生关系认可度均值

如表 2-23、表 2-24、表 2-25 所示，对教室环境认可度最高的是农学专业学生(均值为 3.650)，认可度最低的是医学专业学生(均值为 3.473)；对网络环境认可度最高的是文学专业学生(均值为 3.710)，认可度最低的是医学专业学生(均值为 3.600)；对师生关系认可度最高的是农学专业学生(均值为 3.643)，认可度最低的是法学专业学生(均值为 3.396)；对生生关系认可度最高的是教育学专业学生(均值为 3.751)，认可度最低的是法学专业学生(均值为 3.616)。整体上看，人文社科类学生对教室环境、网络环境、生生关系认可度(均值分别为 3.573、3.677、3.685)均高于理工科类学生(均值分别为 3.560、3.645 和 3.668)，人文社科类学生师生关系认可度(均值为 3.469)低于理工科类学生(均值为 3.495)。

表 2-23　不同专业民办高校学生教室环境、网络环境认可度均值排序

教室环境			网络环境		
排名	专业	均值	排名	专业	均值
1	农学	3.650	1	文学	3.710
2	艺术学	3.637	2	农学	3.699
3	哲学	3.615	3	教育学	3.688
4	文学	3.608	4	艺术学	3.688
5	工学	3.596	5	哲学	3.687
6	经济学	3.596	6	经济学	3.676
7	管理学	3.565	7	管理学	3.664
8	理学	3.520	8	工学	3.652
9	教育学	3.501	9	法学	3.629
10	法学	3.487	10	理学	3.629
11	医学	3.473	11	医学	3.600

表 2-24　不同专业民办高校学生师生关系、生生关系认可度均值排序

师生关系			生生关系		
排名	专业	均值	排名	专业	均值
1	农学	3.643	1	教育学	3.751
2	工学	3.514	2	文学	3.731
3	艺术学	3.502	3	农学	3.706
4	文学	3.499	4	管理学	3.681
5	经济学	3.473	5	经济学	3.674
6	管理学	3.453	6	工学	3.672
7	哲学	3.447	7	艺术学	3.671
8	教育学	3.438	8	哲学	3.668
9	理学	3.417	9	理学	3.656
10	医学	3.406	10	医学	3.636
11	法学	3.396	11	法学	3.616

表 2-25　民办高校学生学习环境气氛认可度的专业大类均值

专业大类＼均值	教室环境均值	网络环境均值	师生关系均值	生生关系均值
人文社科	3.573	3.677	3.469	3.685
理工科	3.560	3.645	3.495	3.668

(三)分析讨论

环境感知有广义与狭义之分。广义的环境感知是指个体周围的环境在其头脑中形成的印象以及这种印象被修改的过程。狭义的环境感知仅指环境质量在个体头脑中形成的印象。[①] 尽管环境感知有广义和狭义之分，但从环境心理学角度来看，它们只是感知对象的差异，而感知心理过程则是一致的。心理学中将环境区分为物理环境(或地域环境)和心理环境(或行为环境)。物理环境是客观的、不以人的意志为转移的。心理环境则是指物理环境在个体头脑中形成的印象。[②] 我们将民办高校学生对学习环境感知用认可度来测量，分为教室环境认可度、网络环境认可度、师生关系认可度和生生关系认可度。民办高校学习环境气氛感知均值为 3.6，在学生发展五个维度中分值相对较高，表明民办高校学生对学校学习环境认可度较高。影响学习环境感知的因素主要有客观物理环境、人际环境的优劣，也有学生自我满意度预期水平等因素。

从性别差异来看，男生对教室环境和师生关系认可度高于女生；女生对生生关系认可度高于男生。男性和女性学习者在感知模式、认知模式、反应模式、知识加工模式及使用左右半脑方面均存在着一定的性别差异。[③] 在感知环境和人际关系时也存在差异性。民办高校男生对教室环境和师生关系认可度高于女生，表明男生更喜欢教室环境氛围和师生关系的和谐发展；而女生对生生关系认可度高于男生，表明女生更关注同学之间关系是否融洽，认为同学之间关系很重要。

---

① 周德章．河南社科调研文萃[M]．北京：华龄出版社，2006：405.

② 崔延松，等．自然资源开发利用与管理基于流域可持续发展的研究视角[M]．郑州：黄河水利出版社，2012：20.

③ 何芳，等．基于网络的英语学习研究[M]．北京：知识产权出版社，2013：62.

从是否为独生子女来看，独生子女群体对网络环境认可度高于非独生子女群体；非独生子女群体对生生关系认可度高于独生子女群体。这表明民办高校独生子女更关注个人生活学习环境问题，而非独生子女更关注校园内的人际关系问题。由此可以间接推断出，非独生子女更愿意与他人接触。

从不同办学层次来看，民办本科高校学生对教室环境、网络环境和生生关系认可度高于民办专科高校学生；专科学生对师生关系认可度高于本科学生。这表明本科学生更倾向于脱离教师的指导独立安排自己的学习和生活，专科生更在意与教师的人际交往，可切近学生需要，满足各种诉求。

从年级差异来看，三年级学生对教室环境、网络环境的认可度最高，一年级学生对教室环境、网络环境认可度最低；四年级学生对师生关系认可度最高，一年级学生对师生关系认可度最低；二年级学生对生生关系认可度最高，一年级学生对生生关系认可度最低。这表明民办高校高年级学生对学校认可度高于低年级学生，特别是随着年级升高以及与教师接触时间增多，对师生关系认可度也升高。二年级学生开始关注同学之间关系，并对同学之间的友情认可度很高。三年级学生更关注上课教室的氛围和个人时间网络的好坏。

从学生月均花费间接研究学生经济条件与消费状况对环境感知的影响来看，月均花费最高的学生对学习环境气氛认可度最低，月均花费中等的学生对学习环境气氛认可度最高。这表明经济条件好或生活较为奢侈的学生对学校硬件环境和软件环境的要求高于其他学生。

从学生家庭所在地差异来看，对教室环境、网络环境认可度最高的是来自地级市的学生，认可度最低的是来自农村的学生，表明来自农村的学生对教室和网络的科技应用不感兴趣，认可度低；对师生关系认可度最高的是来自省会城市的学生，认可度最低的是来自直辖市的学生，表明大都市学生对师生关系更为在意；对生生关系认可度最高的是来自农村的学生，认可度最低的是来自直辖市的学生，表明农村学生更关注同学之间的融洽关系。

从民办高校学生家长从事的不同职业来看，家长为各类经理人员的学生对教室环境、网络环境认可度最高，家长为无业、失业、半失业人员和其他从业人员的学生对教室环境、网络环境认可度最低，表明家长为企业管理层人员的学生更关注学校硬件条件的好坏，这与学习效率有关；家长为商业服务人员的学生对师生关系认可度最高，家长为其他从业人员的学生对师生关系认可度最低，表明家长为商业服务人员的学生更关注师生之间的关系，也就是学校的服务者与被服务者之间的关系；家长为农村进城务工人员的学生对生生关系认可度最高，家长为其他从业人员的学生对生生关系认可度最低，表明这类学生更关注同学之间关系是否融洽，这可能与长期不在父母身边、更认可同伴的心理有关。

从民办高校学生录取志愿差异来看，被第一志愿录取的学生对教室环境、网络环境、师生关系和生生关系认可度最高，被其他录取类型录取的学生对教室环境、网络环境、师生关系和生生关系认可度最低。这在一定程度上表明，被第一志愿录取的学生对自己选择的学校和专业有潜在的认同感，并愿意接受学校现有的硬件和软件条件。

从所学专业差异来看，对教室环境认可度最高的是农学专业学生，认可度最低的是医学专业学生，表明农学专业学生更喜欢教室环境氛围，医学专业学生对教室缺乏模拟和临床机会不太满意；对网络环境认可度最高的是文学专业学生，认可度最低的是医学专业学生，表明文学专业学生可以通过网络获得更多的满足，医学专业学生在网络中没有获取足够的专业信息；对师生关系认可度最高的是农学专业学生，对师生关系认可度最低的是法学专业学生，表明农学专业学生更愿意与教师接触，法学专业师生关系值得关注；对生生关系认可度最高的是教育学专业学生，认可度最低的是法学专业学生，表明教育学专业学生更愿意与同学保持融洽关系，而法学专业学生同学之间关系值得关注。

第三部分

民办高校教师发展分析

基于对国内民办高校的问卷调查以及专家和教师的座谈，结合国外有效做法，课题组发现教学效能感、专业社群认同感、教学策略、职业倦怠、权益保护满意度是表征和影响民办高校教师发展的主要因素。此次调研得到上海市、重庆市、广东省、浙江省、陕西省、甘肃省、湖北省等地政府和50余所民办高校的大力支持，调研范围覆盖国家东部、中部和西部地区。问卷调查采用纸质填写与网络作答相结合的方式，由各省协调人负责协调、督促问卷作答工作。如表3-1所示，共有7个省(直辖市)51所高校的9456名教师参与了问卷调查。调查结果表明，不同人口统计学特征的民办高校教师群体的教学效能感、专业社群认同感、教学策略运用能力、职业倦怠、权益保护满意度各有不同。

表3-1 教师样本数据来源省份及学校数量

省份(7个)	学校数量(51所)
上海市	7
重庆市	11
广东省	12
湖北省	7
陕西省	5
浙江省	5
甘肃省	4

(注：问卷作答教师数在20名以下的高校未计入此表)

调查工具

课题调研采用自编民办高校教师发展问卷。信度检验显示问卷的克朗巴哈系数 α 为 0.922，表明问卷信度较好，具体各个维度的 α 值如表 3-2 所示。

表 3-2　民办高校教师发展问卷信度检验表

整体问卷	维　度	因　子	α
α=0.922 NT=125	教学效能感 α=0.959 NT=24	教学技能	0.90
		课堂管理	0.89
		学生管理	0.90
	专业社群认同感 α=0.981 NT=30	参与式领导	0.94
		共享性的价值观念	0.95
		合作式学习	0.88
		支持性的社区条件	0.94
	教学策略 α=0.891 NT=15	教学策略动机	0.70
		促进学生概念转变	0.75
		信息传递	0.69
		教师为主导	0.55
	职业倦怠 α=0.868 NT=22	情绪衰竭	0.71
		去个性化	0.54
		成就感	0.74
	权益保护满意度 α=0.934 NT=19	社会保险	0.95
		薪酬待遇	0.85
		职称评聘	0.93
		参与学校民主管理	0.94

维度比较

课题组将民办高校教师发展分析分为 5 个维度：教学效能感、专业社群认同感、教学策略、职业倦怠和权益保护满意度。如图 3-1 所示，从问卷分析结果看，教学效能感分值最高(均值为 3.93)，职业倦怠分值最低(均值为 2.76)。

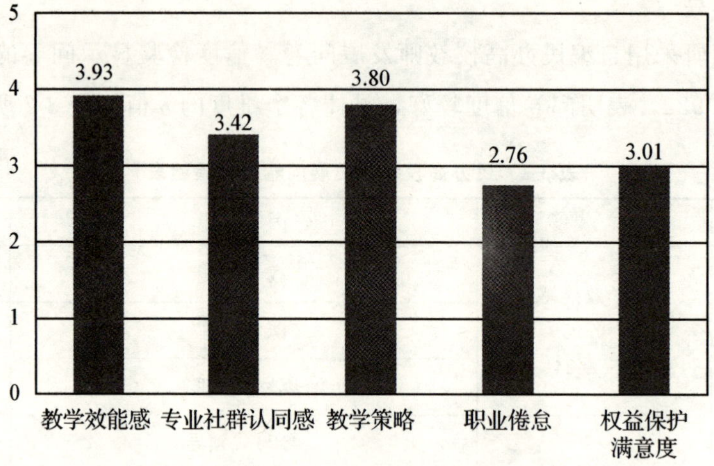

图 3-1　民办高校教师发展问卷各维度均值

一、教学效能感

(一)总体概况

样本教师在教学效能感方面的均值为 3.93。课题组将民办高校教师教学效能感分为 3 个因子：教学技能效能感、课堂管理效能感和学生管理效能感。如图 3-2 所示，其中教学技能效能感分值最高(均值为 3.98)，相对较低的是课堂管理效能感和学生管理效能感(均值均为 3.90)。

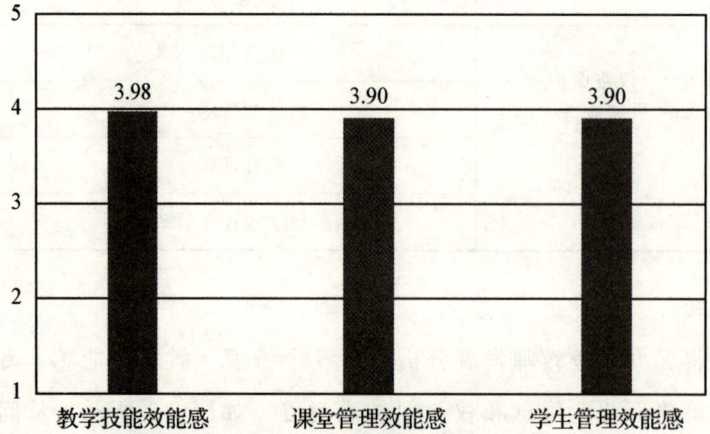

图 3-2　民办高校教师教学效能感各因子均值

(二)分组比较

为了解不同人口统计学特征下民办高校教师教学效能感的差异，课题组根据变量属性，对不同群体民办高校教师教学效能感各因子进行独立样本 T 检验或方差分析。具体情况如表 3-3、表 3-4 所示。

表 3-3 不同变量民办高校教师教学效能感各因子 *T* 检验摘表

变量	因子		T	Sig
性别	教学技能效能感	假设方差相等	1.445	0.148
		假设方差不相等	1.387	0.165
	课堂管理效能感	假设方差相等	3.889	0.000
		假设方差不相等	3.759	0.000
	学生管理效能感	假设方差相等	2.131	0.033
		假设方差不相等	2.062	0.039
任职形式	教学技能效能感	假设方差相等	−2.665	0.008
		假设方差不相等	−2.321	0.021
	课堂管理效能感	假设方差相等	−1.468	0.142
		假设方差不相等	−1.301	0.193
	学生管理效能感	假设方差相等	−1.633	0.103
		假设方差不相等	−1.463	0.144
办学层次	教学技能效能感	假设方差相等	−1.546	0.122
		假设方差不相等	−1.544	0.123
	课堂管理效能感	假设方差相等	−3.368	0.001
		假设方差不相等	−3.364	0.001
	学生管理效能感	假设方差相等	−2.455	0.014
		假设方差不相等	−2.453	0.014

表 3-4　不同变量民办高校教师教学效能感各因子方差分析摘表

变　量	因　子	*F*	*Sig*
年　级	教学技能效能感	1.596	0.172
	课堂管理效能感	3.154	0.013
	学生管理效能感	2.996	0.018
教　龄	教学技能效能感	3.623	0.006
	课堂管理效能感	3.623	0.006
	学生管理效能感	2.048	0.085
工作年限	教学技能效能感	0.494	0.686
	课堂管理效能感	0.644	0.586
	学生管理效能感	1.852	0.135
受教育程度	教学技能效能感	5.002	0.001
	课堂管理效能感	4.178	0.002
	学生管理效能感	3.757	0.005
职称差异	教学技能效能感	2.928	0.032
	课堂管理效能感	5.396	0.001
	学生管理效能感	4.413	0.004
任教学科	教学技能效能感	6.971	0.000
	课堂管理效能感	6.840	0.000
	学生管理效能感	7.166	0.000
承担课程量	教学技能效能感	4.036	0.003
	课堂管理效能感	2.768	0.026
	学生管理效能感	4.753	0.001
月收入	教学技能效能感	2.120	0.076
	课堂管理效能感	1.027	0.392
	学生管理效能感	0.780	0.538
管理职务	教学技能效能感	6.482	0.000
	课堂管理效能感	5.981	0.000
	学生管理效能感	3.211	0.002

1. 性别差异

（1）基本结论

不同性别的民办高校教师在教学效能感方面存在差异。男教师的教学技能效能感、课堂管理效能感、学生管理效能感整体高于女教师。

（2）差异分析

独立样本 *T* 检验结果表明，不同性别民办高校教师的课堂管理效能感差异极其显著（$P<0.01$），学生管理效能感差异显著（$P<0.05$），教学技能效能感差异不显著（$P>0.05$）。

如图 3-3 所示，民办高校男教师的课堂管理效能感（均值为 3.9244）和学生管理效能感（均值为 3.9213）均高于女教师（均值分别为 3.8835 和 3.8986）。

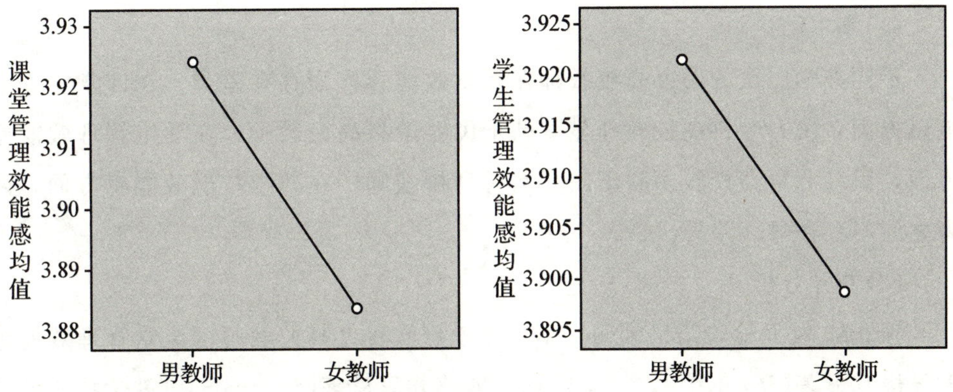

图 3-3　不同性别民办高校教师课堂管理效能感、学生管理效能感均值

2. 任职形式差异

（1）基本结论

不同任职形式的民办高校教师在教学效能感方面存在差异。专任教师的教学效能感均值略高于兼职教师，但除教学技能效能感存在显著差异外，其他因子不存在统计学差异。

（2）差异分析

独立样本 *T* 检验结果表明，不同任职形式民办高校教师的教学技能效能感差异显著（$P<0.05$），课堂管理效能感和学生管理效能感差异不显著（$P>0.05$）。

如图 3-4 所示，民办高校专任教师的教学技能效能感（均值为 3.9837）高于兼职教师（均值为 3.9372）。

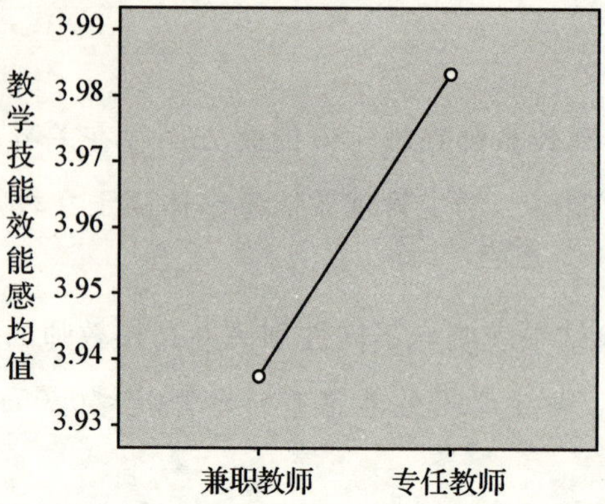

图 3-4　不同任职形式民办高校教师教学技能效能感均值

3. 办学层次差异

(1)基本结论

不同办学层次的民办高校教师在教学效能感方面存在差异。在课堂管理效能感方面，民办专科高校教师显著高于民办本科高校教师；在学生管理效能感方面，民办专科高校教师高于民办本科高校教师；在教学技能效能感方面，两者之间不存在显著差异。

(2)差异分析

独立样本 T 检验结果表明，不同办学层次民办高校教师的课堂管理效能感差异极其显著($P<0.01$)，学生管理效能感差异显著($P<0.05$)，教学技能效能感差异不显著($P>0.05$)。

如图 3-5 所示，民办专科高校教师的课堂管理效能感(均值为 3.9180)、学生管理效能感(均值为 3.9220)均高于民办本科高校教师(均值分别为 3.8834、3.8966)。

4. 年龄差异

(1)基本结论

不同年龄段的民办高校教师在教学效能感方面存在差异。具体来看，不同年龄段的教师在教学技能效能感方面差异不显著，在课堂管理效能感和学生管理效能感层面差异显著。其中，51～60 岁教师的课堂管理效能感和学生管理效能感最高，31～40 岁教师的课堂管理效能感和学生管理效能感最低。

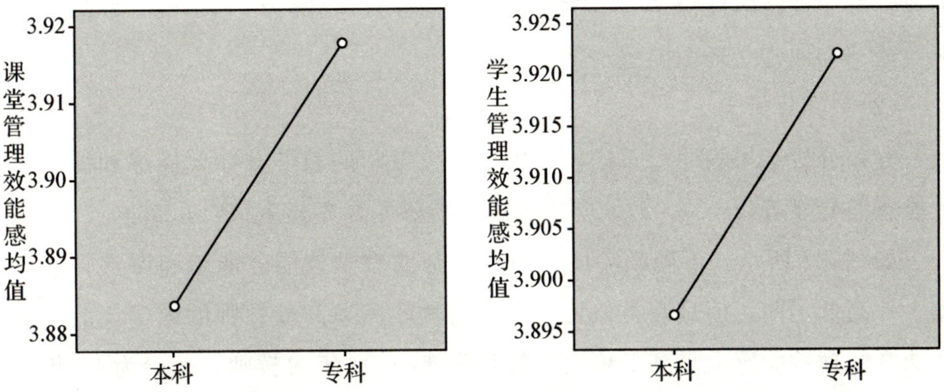

图 3-5　不同办学层次民办高校教师课堂管理效能感、学生管理效能感均值

(2)差异分析

方差分析结果表明，不同年龄阶段民办高校教师的课堂管理效能感和学生管理效能感差异显著($P<0.05$)，教学技能效能感差异不显著($P>0.05$)。

如图 3-6 所示，在课堂管理效能感和学生管理效能感两个方面，51～60 岁教师的效能感最高(均值分别为 3.9582、3.9399)，其次是 41～50 岁教师；31～40 岁教师的效能感最低(均值分别为 3.8849、3.8900)。

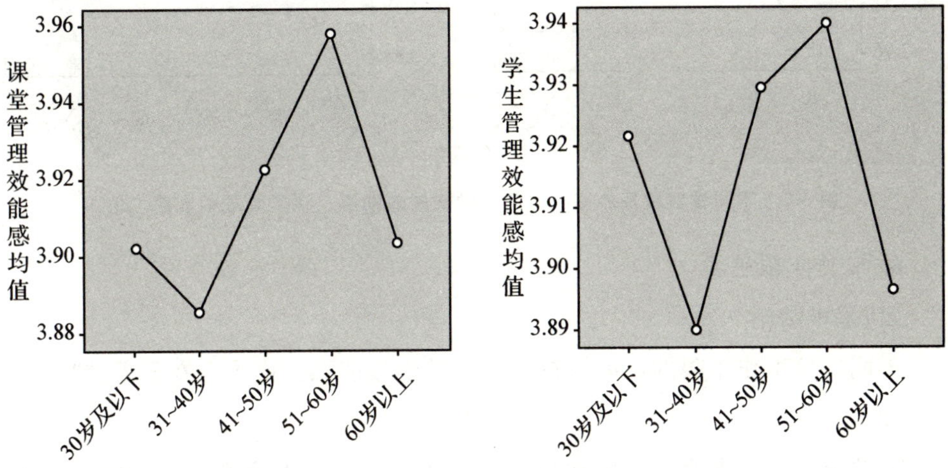

图 3-6　不同年龄段民办高校教师课堂管理效能感、学生管理效能感均值

5. 教龄差异

(1)基本结论

不同教龄的民办高校教师在教学效能感方面存在差异。教龄为 11～20 年的教师教学技能效能感和课堂管理效能感最高，教龄为 1～5 年的教师教学技能效能感和课堂管理效能感最低。

(2)差异分析

方差分析结果表明，不同教龄民办高校教师的教学技能效能感和课堂管理效能感差异显著($P<0.05$)，学生管理效能感差异不显著($P>0.05$)。

如图 3-7 所示，不同教龄民办高校教师的教学技能效能感和课堂管理效能感水平高低不同，但具有类似特点。不同教龄民办高校教师的教学技能效能感和课堂管理效能感由高到低依次为教龄为 11～20 年的教师、教龄为 31 年以上的教师、教龄为 21～30 年的教师、教龄为 6～10 年的教师、教龄为 1～5 年的教师。

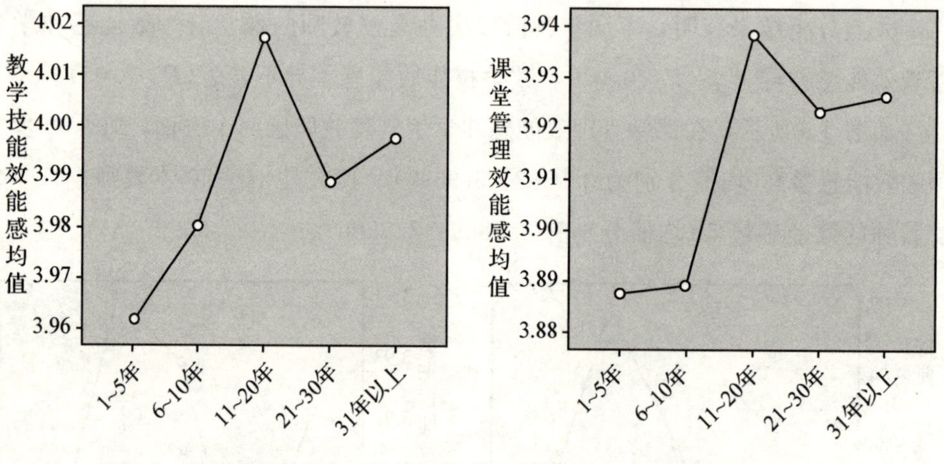

图 3-7　不同教龄段民办高校教师教学技能效能感、课堂管理效能感均值

6. 工作年限差异

(1)基本结论

不同在校工作年限的民办高校教师在教学效能感方面不存在显著差异。

(2)差异分析

方差分析结果表明，不同在校工作年限民办高校教师的教学技能效能感、课堂管理效能感和学生管理效能感均差异不显著($P>0.05$)。

如图 3-8 所示，在校工作年限为 15 年以上的教师教学效能感最高(均值为 3.9670)，在校工作年限为 6～10 年的教师教学效能感最低(均值为 3.9208)。

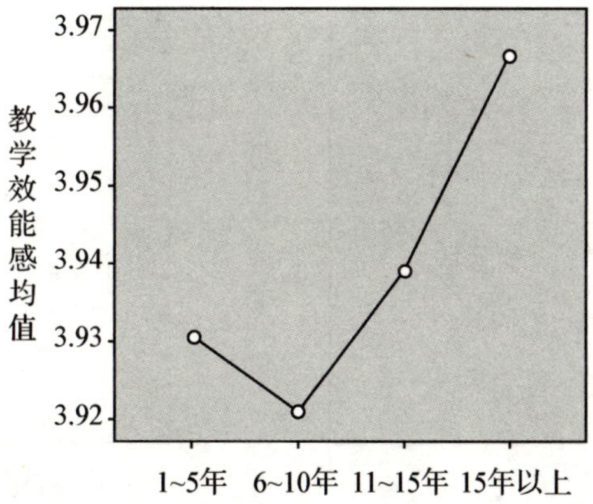

图 3-8　不同工作年限民办高校教师教学效能感均值

7. 受教育程度差异

(1)基本结论

不同受教育程度的民办高校教师在教学效能感方面存在差异。不同受教育程度的民办高校教师在教学技能效能感、课堂管理效能感、学生管理效能感层面存在显著差异。其中，受教育程度为博士的教师教学技能效能感、课堂管理效能感、学生管理效能感最高，专科及以下受教育程度教师教学技能效能感、课堂管理效能感、学生管理效能感最低。

(2)差异分析

方差分析结果表明，不同受教育程度民办高校教师的教学技能效能感、课堂管理效能感、学生管理效能感均差异极其显著($P<0.01$)。

如图 3-9 所示，受教育程度为博士的教师教学技能效能感、课堂管理效能感、学生管理效能感最高(均值分别为 4.0545、3.9902、4.0080)；专科及以下受教育程度的教师技能效能感、课堂管理效能感、学生管理效能感最低(均值分别为 3.8737、3.8358、3.8546)。

8. 职称差异

(1)基本结论

不同职称的民办高校教师在教学效能感方面存在差异。正高级职称教师的教学技能效能感、课堂管理效能感、学生管理效能感显著高于中级和初级职称教师。

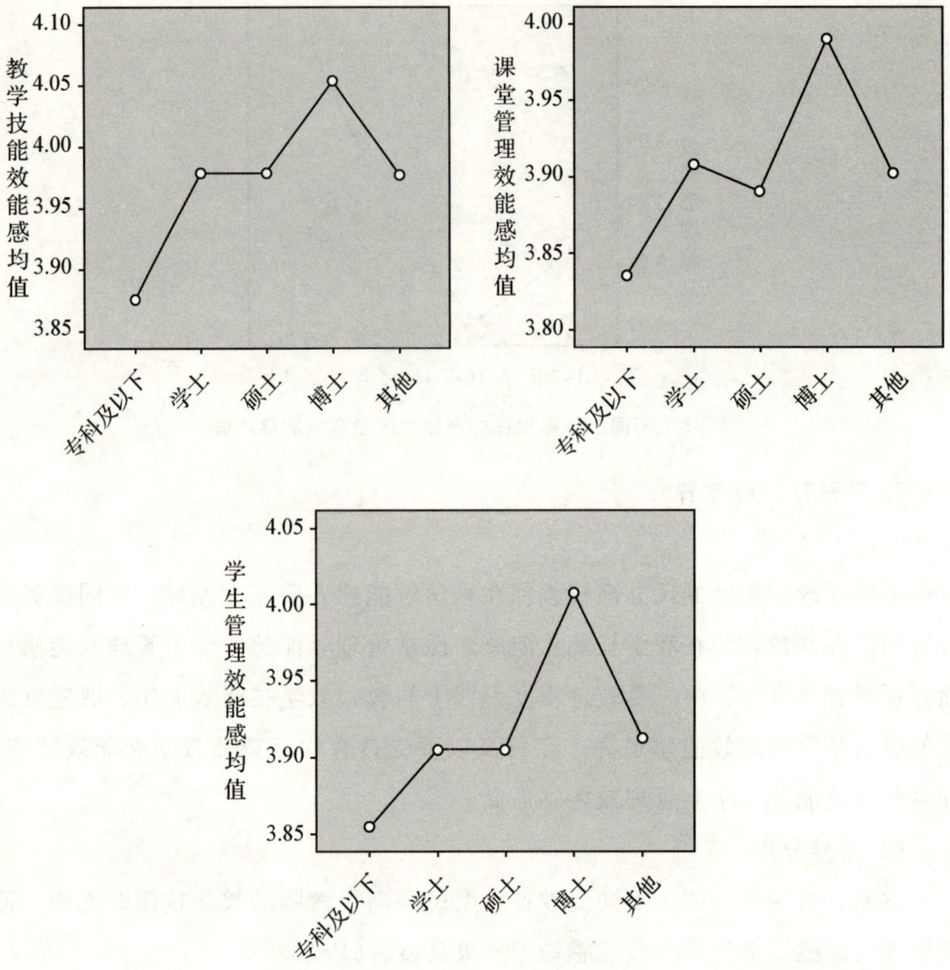

图 3-9 不同受教育程度民办高校教师教学技能效能感、课堂管理效能感、学生管理效能感均值

(2)差异分析

方差分析结果表明，不同职称民办高校教师的课堂管理效能感、学生管理效能感差异极其显著($P<0.01$)，教学技能效能感差异显著($P<0.05$)。

如图 3-10 所示，在教学技能效能感和课堂管理效能感方面，由高到低依次为正高级职称教师、副高级职称教师、中级职称教师、初级职称教师；在学生管理效能感方面，正高级职称教师的效能感最高(3.9777)，其次是副高级职称教师，中级职称教师最低(均值为 3.8958)。

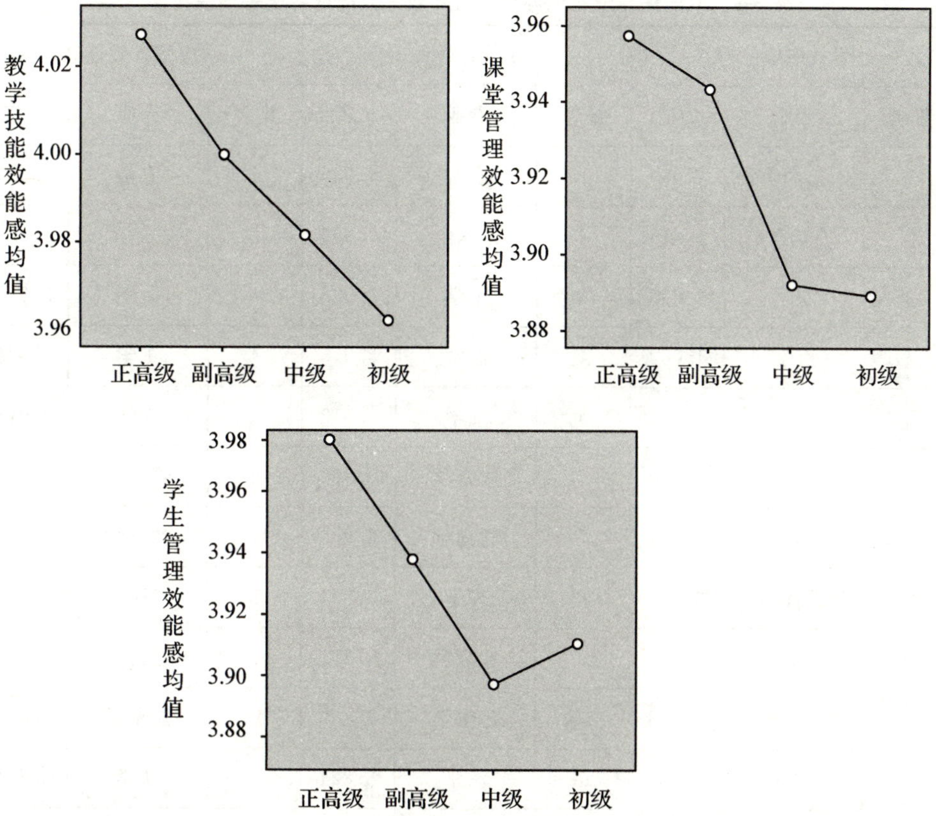

图 3-10　不同职称民办高校教师教学技能效能感、课堂管理效能感、学生管理效能感均值

9. 任教学科差异

(1)基本结论

不同任教学科的民办高校教师在教学效能感方面存在差异。

(2)差异分析

方差分析结果表明，不同任教学科民办高校教师的教学技能效能感、课堂管理效能感、学生管理效能感差异极其显著($P<0.01$)。

如表 3-5 所示，在教学技能效能感方面，艺术学专业教师最高(均值为 4.065)，哲学专业教师最低(均值为 3.895)；在课堂管理效能感方面，农学专业教师最高(均值为 4.030)，哲学专业教师最低(均值为 3.811)；在学生管理效能感方面，农学专业教师最高(均值为 4.064)，哲学专业教师最低(均值为 3.822)。

表 3-5 不同任教学科民办高校教师教学效能感各因子均值排序

教学技能效能感			课堂管理效能感			学生管理效能感		
排名	专业	均值	排名	专业	均值	排名	专业	均值
1	艺术学	4.065	1	农学	4.030	1	农学	4.064
2	文学	4.016	2	艺术学	3.999	2	艺术学	4.023
3	农学	4.005	3	工学	3.925	3	医学	3.940
4	医学	4.002	4	医学	3.915	4	工学	3.923
5	工学	40.000	5	文学	3.913	5	文学	3.918
6	管理学	3.990	6	教育学	3.906	6	管理学	3.917
7	理学	3.974	7	管理学	3.903	7	教育学	3.908
8	教育学	3.972	8	理学	3.894	8	理学	3.906
9	历史学	3.963	9	经济学	3.871	9	经济学	3.876
10	经济学	3.928	10	历史学	3.869	10	历史学	3.875
11	法学	3.903	11	法学	3.824	11	法学	3.841
12	哲学	3.895	12	哲学	3.811	12	哲学	3.822

10. 承担课程量差异

(1)基本结论

不同课程承担量的民办高校教师在教学效能感方面存在差异。在教学技能效能感和课堂管理效能感方面，承担4门课程的教师效能感最高，承担1门课程的教师效能感最低；在学生管理效能感方面，承担5门及以上课程的教师效能感最高，承担1门课程的教师效能感最低。

(2)差异分析

方差分析结果表明，不同课程承担量民办高校教师的教学技能效能感、学生管理效能感差异极其显著($P<0.01$)，课堂管理效能感差异显著($P<0.05$)。

如图3-11所示，在教学技能效能感和课堂管理效能感方面，承担4门课程的教师效能感最高(均值分别为4.0407、3.9341)，其次是承担5门课程及以上的教师；承担1门课程的教师效能感最低(均值分别为3.9592、3.9193)。在学生管理效能感方面，由高到低依次为承担 5 门及以上课程的教师、承担 4 门课程的教师、承担 3 门课程的教师、承担 2 门课程的教师和承担 1 门课程的教师。

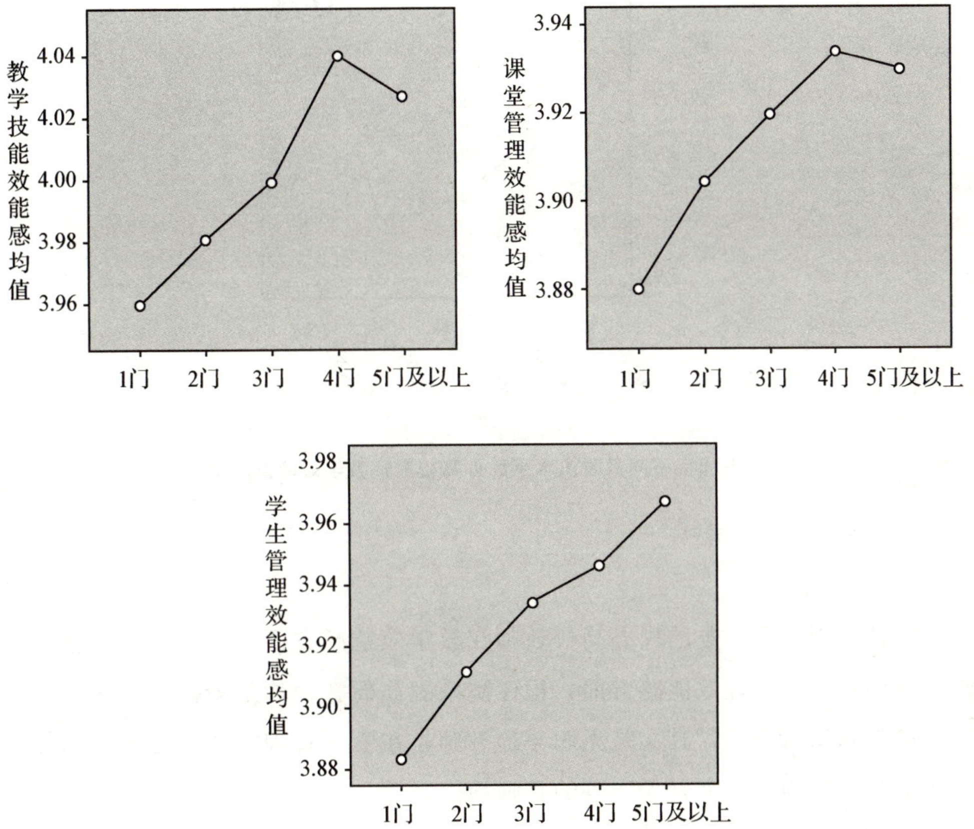

图 3-11　不同课程承担量民办高校教师教学技能效能感、课堂管理效能感、学生管理效能感均值

11. 月收入差异

(1)基本结论

不同月收入水平的民办高校教师在教学效能感方面不存在显著差异。

(2)差异分析

方差分析结果表明，不同月收入水平民办高校教师的教学效能感差异不显著($P>0.05$)。

如图 3-12 所示，月收入在 6000 元以上的教师教学效能感最高(均值为 3.9575)，月收入在 5001～6000 元的教师教学效能感最低(均值为 3.9196)。

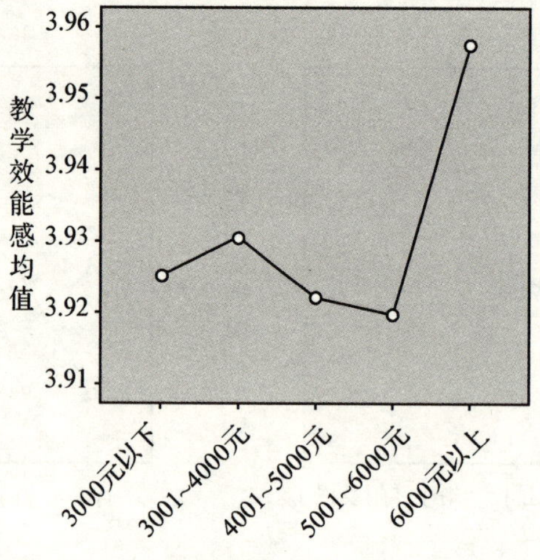

图 3-12　不同月收入水平民办高校教师教学效能感均值

12. 管理职务差异

(1)基本结论

担任不同管理职务的民办高校教师在教学效能感方面存在差异。在教学技能效能感和课堂管理效能感方面，担任院系副职的教师均值最高，担任校领导职务的教师均值最低，其次是无职务的教师；在学生管理效能感方面，担任院系正职的教师均值最高，无职务的教师均值最低。

(2)差异分析

方差分析结果表明，担任不同管理职务民办高校教师的教学技能效能感、课堂管理效能感、学生管理效能感均差异极其显著($P<0.01$)。

如图 3-13、3-14、3-15 所示，担任中层职务的教师教学效能感最高，担任较高和较低职务的教师普遍偏低。在教学技能效能感和课堂管理效能感方面，担任院系副职的教师效能感最高(均值分别为 4.07、4.00)，其次是无职务的教师(均值分别为 3.97、3.89)，担任校领导职务的教师最低(均值分别为 3.83、3.82)；在学生管理效能感方面，担任院系正职的教师效能感最高(均值为 3.99)，无职务的任课教师效能感最低(均值为 3.90)。

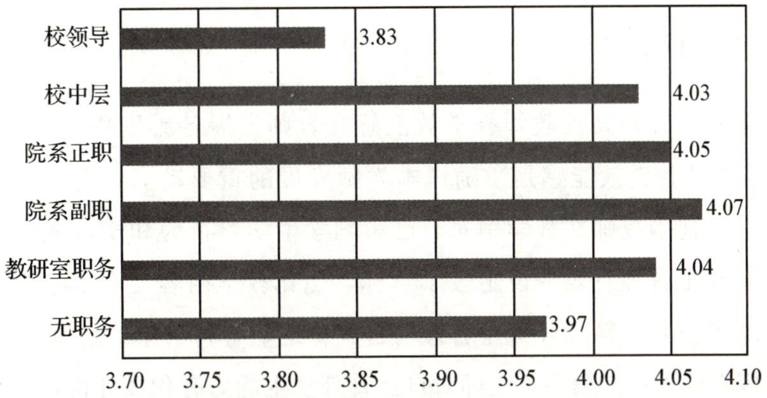

图 3-13　担任不同管理职务的民办高校教师教学技能效能感均值

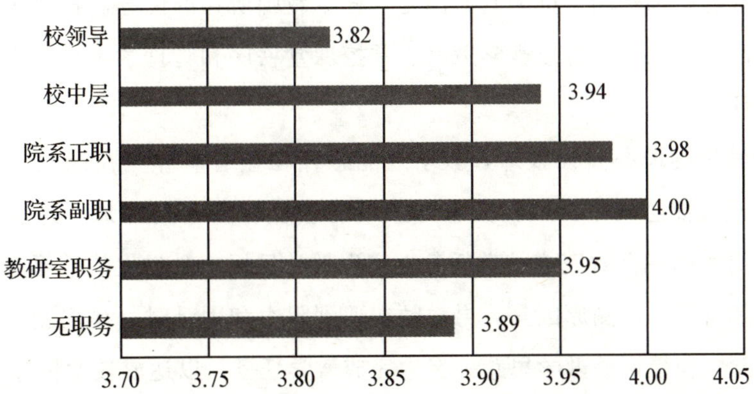

图 3-14　担任不同管理职务的民办高校教师课堂管理效能感均值

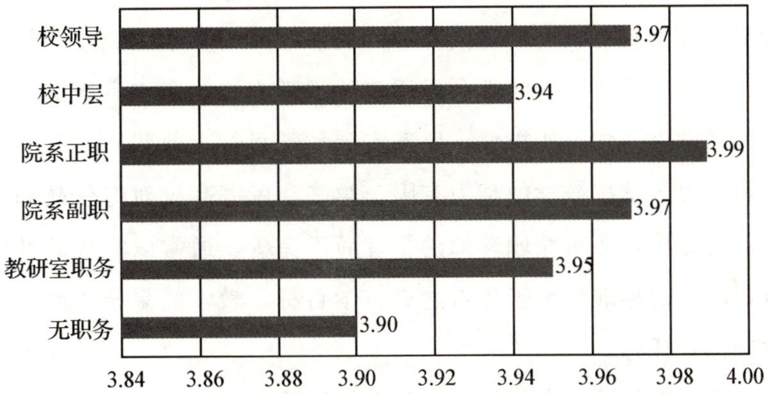

图 3-15　担任不同管理职务的民办高校教师学生管理效能感均值

(三)分析讨论

总体来看，民办高校教师教学效能感在教师发展各维度中分值较高(均值为 3.93)。教师教学效能感是激励样本教师发展的重要动力，主要表现在 3 个方面。第一，样本教师在教学中对自己影响学生学习行为和学习成绩能力的积极判断，有利于教师有效地设定教学目标，优化教学内容，合理组织教学，激发学生的学习投入。第二，课堂管理的自我肯定，有利于样本教师专注于教学，不受环境因素的干扰。第三，教师对自己管理学生能力有积极评价，增强教师与学生的有效沟通。调研发现，民办高校教师教学技能效能感、课堂管理效能感和学生管理效能感都较高。推测其原因是，样本教师所在的民办高校注重教师教学效能感的激励，在运用有效教学策略、掌控课堂秩序和管理学生事务方面给予支持，积极评价。

不同性别的民办高校教师，教学效能感存在显著差异。在课堂管理效能感和学生管理效能感两个方面，男教师的效能感显著高于女教师。这表明在样本教师中，男教师在有效完成教学任务、实现教学目标、对学生的学习产生积极影响方面更加自信。推测原因是，男教师在遇到阻力和困难时，往往能够坚守自己的教学信念，积极调整教学思路，努力完成教学任务，以达成教学目标。

不同任职形式的民办高校教师，专任教师的教学技能效能感显著高于兼职教师，这比较符合民办高校专、兼职教师的实际状况。第一，民办高校的样本专任教师对所在学校有较高的认同感和归属感，对培养学生成才有较强的责任感，因此，在教学过程中能够综合运用多种教学方法，建立良好的课堂教学环境，努力调动学生的学习积极性，以期实现教学目标；兼职教师并不是本校教职工，全身心投入学校教学的精力有限。第二，民办高校对专任教师的评价与奖励制度较为完善，而对兼职教师的管理尚不完善，通常以完成的教学工作量作为发放课时费的标准，至于是否达成教学目标，教学效果是否明显，则取决于兼职教师的责任感。

不同办学层次的民办高校教师，教学效能感存在显著差异。民办专科高校教师的教学技能效能感、课堂管理效能感、学生管理效能感显著高于民办本科高校教师。第一，从工作重心看，民办专科高校教师以教学工作为主，科研任务并不繁重，在这种环境下，教学工作是首要任务。随着教师教龄的增长，教学经验的不断积累，教师的教学风格日趋完善，大部分教师能够很好地适应高校教育的要求，教学效能感较高。民办本科高校教师除了要完成繁重的教学工作外，科研任务同样重要，因此，身心更加疲惫，教学效能感较低。第二，民办专科高校以“理论知识适度够用，实践能力强”为人才培养目标，更加注重培养学生的实践操作能力，因而学生学习兴趣浓厚，师生互动良好，教师的教学效能感也高；而民办本科高校“重理论轻实践”的现象较为普遍，学生的理论知识学习存在一定的困难，学习状况不佳，直接影响到教师的教学效能感。

不同年龄段的民办高校教师，教学效能感存在显著差异。第一，在教学技能效能感和课堂管理效能感方面，30 岁及以下、31～40 岁的教师显著低于 51～60 岁的教师。推测其原因是，民办高校样本青年教师经验、在职培训不足，而 40 岁以下样本青年教师又是教学的主力，教学任务繁重，因此，在综合运用多种教学方法、创设良好课堂教学环境、调动学生学习兴趣、控制课堂秩序方面远远低于 51～60 岁的教师。第二，在学生管理效能感方面，30 岁及以下样本教师显著高于 31～40 岁的教师。推测其原因是，30 岁及以下的样本教师毕业时间不长，容易与自己年龄相差不多的学生沟通并建立良好的师生关系，有利于学生管理，而 31～40 岁的教师教龄大多在 5 年以上，容易产生倦怠，工作积极性不高，但又没有更多的教学技能改变这种现状，导致学生管理效能感较低。

不同教龄的民办高校教师，教学效能感存在显著差异。第一，教龄在 11～20 年的教师，整体教学效能感、教学技能效能感、课堂管理效能感最高。这个教龄段的教师教学经验比较丰富，教学方法运用熟练，教学风格趋于稳定，能够有效地激发学生的学习动机，引导学生认真学习。因此，他们的教学效能感最强，教学技能效能感和课堂管理效能感也最高。第二，教龄在 1～5 年的教师，教学技能效能感、课堂管理效能感最低。工作 1～5 年的年轻教师由于教学经验不足，教学技能和课堂掌控能力还有待提高。第三，教龄在 6～10 年的教师，整体教学效能感、学生管理效能感最低。推测其原因是，作为民办高校的主要力量，这些教师承担着繁重的教学任务，工作压力较大，同时面临着职称晋升、专业发展等现实问题，精力有限，不能全身心投入到每门课程的教学中，不能达到理想的教学效果，导致教学效能感低。

不同在校工作年限的民办高校教师，教学效能感不存在显著差异。通过比较可以看出，在校工作年限 15 年以上的教师教学效能感最高，在校工作年限在 6～10 年的教师教学效能感最低。分析原因，第一，从教学积累看，在校工作年限为 15 年的样本教师经过多年的积累，已反复验证自己的教学方法是否科学，教学内容是否适切，从而对自己的教学更有自信；工作 6～10 年的样本教师经历了刚入校门的充满热情和期待，到工作 6 年后，对自己的教学开始出现反思和怀疑，效能感降低。第二，从社群适应看，在校工作年限为 15 年的样本教师与工作 6～10 年教师相比，经历了事业的上升期，已经深度融入学校、社群之中，心态逐渐稳定下来。

不同受教育程度的民办高校教师，教学效能感存在显著差异。在整体教学效能感及教学技能效能感、课堂管理效能感、学生管理效能感方面的比较中，受教育程度为博士的教师均显著高于其他受教育程度的教师；在教学效能感及教学技能效能感方面，专科及以下受教育程度的教师显著低于其他受教育程度的教师。这表明，教师本人受教育程度的不同，直接影响其教学效能感的高低。受教育程度为博士的教师在民办高校中占比很少，理论知识功底深厚、扎实，教学效果较好，受学校领导重视，教学效能感较高。专科及以下受教育程度的教师因其理论知识有限，在教学技能方面明显低于其他受教育程度的教师。

不同职称的民办高校教师，教学效能感存在显著差异。正高级职称教师的教学效能感显著高于中级和初级职称的教师，初级职称的教师教学效能感显著低于正高级和副高级职称的教师。分析原因，第一，从教学经验看，职称较高的教师在学校中的地位声望、教学经验、教学效果都明显优于职称较低的教师，而初级和中级职称的教师教学经验不够丰富，缺少自信。第二，从生活压力的间接影响看，职称较高的教师工作和生活压力相对较小，而初级和中级职称的教师，生活压力较大，教学效能感相对较低。

不同任教学科的民办高校教师，教学效能感存在显著差异。第一，艺术专业教师的教学技能效能感最高，哲学专业教学技能效能感最低。这可能与所学专业特点有很大关系。美国艺术教育家霍斯曼认为，艺术教师必须是一个“艺术家—教师”，是一个对于其所教课程具备良好技能和高深知识的艺术家。艺术教师较强的专业性在教学过程中能够给学生以愉悦的体验和美的享受，他们的课程得到学生的喜爱，教学效能感更高。哲学专业教师的教学技能效能感、课堂管理效能感和学生管理效能感均最低，主要原因可能是哲学课程逻辑严谨，理论深邃，学生难以理解。在教学过程中，教师若以“灌输式”教学模式为主，忽略学生参与和讨论，就会抑制学生的学习积极性，降低师生互动频率和教师自身的教学效能感。第二，农学专业教师课堂管理效能感和学生管理效能感最高，原因可能是农学专业课程普遍操作性强，学生动手机会较多，学习效果显著，教师自身效能感较高。

不同课程承担量的民办高校教师，教学效能感存在显著差异。第一，在教学技能效能感和课堂管理效能感方面，承担4门课程的教师效能感最高，承担1门课程的教师效能感最低。这可能与民办高校教师绩效考核制度有一定的关系。民办高校通常要求任课教师完成规定的教学工作量，同时对超过的部分发放超额课时费。教师在自己能力范围内愿意多承担教学工作以获得更多的课时费，但当承担的课程门数超过教师能力范围和身体状况时，教师的教学效能感呈现下降趋势，教学技能和课堂管理出现力不从心的状况。第二，在学生管理效能感方面，承担5门及以上课程的教师效能感最高，承担1门课程的教师效能感最低。在学生管理方面，承担的课程越多，教师经验越丰富，对学生的管理越发得心应手，学生管理效能感越高。

不同月收入水平的民办高校教师，教学效能感不存在显著差异。从均值比较来看，月收入在6000元以上的教师教学效能感最高。这部分教师在民办高校教师中属于高收入群体，拥有较高的地位和身份，教学经验丰富，教学效果良好，富有优越感，因此，教学效能感最高。在课堂管理和学生管理方面，月收入在4001～6000元的教师效能感均较低，原因可能是这部分教师的职称主要为讲师和副教授，教龄在6～20年，正处于职业生涯的爬坡阶段，生活压力较大，综合因素导致教学效能感较低。

不同管理职务的民办高校教师，教学效能感存在显著差异。第一，在教学技能效能感和课堂管理效能感方面，担任院系副职的教师分值最高。推测其原因是，担任院系副职的教师有较高的声望和成就感，这种自信能够在工作和教学中得到比较充分的体现。第二，担任校领导职务的教师水平最低，原因可能是他们将更多的精力投入学校的运作和发展上，在教学方面投入的时间和精力相对有限。第三，无职务的教师，教学技能效能感和课堂管理效能感也比较低，与有行政职务的教师形成了比较鲜明的对比。原因可能是与行政权力带来教学资源分配上的不公正有关，有行政职务的教师在课程选择、时间安排、职称评聘方面享有较大的优先权，这种不公正的资源分配使得无职务的教师处于不利的地位，导致教学效能感较低。

二、专业社群认同感

(一)总体概况

样本教师在专业社群认同感方面的均值为 3.42。课题组将民办高校教师专业社群认同感分为 4 个因子：参与式领导、共享性价值观念、合作式学习和支持性社区条件。如图 3-16 所示，其中共享性价值观念分值最高(均值为 3.50)，参与式领导相对较低(均值为 3.19)。

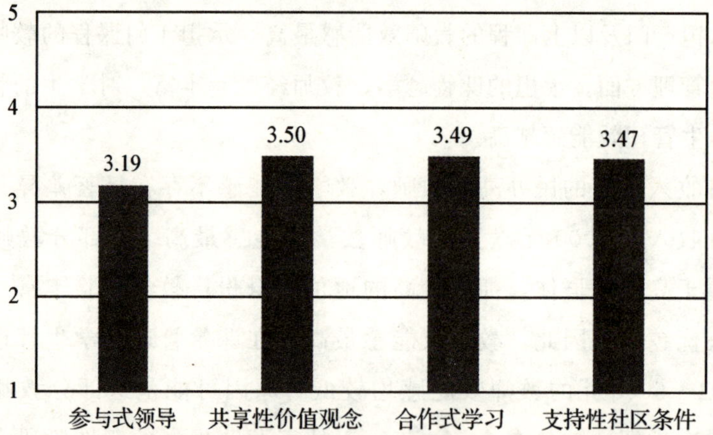

图 3-16 民办高校教师专业社群认同感各因子均值

(二)分组比较

为了解不同人口统计学特征下民办高校教师专业社群认同感的差异，课题组根据变量属性，对不同群体民办高校教师专业社群认同感各因子进行独立样本 T 检验或方差分析。具体情况如表 3-6、表 3-7 所示。

表 3-6　不同变量民办高校教师专业社群认同感各因子 *T* 检验摘表

变　量	因　子		*T*	*Sig*
性　别	参与式领导	假设方差相等	1.442	0.149
		假设方差不相等	1.422	0.155
	共享性价值观念	假设方差相等	−1.138	0.255
		假设方差不相等	−1.109	0.267
	合作式学习	假设方差相等	−1.926	0.054
		假设方差不相等	−1.881	0.060
	支持性社区条件	假设方差相等	−.321	0.748
		假设方差不相等	−0.314	0.754
任职形式	参与式领导	假设方差相等	10.724	0.000
		假设方差不相等	11.758	0.000
	共享性价值观念	假设方差相等	7.629	0.000
		假设方差不相等	8.149	0.000
	合作式学习	假设方差相等	7.424	0.000
		假设方差不相等	80.000	0.000
	支持性社区条件	假设方差相等	8.290	0.000
		假设方差不相等	8.860	0.000
办学层次	参与式领导	假设方差相等	−4.289	0.000
		假设方差不相等	−4.281	0.000
	共享性价值观念	假设方差相等	−0.063	0.950
		假设方差不相等	−0.063	0.950
	合作式学习	假设方差相等	−0.199	0.843
		假设方差不相等	−0.198	0.843
	支持性社区条件	假设方差相等	−1.303	0.192
		假设方差不相等	−1.299	0.194

表 3-7　不同变量民办高校教师专业社群认同感各因子方差分析摘表

变　量	因　子	*F*	*Sig*
年　龄	参与式领导	35.965	0.000
	共享性价值观念	14.693	0.000
	合作式学习	19.362	0.000
	支持性社区条件	18.474	0.000
教　龄	参与式领导	19.236	0.000
	共享性价值观念	5.842	0.000
	合作式学习	10.430	0.000
	支持性社区条件	8.807	0.000

续表

变　量	因　子	*F*	*Sig*
工作年限	参与式领导	28.004	0.000
	共享性价值观念	7.709	0.000
	合作式学习	13.297	0.000
	支持性社区条件	12.838	0.000
受教育程度	参与式领导	30.200	0.000
	共享性价值观念	13.871	0.000
	合作式学习	13.366	0.000
	支持性社区条件	13.980	0.000
任教学科	参与式领导	12.520	0.000
	共享性价值观念	7.612	0.000
	合作式学习	7.048	0.000
	支持性社区条件	7.612	0.000
承担课程量	参与式领导	5.117	0.000
	共享性价值观念	5.497	0.000
	合作式学习	6.238	0.000
	支持性社区条件	5.962	0.000
月收入	参与式领导	4.252	0.002
	共享性价值观念	3.594	0.006
	合作式学习	3.065	0.016
	支持性社区条件	2.344	0.052
管理职务	参与式领导	6.159	0.000
	共享性价值观念	4.155	0.000
	合作式学习	3.559	0.001
	支持性社区条件	5.687	0.000

1. 性别差异

(1)基本结论

不同性别的民办高校教师在专业社群认同感方面不存在显著差异。

(2)差异分析

独立样本 *T* 检验结果表明，不同性别民办高校教师的参与式领导、共享性价值观念、合作式学习、支持性社区条件认同感差异不显著($P>0.05$)。

2. 任职形式差异

(1)基本结论

不同任职形式的民办高校教师在专业社群认同感方面存在差异。兼职教师的专业社群认同感及其各因子均显著高于专任教师。

(2)差异分析

独立样本 *T* 检验结果表明，不同任职形式民办高校教师的参与式领导、共享性价值观念、合作式学习、支持性社区条件认同感差异极其显著($P<0.01$)。

如图 3-17 所示，兼职教师的参与式领导、共享性价值观念、合作式学习、支持性社区条件认同感(均值分别为 3.4909、3.6793、3.6726、3.6671)均高于专任教师(均值分别为 3.1627、3.4788、3.4710、3.4544)。

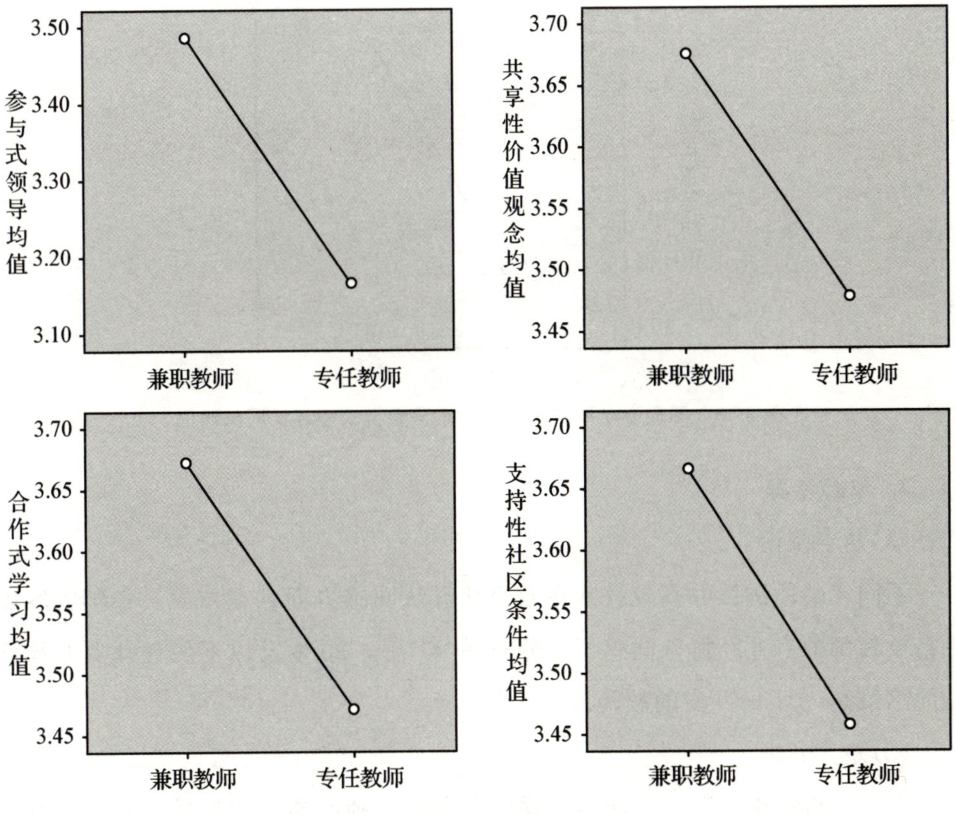

图 3-17　不同身份民办高校教师参与式领导、共享性价值观念、合作式学习、支持性社区条件认同感均值

3. 办学层次差异

(1)基本结论

不同办学层次的民办高校教师在专业社群认同感方面不存在显著差异。在参与式领导认同感方面，民办专科高校教师显著高于民办本科高校教师。

(2)差异分析

独立样本 T 检验结果表明，不同办学层次民办高校教师的参与式领导认同感差异极其显著($P<0.01$)，共享性价值观念、合作式学习、支持性社区条件认同感差异不显著($P>0.05$)。

如图 3-18 所示，民办专科高校教师的参与式领导认同感(均值为 3.2360)高于民办本科高校教师(均值为 3.1586)。

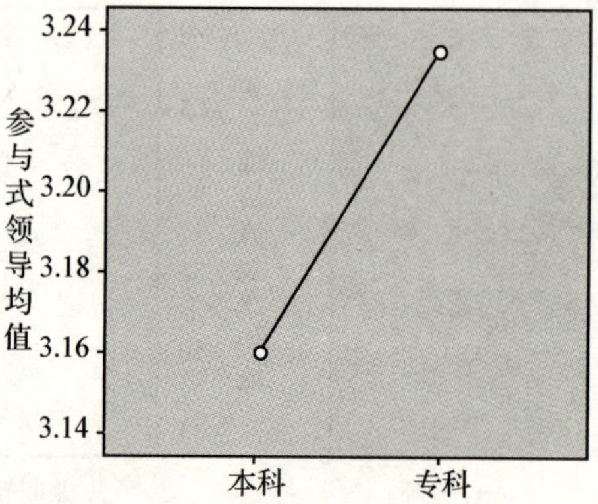

图 3-18　不同办学层次民办高校教师参与式领导认同感均值

4. 年龄差异

(1)基本结论

不同年龄段的民办高校教师在专业社群认同感方面存在差异。各年龄段民办高校教师的专业社群认同感均值分布呈“U”形，30 岁及以下的教师专业社群认同感最高，31～50 岁的教师最低。

(2)差异分析

方差分析结果表明，不同年龄段民办高校教师的参与式领导、共享性价值观念、合作式学习、支持性社区条件认同感差异极其显著($P<0.01$)。

如图 3-19 所示，30 岁及以下教师的参与式领导、共享性价值观念、合作式学习、支持性社区条件认同感最高(均值分别为 3.3273、3.5681、3.5811、

3.5572)，其次是 60 岁以上教师；31～40 岁教师的参与式领导认同感、合作式学习认同感最低(均值分别为 3.0955、3.4314)，其次是 41～50 岁教师；41～50 岁教师的共享性价值观念和支持性社区条件认同感最低(均值分别是 3.4462、3.4180)，其次是 31～40 岁教师。

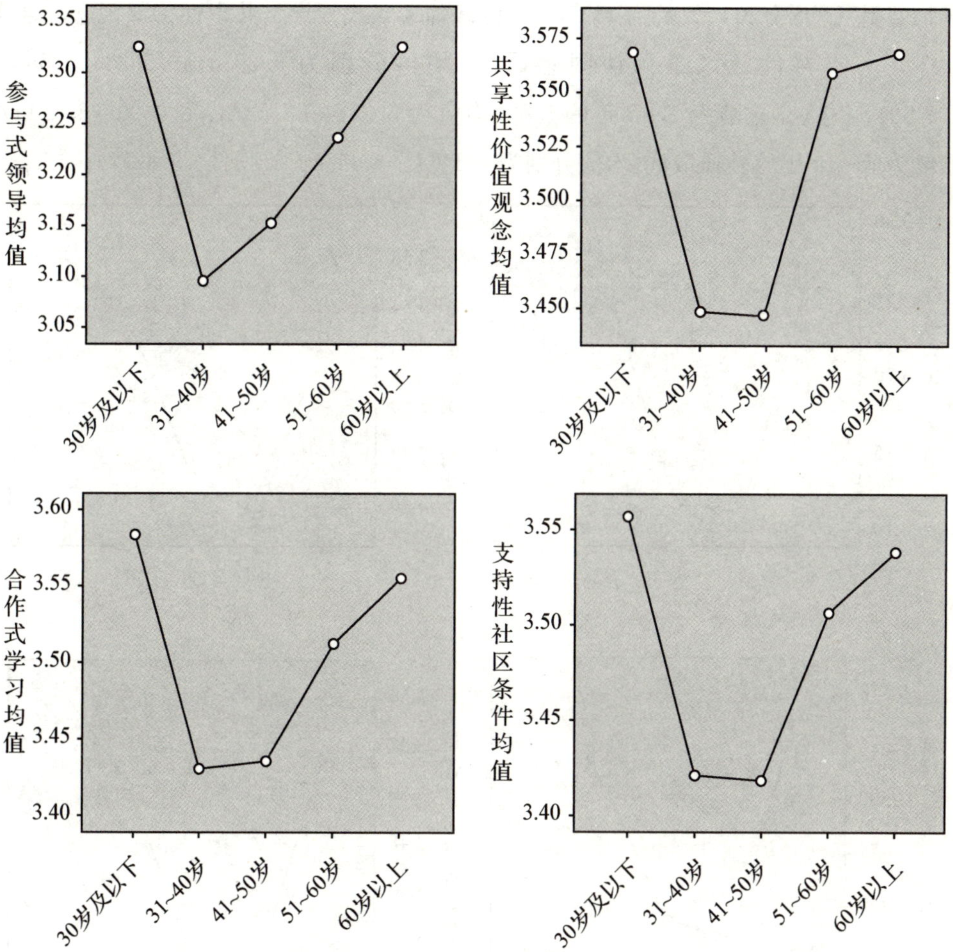

图 3-19 不同年龄段民办高校教师参与式领导、共享性价值观念、合作式学习、支持性社区条件认同感均值

5. 教龄差异

(1)基本结论

不同教龄的民办高校教师在专业社群认同感方面存在差异。教龄为 31 年以上的教师参与式领导、共享性价值观念、合作式学习、支持性社区条件认同感最高，教龄为 6～10 年的教师最低。

(2)差异分析

方差分析结果表明，不同教龄民办高校教师的参与式领导、共享性价值观念、合作式学习、支持性社区条件认同感差异极其显著($P<0.01$)。

如图 3-20 所示，按照教龄由大到小的顺序，民办高校教师专业社群认同感各因子均值呈"U"形分布，教龄为 31 年以上的教师参与式领导、共享性价值观念、合作式学习、支持性社区条件认同感最高(均值分别为 3.2950、3.5623、3.5564、3.5456)，其次是教龄为 1～5 年的教师(均值为 3.2681、3.5288、3.5399、3.5149)，教龄为 6～10 年的教师最低(均值分别为 3.1111、3.4551、3.4344、3.4277)。

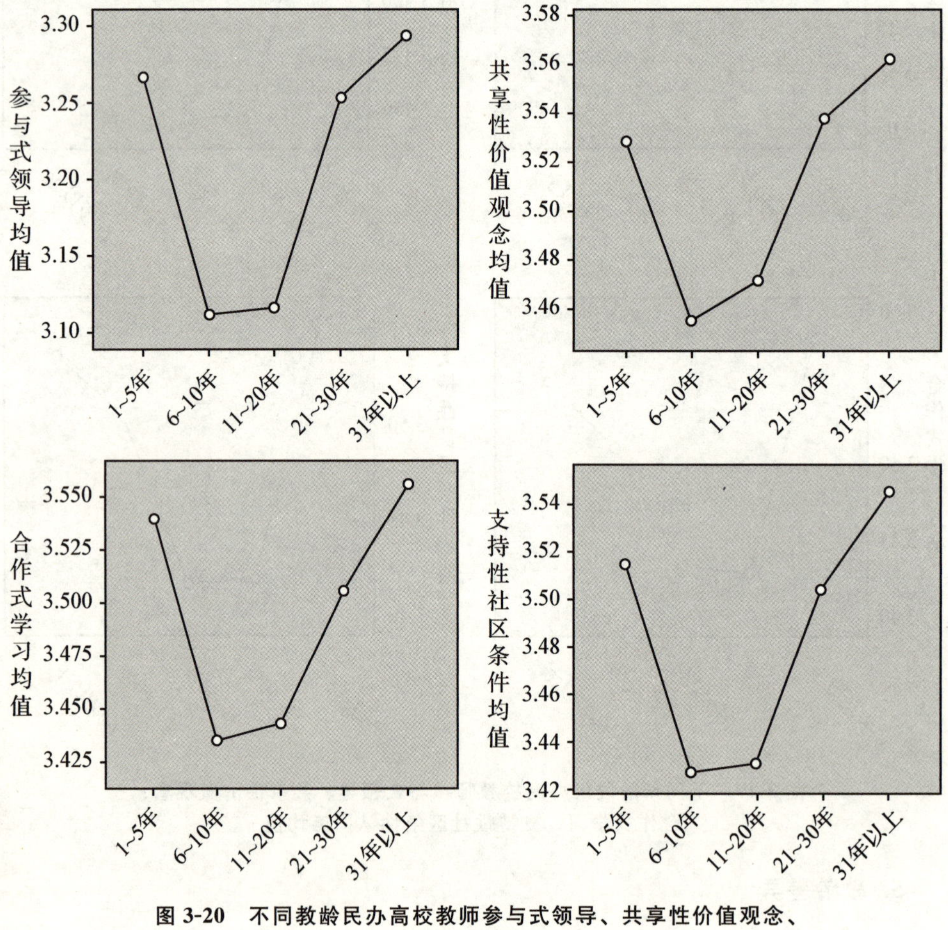

图 3-20　不同教龄民办高校教师参与式领导、共享性价值观念、合作式学习、支持性社区条件认同感均值

6. 工作年限差异

(1)基本结论

不同在校工作年限的民办高校教师在专业社群认同感方面存在差异。工作年限为 15 年以上的民办高校教师参与式领导、共享性价值观念、合作式学习、支持性社区条件认同感最高；在参与式领导、合作式学习、支持性社区条件方面，工作年限为 11～15 年的教师最低；在共享性价值观念方面，工作年限为 6～10 年的教师最低。

(2)差异分析

方差分析结果表明，不同在校工作年限民办高校教师的参与式领导、共享性价值观念、合作式学习、支持性社区条件认同感差异极其显著($P<0.01$)。

如图 3-21 所示，在参与式领导、合作式学习及支持性社区条件方面，工作年限在 15 年以上的教师均值最高(均值分别为 3.3867、3.6103、3.6349)，其次是工作年限为 1～5 年的教师；工作年限为 11～15 年的教师均值最低(均值分别为 3.0919、3.4246、3.4202)。在共享性价值观念方面，工作年限在 15 年以上的教师均值最高(均值为 3.5982)，工作年限为 6～10 年的教师最低(均值为 3.4541)。

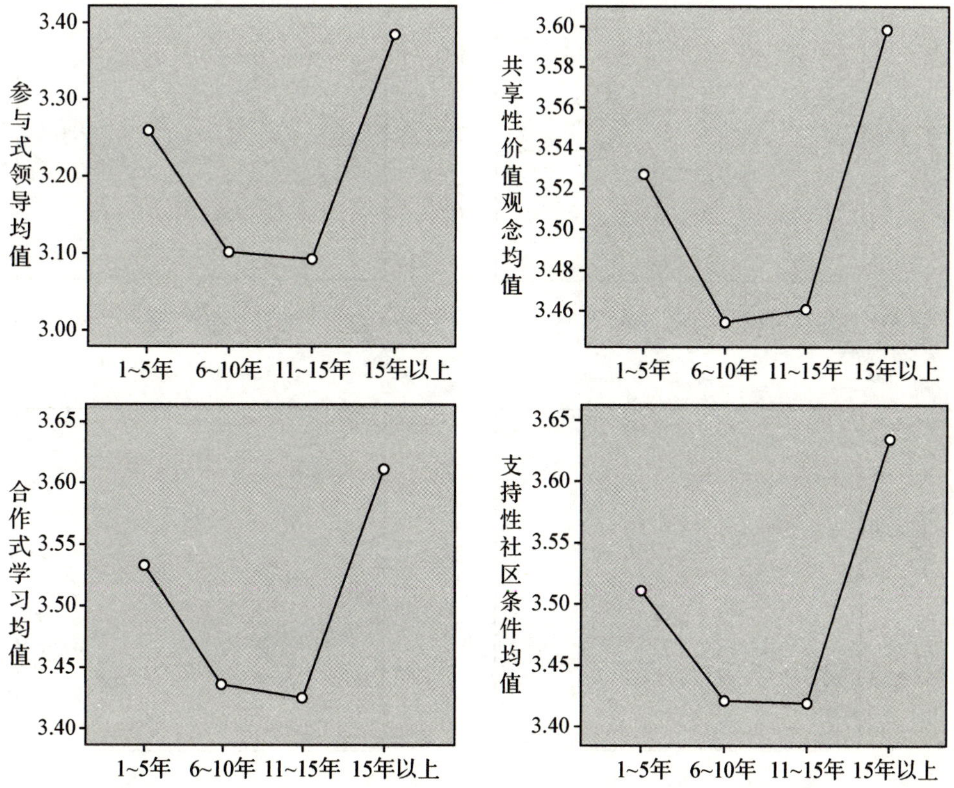

图 3-21　不同工作年限民办高校教师参与式领导、共享性价值观念、合作式学习、支持性社区条件认同感均值

7. 受教育程度差异

(1)基本结论

不同受教育程度的民办高校教师在专业社群认同感方面存在差异。专科及以下受教育程度的教师专业社群认同感最高，硕士学位的教师专业社群认同感最低。

(2)差异分析

方差分析结果表明，不同受教育程度民办高校教师的参与式领导、共享性价值观念、合作式学习、支持性社区条件认同感差异极其显著($P<0.01$)。

如图 3-22 所示，专科及以下受教育程度教师的参与式领导、共享性价值观念、合作式学习、支持性社区条件认同感最高(均值分别为 3.5153、3.6561、3.6785、3.6475)，其次是受教育程度为博士的教师；受教育程度为硕士的教师最低(均值分别为 3.1170、3.4538、3.4469、3.4321)。

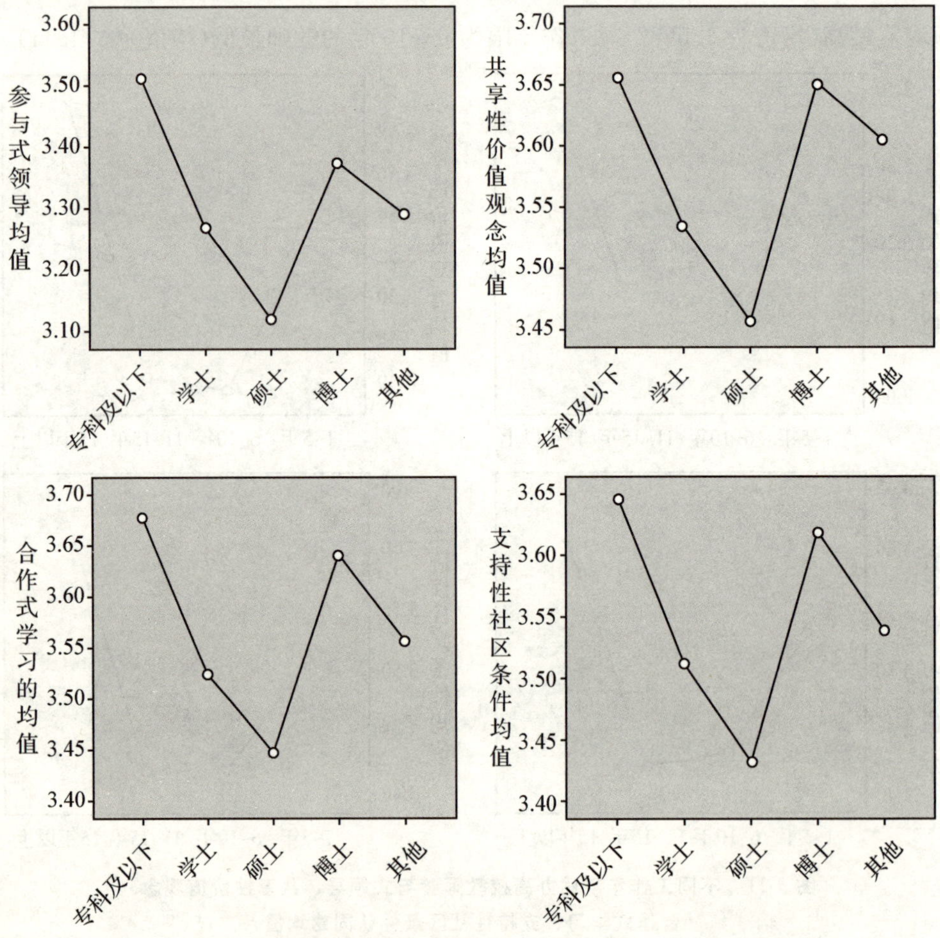

图 3-22　不同受教育程度民办高校教师参与式领导、共享性价值观念、合作式学习、支持性社区条件认同感均值

8. 职称差异

(1)基本结论

不同职称的民办高校教师在专业社群认同感方面存在差异。中级职称的教师专业社群认同感及其各因子均显著低于其他职称的教师。

(2)差异分析

方差分析结果表明，不同职称民办高校教师的参与式领导、共享性价值观念、合作式学习、支持性社区条件认同感差异极其显著($P<0.01$)。

如图 3-23 所示，中级职称的教师参与式领导、共享性价值观念、合作式学习、支持性社区条件认同感(均值分别为 3.0812、3.4344、3.4182、3.4092)均显著低于其他职称的教师，正高级职称教师的参与式领导、共享性价值观念、支持性社区条件认同感总体最高(均值分别为 3.3567、3.6057、3.5720)，副高级职称教师的合作式学习认同感最高(均值为 3.5696)。

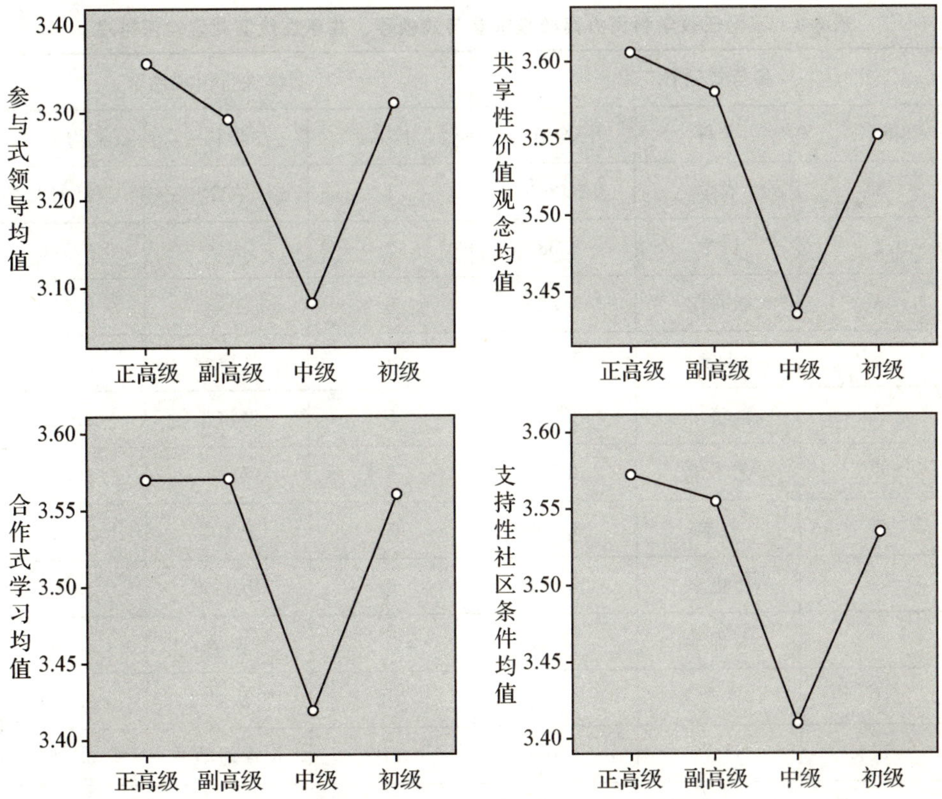

图 3-23　不同职称民办高校教师参与式领导、共享性价值观念、合作式学习、支持性社区条件认同感均值

9. 任教学科差异

(1)基本结论

不同任教学科的民办高校教师在专业社群认同感方面存在差异。

(2)差异分析

方差分析结果表明，不同任教学科民办高校教师的参与式领导、共享性价值观念、合作式学习、支持性社区条件认同感差异极其显著($P<0.01$)。

如表 3-8、表 3-9 所示，在参与式领导认同感方面，农学专业教师最高(均值为 3.806)，文学专业教师最低(均值为 3.053)；在共享性价值观念认同感方面，农学专业教师最高(均值为 3.913)，文学专业教师最低(均值为 3.405)；在合作式学习认同感方面，农学专业教师最高(均值为 3.920)，文学专业教师最低(均值为 3.417)；在支持性社区条件认同感方面，农学专业教师最高(均值为 3.896)，文学专业教师最低(均值为 3.388)。

表 3-8 不同任教学科民办高校教师参与式领导、共享性价值观念均值排序

参与式领导			共享性价值观念		
排名	学科	均值	排名	学科	均值
1	农学	3.806	1	农学	3.913
2	医学	3.583	2	医学	3.780
3	教育学	3.299	3	工学	3.559
4	工学	3.284	4	教育学	3.550
5	经济学	3.250	5	经济学	3.519
6	艺术学	3.200	6	哲学	3.518
7	哲学	3.196	7	艺术学	3.510
8	历史学	3.181	8	历史学	3.508
9	管理学	3.140	9	理学	3.468
10	法学	3.134	10	法学	3.450
11	理学	3.106	11	管理学	3.444
12	文学	3.053	12	文学	3.405

表 3-9 不同任教学科民办高校教师合作式学习、支持性社区条件均值排序

合作式学习			支持性社区条件		
排名	学科	均值	排名	专学科	均值
1	农学	3.920	1	农学	3.896
2	医学	3.763	2	医学	3.723
3	工学	3.559	3	工学	3.545
4	教育学	3.554	4	教育学	3.529
5	艺术学	3.504	5	经济学	3.498
6	哲学	3.498	6	哲学	3.480
7	经济学	3.494	7	艺术学	3.480
8	历史学	3.492	8	历史学	3.465
9	法学	3.463	9	法学	3.448
10	理学	3.446	10	管理学	3.427
11	管理学	3.419	11	理学	3.418
12	文学	3.417	12	文学	3.388

10. 承担课程量差异

(1)基本结论

不同课程承担量的民办高校教师在专业社群认同感方面存在差异。承担 1 门课程的教师专业社群认同感及其各因子均值最高，承担 5 门及以上课程的教师均值最低。

(2)差异分析

方差分析结果表明，不同课程承担量民办高校教师的参与式领导、共享性价值观念、合作式学习、支持性社区条件认同感差异极其显著($P<0.01$)。

如图 3-24 所示，在参与式领导、共享性价值观念、合作式学习、支持性社区条件认同感方面，按照各因子均值由高到低依次排序，教师群体分别为承担 1 门课程的教师、承担 2 门课程的教师、承担 3 门课程的教师、承担 4 门课程的教师、承担 5 门及以上课程的教师。

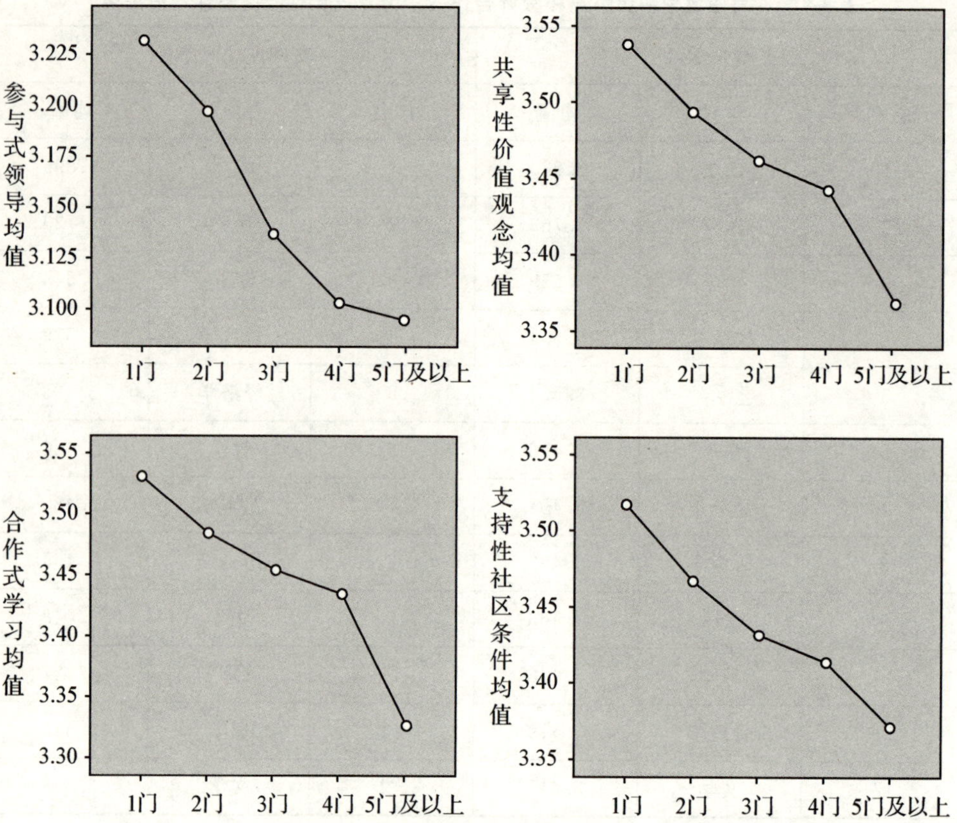

图 3-24 不同课程承担量民办高校教师参与式领导、共享性价值观念、合作式学习、支持性社区条件认同感均值

11. 月收入差异

(1)基本结论

不同月收入水平的民办高校教师在专业社群认同感方面存在差异。月收入3000元以下的教师专业社群认同感、参与式领导、合作式学习认同感最高，月收入 6000 元以上的教师共享性价值观念认同感最高，月收入 5001～6000 元的教师专业社群认同感、参与式领导、合作式学习、共享性价值观念认同感最低。

(2)差异分析

方差分析结果表明，不同月收入水平民办高校教师的参与式领导、共享性价值观念认同感差异极其显著($P<0.01$)，合作式学习认同感差异显著($P<0.05$)，支持性社区条件认同感差异不显著($P>0.05$)。

如图 3-25 所示，不同月收入水平的教师，参与式领导、共享性价值观念、合作式学习认同感分布区间多样。在参与式领导、合作式学习认同感方面，月收入 3000 元以下的教师分值最高(均值分别为 3.2626、3.5278)，月收入 5001～6000 元的教师分值最低(均值分别为 3.1436、3.4325)；在共享性价值观念认同感方面，月收入 6000 元以上的教师分值最高(均值为 3.5339)，月收入 5001～6000 元的教师分值最低(均值为 3.4345)。

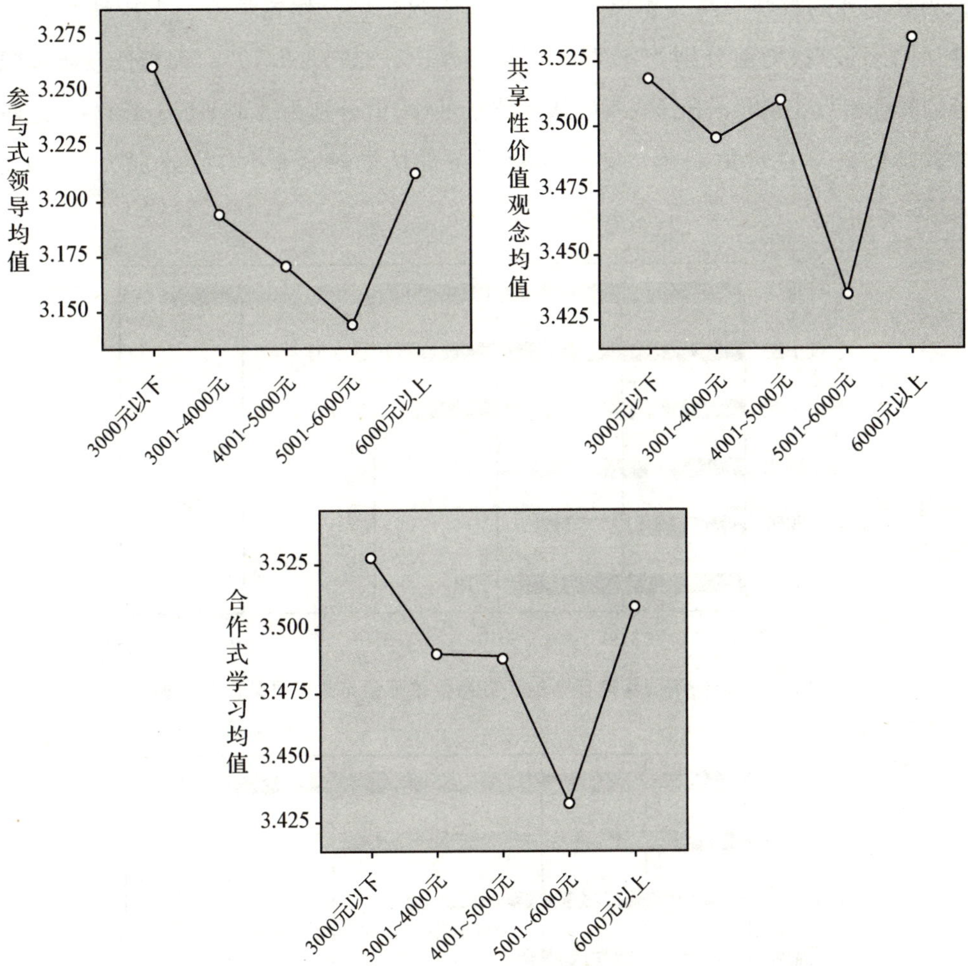

图 3-25　不同月收入民办高校教师参与式领导、共享性价值观念、合作式学习认同感均值

12. 管理职务差异

(1)基本结论

担任不同管理职务的民办高校教师在专业社群认同感方面存在差异。担任校领导职务的教师分值最高，担任教研室职务的教师分值最低。

(2)差异分析

方差分析结果表明，担任不同管理职务民办高校教师的参与式领导、共享性价值观念、合作式学习、支持性社区条件认同感差异极其显著($P<0.01$)。

如图 3-26、图 3-27、图 3-28、图 3-29 所示，担任不同职务的教师，参与式领导、共享性价值观念、合作式学习、支持性社区条件认同感程度不同。担任校领导职务的教师参与式领导、共享性价值观念、合作式学习、支持性社区条件认同感最高(均值分别为 3.7500、3.7948、3.8125、3.7975)；担任教研室职务的教师参与式领导、合作式学习认同感最低(均值分别为 3.1441、3.4743)，无职务教师的共享性价值观念、支持性社区条件认同感最低(均值分别为 3.4842、3.4567)。

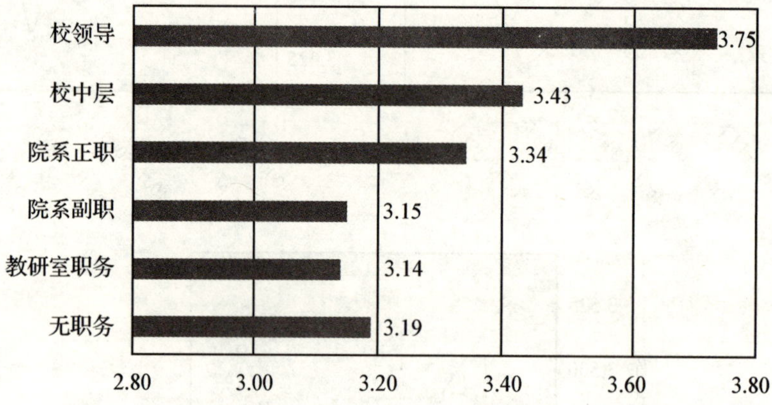

图 3-26　担任不同管理职务的民办高校教师参与式领导认同感均值

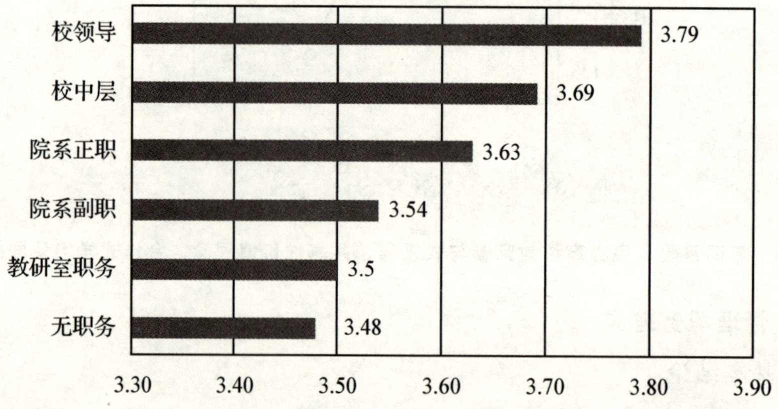

图 3-27　担任不同管理职务的民办高校教师共享价值观念认同感均值

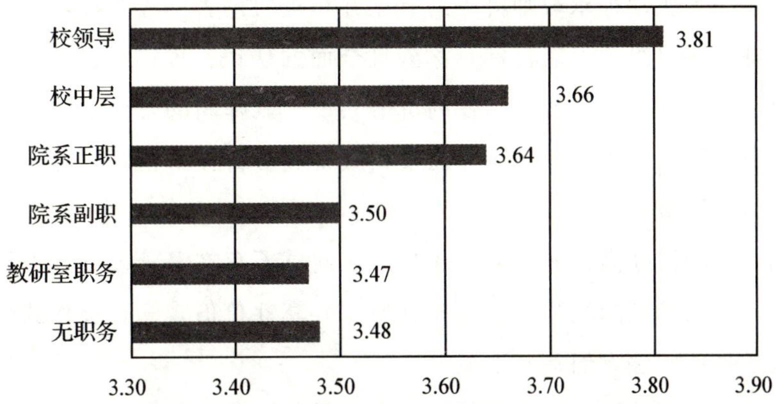

图 3-28　担任不同管理职务的民办高校教师合作学习认同感均值

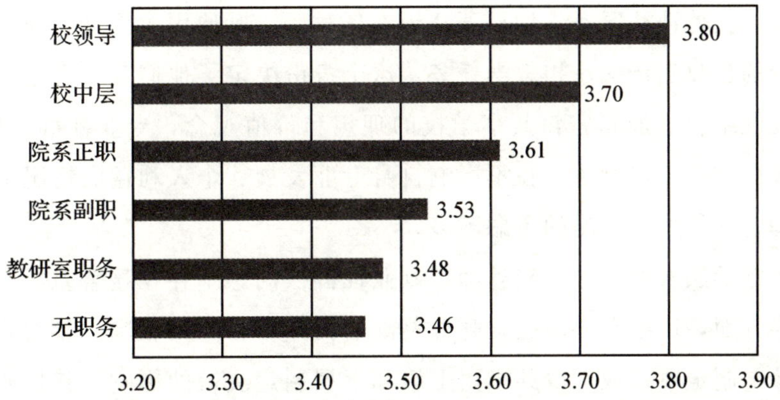

图 3-29　担任不同管理职务民办高校教师支持性社区条件认同感均值

(三)分析讨论

民办高校教师专业社群是教师与学校内同事和校外学者、专家、家长组成一个社区，在民主、平等的气氛下进行专业对话，组织批判性反省，研究改进教学，并促进全体教师的专业成长。① 其本质就是社群内教师具有共同的目标，能够开展平等对话、建设性参与及分享讨论，以提升团体成员对自身的认同感和归属感。从调研结果来看，专业社群认同感均值为 3.42，在教师发展各维度中偏低。这表明样本教师少有机会参与集体讨论和共同决定。推测其原因是，

① 马超．教师教育实践的创新：教师专业社群[J]．教师教育研究，2011(06)：25-29.

学校领导层很少主动征求教师群体的意见并积极协助教师参与决策。在这种情况下，教师很难对组织发展目标有深刻且全面的认识，也很难付出自主、自发的努力。但是，样本教师对于学校的价值共识、教师间的合作学习以及外部条件支持，有较高的评价，说明民办高校在凝聚教师群体价值观、给予教师一定的发展支持方面做得较好。

不同性别的民办高校教师，专业社群认同感不存在显著差异。*T* 检验分析结果表明，不同性别的教师在参与式领导、共享性价值观念、合作式学习、支持性社区条件认同感方面差异不显著。

不同任职形式的民办高校教师，专业社群认同感存在显著差异。兼职教师的专业社群认同感显著高于专任教师，并且参与式领导、共享性价值观念、合作式学习、支持性社区条件均显著高于专任教师。其原因主要是，兼职教师既从事学校的行政工作又承担教学任务，这个身份决定了他们基于自己的意愿与学校的发展结合更加紧密，共享学校的理想和价值观念，专业社群认同感高；专任教师以教学工作为主，在不影响自身专业发展、个人利益的情况下对参与学校管理、学校发展战略的考虑不多。

不同办学层次的民办高校教师，专业社群认同感不存在显著差异。但在参与式领导方面，民办专科高校教师显著高于民办本科高校教师。参与式领导是指教师参与制定决策或至少共享由上级和下属制定决策的影响；其核心焦点在于分享式的或团体的决策制定过程。[①] 民办专科高校以培养技术技能型人才为主，"校企合作，工学结合"是人才培养的有效模式。工学结合强调教学活动具有实践性、开放性和职业性的特点，需要院系领导、专业教师及企业的通力合作。在这一方面，民办专科高校做得比较到位。

不同年龄段的民办高校教师，专业社群认同感存在显著差异，并呈现"U"形曲线分布。分析认为原因主要与民办高校师资不足有关。民办高校师资紧缺，年轻教师虽然教学经验不足却承担比较繁重的教学任务，因此，教学环境不适应、教学经验不足、教学效果不佳等问题比较普遍，而合作式学习以及有效地参与、分享讨论可以消除孤立与隔阂，为年轻教师提供一个比较安全的合

① 冯大鸣．沟通与分享——中西教育管理领衔学者世纪汇谈[M]．上海：上海教育出版社，2002：142.

作机制，有助于年轻教师共同成长。31～50岁的教师为民办高校的中坚力量，教学经验丰富、独立性强。但是，繁重的教学任务、职称晋升的需求以及生活的压力使得他们没有更多的精力参与学校的管理和院系的发展。随着教师年龄的进一步增长，其各方面条件得以改善，教师或许会有更多的精力集中到学校的各项事业中，专业社群认同感也逐渐提升。

不同教龄的民办高校教师，专业社群认同感均值分布呈现"U"形曲线。教龄为1～5年的教师专业社群认同感较高，然后随着教龄的增长呈现下降趋势，教龄为6～20年的教师达到低谷，之后开始攀升，教龄为31年以上的教师专业社群认同感达到最高值。其原因分析与年龄差异原因分析相同。

不同在校工作年限的民办高校教师，专业社群认同感存在显著差异。在校工作年限为15年以上的民办高校教师，参与式领导、共享性价值观念、合作式学习、支持性社区条件认同感最高，在校工作年限为11～15年的教师参与式领导、合作式学习、支持性社区条件认同感最低，在校工作年限为6～10年的教师共享性价值观念认同感最低。其原因与年龄差异原因分析相同。

不同受教育程度的民办高校教师，专业社群认同感存在显著差异。在参与式领导、共享性价值观念、合作式学习、支持性社区条件认同感方面，专科及以下受教育程度的教师均值最高，其次是受教育程度为博士的教师。受教育程度为硕士的教师则最低。分析其主要原因是高校历来重视教师的学历，专科及以下受教育程度的教师在高校生存环境较差，但能在高校中有自己的工作岗位已很满意，因此对于学校的各项工作具有较高的认同感；受教育程度为博士的教师专业社群认同感也比较高，主要原因是受教育程度为博士的教师在民办高校地位较高，学校能够为他们的专业发展提供经费支持，提供安家费解决生活之忧，遇到困难时学校能够积极主动帮助解决，在涉及院系专业建设、学科发展等重大问题时通常参与决策，因此，专业社群认同感较高；受教育程度为硕士的教师属于民办高校教师的主体部分，高不成低不就，学校在制定各类规章制度时，较难发表自己的意见，有被边缘化的感受，专业社群认同感最低。

不同职称的民办高校教师，专业社群认同感存在显著差异。中级职称的教师专业社群认同感及其各因子均显著低于其他职称的教师。这表明民办高校的中级职称教师参与学校管理的主动性较低，与院系教师共同协作的积极性不高，组织认同感较低。原因有两点：一是中级职称教师的教学任务繁重，职称晋升压力大，没有过多的精力投入学校的日常事务中。二是中级职称教师在学校管理中参与度不高，话语权不多，学校民主管理流于形式。

不同任教学科的民办高校教师，专业社群认同感存在显著差异。在参与式领导和共享性价值观念认同感方面，农学专业教师最高，文学专业教师最低；在合作式学习和支持性社区条件认同感方面，农学专业教师最高，管理学专业教师最低。农学专业教师专业社群认同感最高，表明在民办高校中，农学专业的教师对组织的认同感更强，能够积极主动地参与到院系的工作当中，在教学工作和专业发展方面能够获得院系必要的支持。其原因可能是农学专业实践性非常强，对教师解决一线问题的能力要求比较高，而服务对象主要面向广大农村和农民，多数是与地方政府和农民打交道，这个特点决定了教师通常以小组的形式开展服务工作，需要院系的支持和教师间的通力合作。

不同课程承担量的民办高校教师，专业社群认同感存在显著差异。随着承担的课程量的增加，教师的专业社群认同感逐渐降低，承担 1 门课程的教师专业社群认同感及其各因子均值最高，承担 5 门及以上课程的教师均值最低。其主要原因可能与教师的时间和精力有关：如果承担课程门数少，教师能够更多地参与学校的日常事务；如果承担课程门数较多，教师时间和精力受限，没有余力为院系的发展做更多的工作，同时，当工作任务繁重时，教师更容易产生不满情绪，对组织的认同感降低。

不同月收入水平的民办高校教师，专业社群认同感存在显著差异。月收入 3000 元以下的教师专业社群认同感最高，月收入 5001～6000 元的教师专业社群认同感最低。在参与式领导和合作式学习认同感中，月收入 3000 元以下的教师分值最高，月收入 5001～6000 元的教师分值最低。这一结果与教师的年龄和职称有一定的关系。月收入 3000 元以下的教师多数为 30 岁以下的年轻教师，刚步入工作岗位，对教师职业充满信心和期待，并且学校重视年轻教师的发展，指定指导教师，安排业务培训，开展教研活动，丰富的社群活动也增强了他们对组织的认同感。在共享性价值观念和支持性社区条件认同感方面，月收入 6000 元以上的教师分值最高，月收入 5001～6000 元的教师分值最低。月收入 6000 元以上的教师在学校中收入最高，他们中大部分已经完成了职称评定，教学风格娴熟，有较强的自信心和成就感；月收入 5001～6000 元的教师多数为中级职称和副高职称的教师，他们还在为职称的评定进行努力的奋斗，而目前的收入和付出对他们来说并不完全对等，专业社群认同感最低。

不同管理职务的民办高校教师，专业社群认同感存在显著差异。在专业社群认同感及其各因子方面，担任校领导职务的教师分值最高，担任教研室职务的教师分值最低，这一点值得关注。分析其原因主要有两点：一是教研室是高校最基层的学术组织，但在民办高校中，教研室所要完成的工作不仅仅是单纯的学术事务，往往交叉、混杂行政事务与学术事务，教研室教师工作任务繁重；二是民办高校学术事务的决策权多集中在院系一级，教研室职务的教师缺乏自主决策权。

三、教学策略

(一)总体概况

样本教师在教学策略方面的均值为 3.80。课题组将民办高校教师教学策略分为 4 个因子：教学策略动机、促进学生概念转变、信息传递和教师为主导。如图 3-30 所示，其中促进学生概念转变策略分值最高(均值为 3.93)，相对较低的是教师为主导策略(均值为 3.67)。

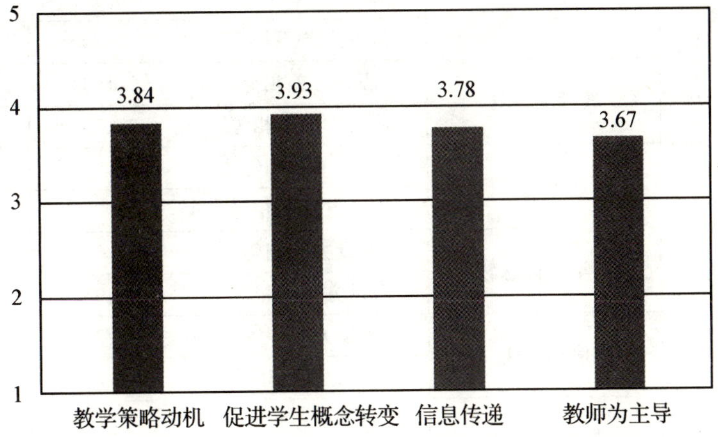

图 3-30　民办高校教师教学策略各因子均值

(二)分组比较

为了解不同人口统计学特征下民办高校教师教学策略的差异，课题组根据变量属性，对不同群体民办高校教师教学策略各因子进行独立样本 T 检验或方差分析。具体情况如表 3-10、表 3-11 所示。

表 3-10 不同变量民办高校教师教学策略各因子 T 检验摘表

变　量	因　子		T	*Sig*
性　别	教学策略动机	假设方差相等	−2.399	0.016
		假设方差不相等	−2.338	0.019
	促进学生概念转变	假设方差相等	−1.794	0.073
		假设方差不相等	−1.744	0.081
	信息传递	假设方差相等	0.975	0.330
		假设方差不相等	0.952	0.341
	教师为主导	假设方差相等	3.632	0.000
		假设方差不相等	3.550	0.000
任职形式	教学策略动机	假设方差相等	−2.094	0.036
		假设方差不相等	−1.877	0.061
	促进学生概念转变	假设方差相等	−1.865	0.062
		假设方差不相等	−1.720	0.086
	信息传递	假设方差相等	−0.217	0.828
		假设方差不相等	−0.203	0.839
	教师为主导	假设方差相等	0.196	0.845
		假设方差不相等	0.175	0.861
办学层次	教学策略动机	假设方差相等	−4.895	0.000
		假设方差不相等	−4.893	0.000
	促进学生概念转变	假设方差相等	−2.672	0.008
		假设方差不相等	−2.668	0.008
	信息传递	假设方差相等	−3.708	0.000
		假设方差不相等	−3.704	0.000
	教师为主导	假设方差相等	−5.796	0.000
		假设方差不相等	−5.788	0.000

表 3-11 不同变量民办高校教师教学策略各因子方差分析摘表

变　量	因　子	F	Sig
年　龄	教学策略动机	1.988	0.093
	促进学生概念转变	1.214	0.302
	信息传递	9.480	0.000
	教师为主导	8.582	0.000
教　龄	教学策略动机	1.877	0.111
	促进学生概念转变	1.981	0.095
	信息传递	5.142	0.000
	教师为主导	4.887	0.001
工作年限	教学策略动机	1.757	0.153
	促进学生概念转变	2.238	0.082
	信息传递	6.597	0.000
	教师为主导	11.026	0.000
受教育程度	教学策略动机	4.061	0.003
	促进学生概念转变	4.802	0.001
	信息传递	2.924	0.020
	教师为主导	2.878	0.021
职称差异	教学策略动机	0.194	0.901
	促进学生概念转变	0.360	0.782
	信息传递	9.350	0.000
	教师为主导	6.256	0.000
任教学科	教学策略动机	10.497	0.000
	促进学生概念转变	5.581	0.000
	信息传递	3.509	0.000
	教师为主导	4.072	0.000
承担课程量	教学策略动机	9.584	0.000
	促进学生概念转变	6.079	0.000
	信息传递	3.068	0.015
	教师为主导	6.695	0.000

续表

变　量	因　子	F	Sig
月收入	教学策略动机	0.923	0.449
	促进学生概念转变	2.418	0.046
	信息传递	9.878	0.000
	教师为主导	1.259	0.284
管理职务	教学策略动机	1.097	0.362
	促进学生概念转变	1.759	0.091
	信息传递	2.218	0.030
	教师为主导	2.547	0.013

1. 性别差异

(1)基本结论

不同性别的民办高校教师在教学策略运用方面存在差异。在教学策略动机方面，女教师高于男教师；在教师为主导策略方面，男教师显著高于女教师。

(2)差异分析

独立样本 T 检验结果表明，不同性别民办高校教师的教学策略动机差异显著($P<0.05$)，教师为主导策略差异极其显著($P<0.01$)，促进学生概念转变和信息传递策略差异不显著($P>0.05$)。

如图 3-31 所示，女教师(均值为 3.8489)在教学策略动机方面高于男教师(均值为 3.8225)，男教师(均值为 3.6894)在教师为主导策略方面高于女教师(均值为 3.6487)。

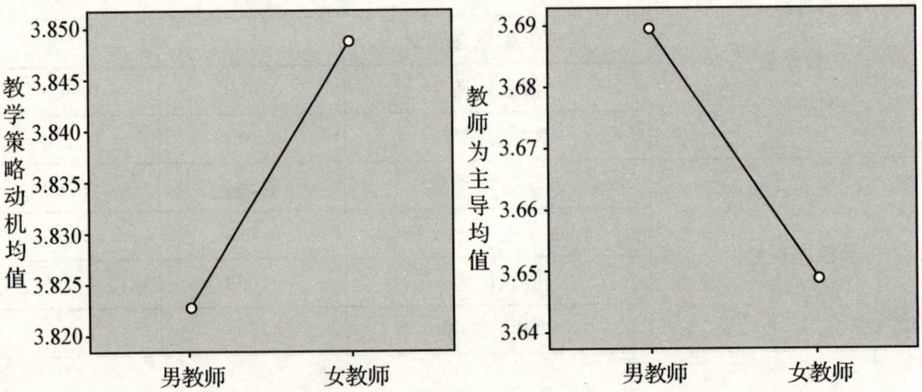

图 3-31　不同性别民办高校教师教学策略动机、教师为主导策略均值

2. 任职形式差异

(1)基本结论

不同任职形式的民办高校教师在教学策略运用方面不存在显著差异。从分析结果来看，民办高校专任教师的教学策略均值略高于兼职教师，但不存在显著差异。

(2)差异分析

独立样本 T 检验结果表明，不同任职形式民办高校教师的教学策略差异不显著($P>0.05$)。

从均值数据来看，无论是教学策略还是在教学策略的动机、促进学生概念转变及信息传递策略方面，专任教师均略高于兼职教师；在以教师为主导策略方面，兼职教师略高于专任教师。

3. 办学层次差异

(1)基本结论

不同办学层次的民办高校教师在教学策略运用方面存在差异。民办专科高校教师整体教学策略均值显著高于民办本科高校教师。在教学策略动机、促进学生概念转变、信息传递策略、教师为主导策略方面，民办专科高校教师明显高于民办本科高校教师。

(2)差异分析

独立样本 T 检验结果表明，不同办学层次民办高校教师的教学策略动机、促进学生概念转变策略、信息传递策略、教师为主导策略差异极其显著($P<0.01$)。

如图 3-32 所示，民办专科高校教师在教学策略动机、促进学生概念转变策略、信息传递策略、教师为主导策略方面(均值分别为 3.8669、3.9431、3.7998、3.6983)显著高于民办本科高校教师(均值分别为 3.8144、3.9139、3.7589、3.6351)。

4. 年龄差异

(1)基本结论

不同年龄段的民办高校教师在教学策略运用方面存在差异。30 岁及以下的教师最高，在 51～60 岁的教师最低。在信息传递策略方面，30 岁及以下的教师最高，41～50 岁的教师最低；在教师为主导策略方面，30 岁及以下的教师最高，51～60 岁的教师最低。

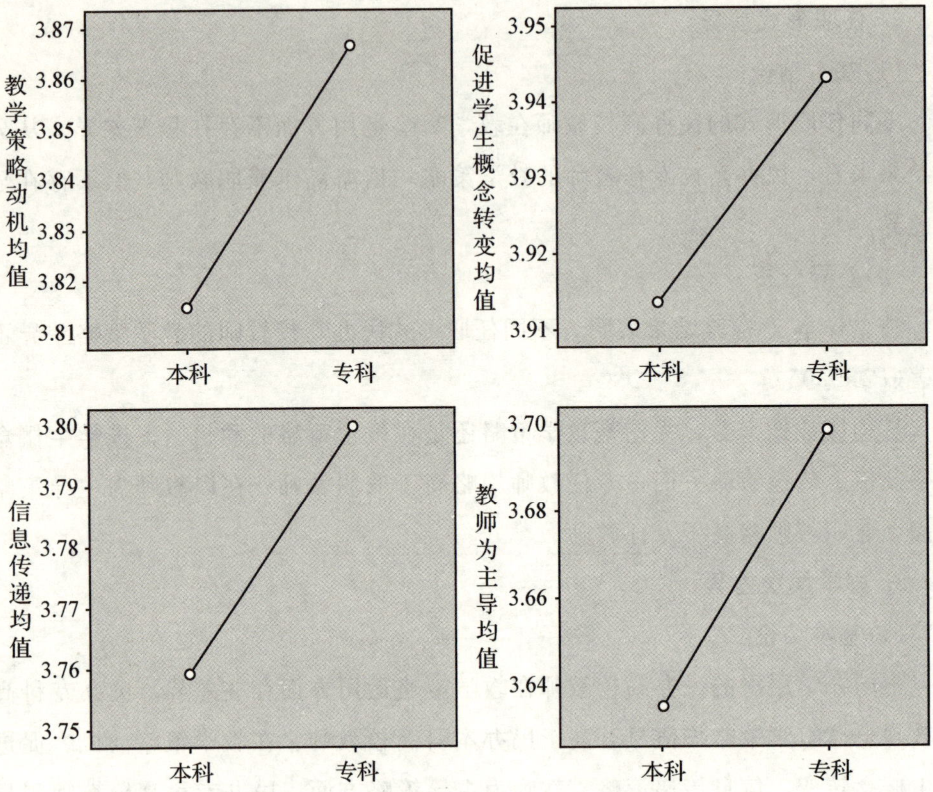

图 3-32　不同办学层次民办高校教师教学策略动机、促进学生概念转变、信息传递、教师为主导策略均值

(2)差异分析

方差分析结果表明，不同年龄段民办高校教师的信息传递、教师为主导策略差异极其显著($P<0.01$)。

如图 3-33 所示，在信息传递教学策略方面，年龄为 30 岁及以下的教师运用能力最高(均值为 3.8247)，其次是 60 岁以上的教师，41～50 岁的教师最低(3.7349)。在教师为主导策略方面，30 岁及以下的教师运用能力最高(3.7075)，其次是 60 岁以上的教师，51～60 岁的教师最低(3.6227)。

5. 教龄差异

(1)基本结论

不同教龄的民办高校教师在教学策略运用方面存在差异。教龄为 1～5 年的教师运用能力最高，教龄为 21～30 年的教师最低。具体看来，在信息传递教学策略方面，教龄为 1～5 年的教师最高，教龄为 21～30 年的教师最低；在教师为主导策略方面，教龄为 1～5 年的教师最高，教龄为 21～30 年的教师最低。

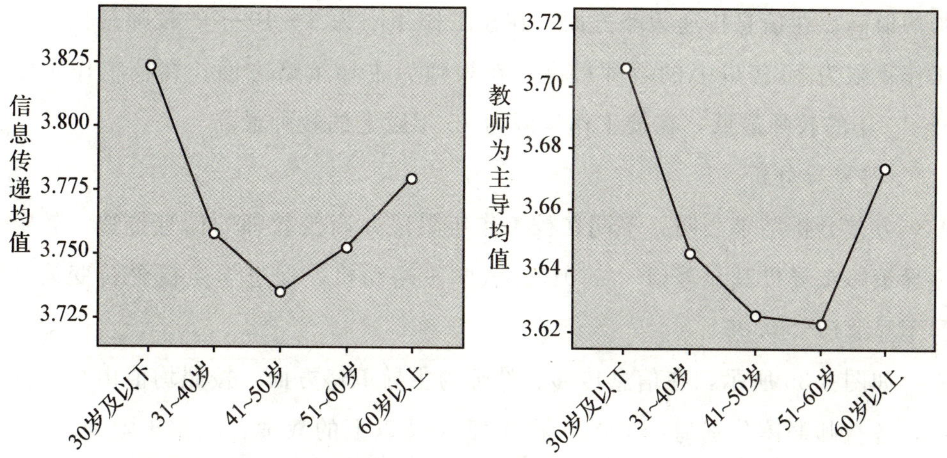

图 3-33 不同年龄段民办高校教师信息传递、教师为主导策略均值

(2)差异分析

方差结果表明，不同教龄民办高校教师的信息传递、教师为主导策略差异极其显著($P<0.01$)；教学策略动机、促进学生概念转变策略差异不显著($P>0.05$)。

如图 3-34 所示，在信息传递策略、教师为主导策略方面，按照均值由高到低排序，各教师群体分别为：教龄为 1～5 年的教师、教龄为 31 年以上的教师、教龄为 11～20 年的教师、教龄为 6～10 年的教师、教龄为 21～30 年的教师。

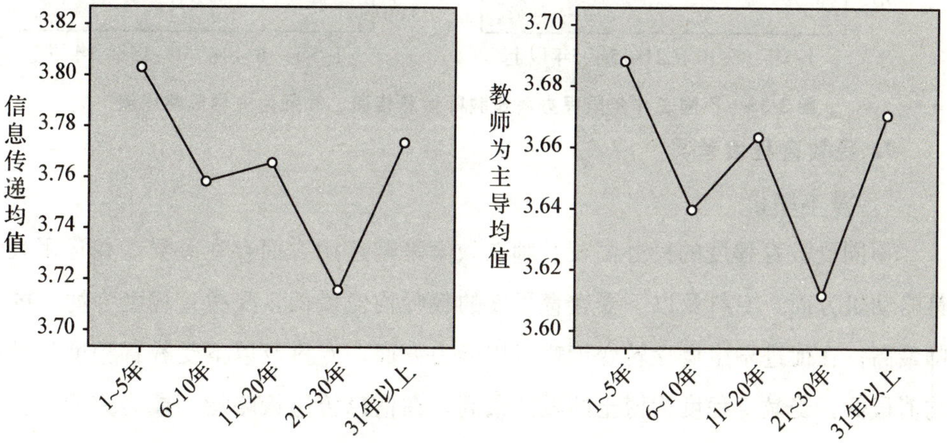

图 3-34 不同教龄段民办高校教师信息传递、教师为主导策略均值

6. 工作年限差异

(1)基本结论

不同在校工作年限的民办高校教师在教学策略运用方面存在差异。整体来看，在校工作年限为 6～10 年的教师均值最低，在校工作年限为 15 年以上的教

师均值高。在信息传递策略方面，在校工作年限为 6～10 年的教师最低，在校工作年限为 15 年以上的教师最高；在教师为主导策略方面，在校工作年限为 6～10 年的教师最低，在校工作年限为 15 年以上的教师最高。

(2)差异分析

方差分析结果表明，不同在校工作年限民办高校教师的信息传递、教师为主导策略差异极其显著($P<0.01$)；教学策略动机、促进学生概念转变策略差异不显著($P>0.05$)。

如图 3-35 所示，在信息传递、教师为主导策略方面，按照均值由高到低排序，各教师群体分别为：工作年限为 15 年及以上的教师、工作年限为 1～5 年的教师、工作年限为 11～15 年的教师、工作年限为 6～10 年的教师。

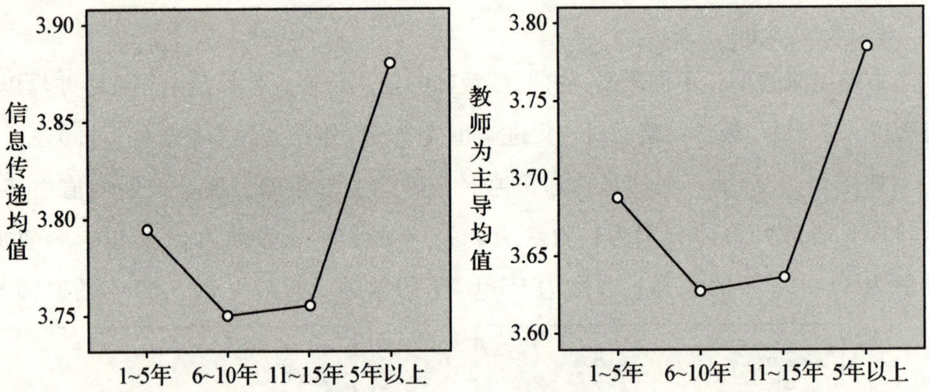

图 3-35　不同工作年限民办高校教师信息传递、教师为主导策略均值

7. 受教育程度差异

(1)基本结论

不同受教育程度的民办高校教师在教学策略运用方面存在差异。在运用教学策略动机方面，专科及以下受教育程度的教师均值最低，受教育程度为博士的教师最高；在促进学生概念转变策略运用能力方面，专科及以下受教育程度的教师均值最低，受教育程度为博士的教师最高；在信息传递策略运用能力方面，受教育程度为硕士的教师最低，受教育程度为学士的教师最高；在教师为主导策略运用能力方面，专科及以下受教育程度的教师较低，受教育程度为学士的教师较高。

(2)差异分析

方差分析结果表明，不同受教育程度民办高校教师的教学策略动机、促进学生概念转变策略差异极其显著($P<0.01$)，信息传递策略、教师为主导策略

差异显著($P<0.05$)差异显著。

如图 3-36 所示，不同受教育程度民办高校教师教学策略各因子均值分布各异。专科及以下受教育程度的教师教学策略动机最低(均值为 3.7743)，受教育程度为博士的教师教学策略动机最高(均值为 3.9088)；专科及以下受教育程度的教师促进学生概念转变策略最低(均值为 38119)，受教育程度为博士教师的促进学生概念转变策略最高(均值为 3.9823)；受教育程度为硕士的教师信息传递策略最低(均值为 3.7625)，学士教师信息传递的策略最高(均值为 3.8025)；专科及以下受教育程度的和受教育程度为硕士的教师以教师为主导策略较低(均值分别为 3.6449、3.6517)，受教育程度为学士、博士的教师教师为主导策略较高(均值分别为 3.6865、3.6818)。

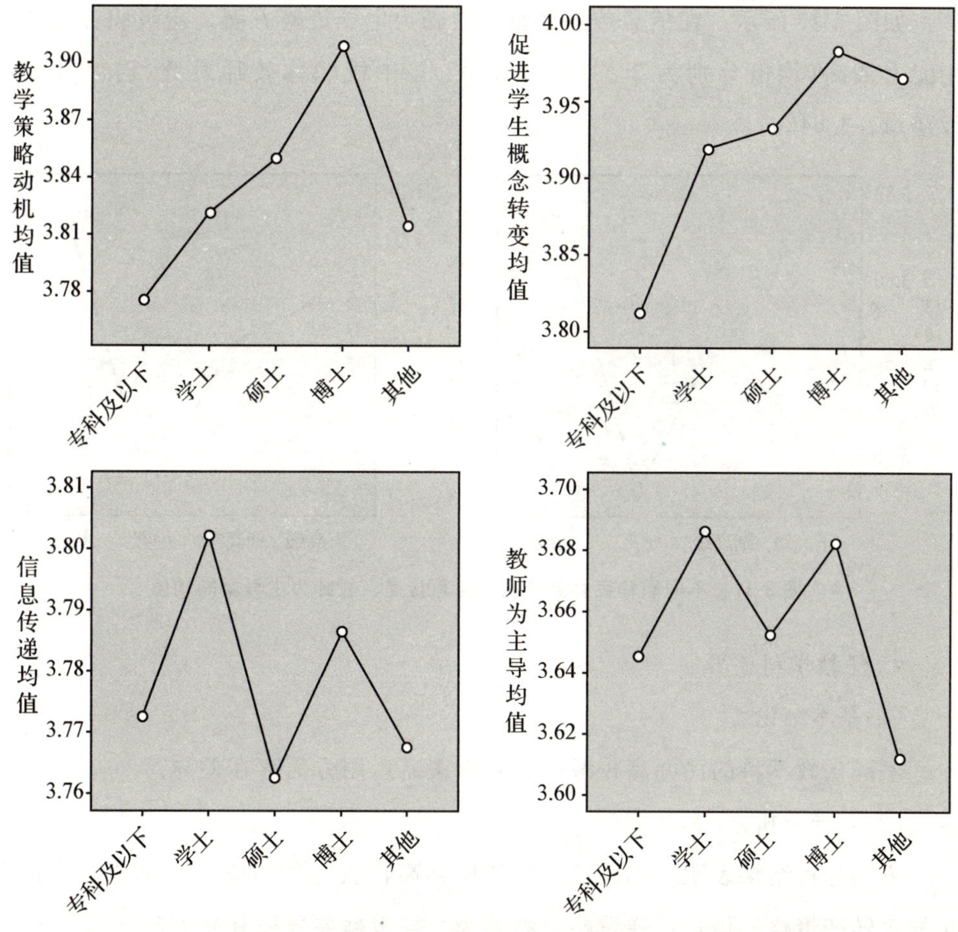

图 3-36　不同受教育程度民办高校教师教学策略动机、促进学生概念转变、信息传递、教师为主导策略均值

8. 职称差异

(1)基本结论

不同职称的民办高校教师在教学策略运用方面存在差异。初级职称教师教学策略均值最高，中级职称教师最低。在信息传递策略方面，中级职称教师最低，初级职称教师最高；在教师为主导策略方面，中级职称教师均值最低，初级职称教师最高。

(2)差异分析

方差分析结果表明，不同职称民办高校教师的信息传递、教师为主导策略差异极其显著($P<0.01$)，教学策略动机、促进学生概念转变策略差异不显著($P>0.05$)。

如图 3-37 所示，在信息传递策略、教师为主导策略方面，初级职称教师运用能力最高(均值分别为 3.8159、3.6942)，中级职称教师最低(均值分别为 3.7514、3.6420)。

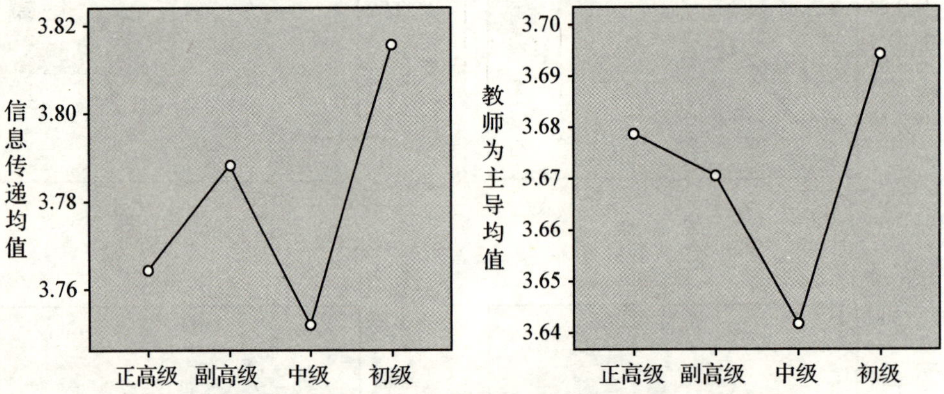

图 3-37 不同职称民办高校教师信息传递、教师为主导策略均值

9. 任教学科差异

(1)基本结论

不同任教学科的民办高校教师在教学策略运用方面存在差异。

(2)差异分析

方差分析结果表明，不同任教学科民办高校教师的教学策略动机、促进学生概念转变策略、信息传递策略、教师为主导策略差异极其显著($P<0.01$)。

如表 3-12、表 3-13 所示，在 4 个因子中，农学专业教师教学策略动机(均值为

4.110)、促进学生概念转变策略(均值为 4.140)、信息传递策略(均值为 4.100)和教师为主导策略(均值为 3.830)最高;哲学专业教师在教学策略动机(均值为 3.732)、促进学生概念转变策略(均值为 3.849)运用方面均值最低;法学专业教师在信息传递策略(均值为 3.725)、教师为主导策略(均值为 3.599)运用方面均值最低。

表 3-12 不同任教学科民办高校教师教学策略动机、促进学生概念转变策略均值

教学策略动机			促进学生概念转变策略		
排名	专业	均值	排名	专业	均值
1	农学	4.110	1	农学	4.140
2	艺术学	3.929	2	艺术学	3.997
3	文学	3.878	3	文学	3.972
4	工学	3.874	4	管理学	3.949
5	管理学	3.867	5	工学	3.936
6	医学	3.850	6	经济学	3.918
7	教育学	3.836	7	教育学	3.914
8	经济学	3.830	8	医学	3.905
9	理学	3.793	9	理学	3.900
10	法学	3.747	10	历史学	3.864
11	历史学	3.736	11	法学	3.857
12	哲学	3.732	12	哲学	3.849

表 3-13 不同任教学科民办高校教师信息传递、教师为主导策略均值

信息传递策略			教师为主导策略		
排名	专业	均值	排名	专业	均值
1	农学	4.100	1	农学	3.830
2	医学	3.871	2	医学	3.732
3	艺术学	3.817	3	工学	3.704
4	经济学	3.806	4	艺术学	3.695
5	工学	3.803	5	经济学	3.692
6	教育学	3.777	6	教育学	3.670
7	历史学	3.776	7	管理学	3.663
8	文学	3.769	8	文学	3.662
9	管理学	3.760	9	哲学	3.618
10	理学	3.752	10	理学	3.617
11	哲学	3.735	11	历史学	3.606
12	法学	3.725	12	法学	3.599

10. 承担课程量差异

(1)基本结论

不同课程承担量的民办高校教师在教学策略上存在差异。在教学策略动机、促进学生概念转变策略方面，承担 1 门课程的教师显著低于其他教师；在信息传递策略、教师为主导策略方面，承担 1 门课程的教师显著低于承担 2 门或 3 门课程的教师。

(2)差异分析

方差分析结果表明，不同课程承担量民办高校教师的教学策略动机、促进学生概念转变策略、教师为主导策略差异极其显著($P<0.01$)，信息传递策略差异显著($P<0.05$)。

如图 3-38 所示，在教学策略动机、促进学生概念转变策略运用能力方面，按照均值由高到低排序，各教师群体分别为：承担 5 门及以上课程的教师、承担 4 门课程的教师、承担 3 门课程的教师、承担 2 门课程的教师、承担 1 门课程的教师。在信息传递策略运用、教师为主导策略运用方面，承担 1 门课程的教师均值最低(均值分别为 3.7538、3.6295)，承担 5 门及以上课程的教师最高(均值分别为 3.8122、3.7114)。

11. 月收入差异

(1)基本结论

不同月收入水平的民办高校教师在教学策略方面存在差异。整体来看，月收入为 3001～4000 元的教师均值最高，月收入为 5001～6000 元的教师均值最低。在促进学生概念转变教学策略运用方面，月收入为 3001～4000 元的教师最高，月收入为 5001～6000 元的最低；在信息传递策略运用方面，月收入3000元以下的教师均值最高，月收入 6000 元以上的教师最低。

(2)差异分析

方差分析结果表明，不同月收入水平民办高校教师的信息传递策略差异极其显著($P<0.01$)，促进学生概念转化策略差异显著($P<0.05$)，教学策略动机、教师为主导策略差异不显著($P>0.05$)。

如图 3-39 所示，在促进学生概念转变策略方面，月收入为 3001～4000 元的教师在运用能力最高(3.9460)，月收入为 5001～6000 元的教师最低(3.8955)；在信息传递策略方面，收入水平越高的教师群体，均值越低。

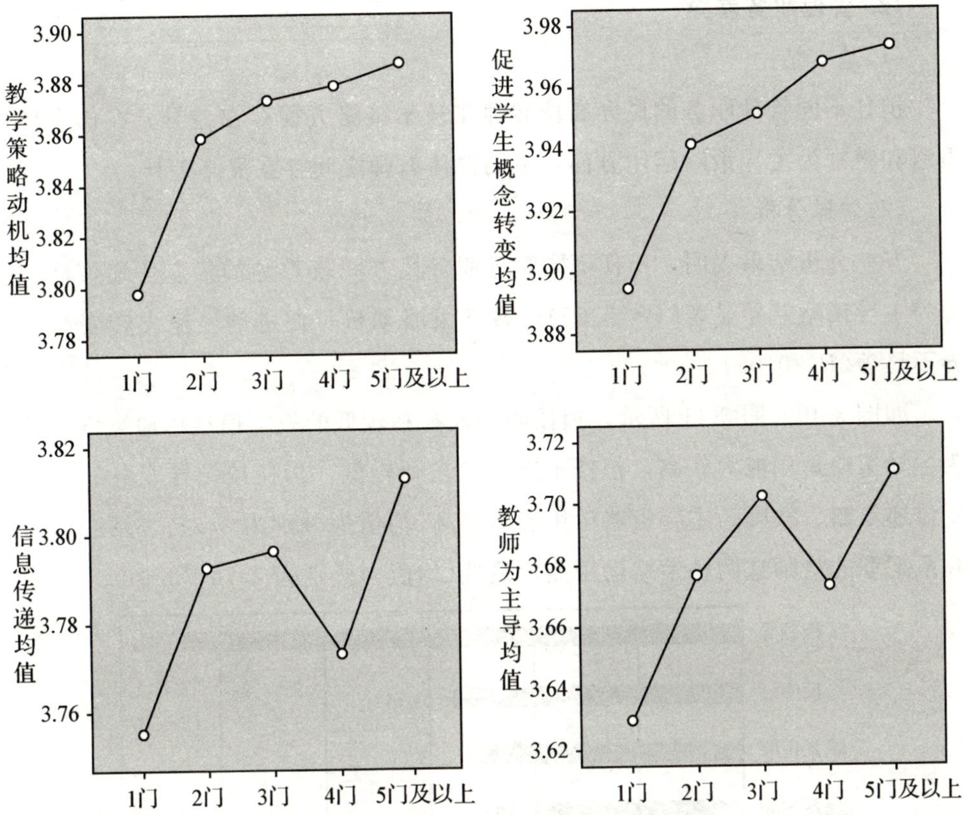

图 3-38　不同课程承担量民办高校教师教学策略动机、促进学生概念转变、信息传递、教师为主导策略均值

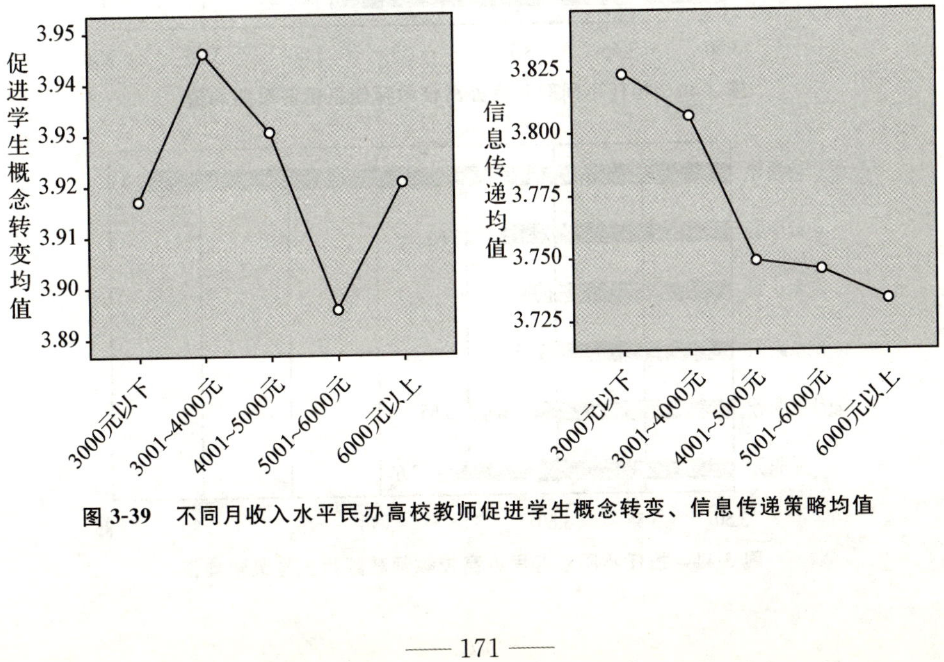

图 3-39　不同月收入水平民办高校教师促进学生概念转变、信息传递策略均值

12. 管理职务差异

(1)基本结论

担任不同管理职务的民办高校教师在教学策略方面存在差异。在信息传递策略和教师为主导策略运用方面，不同群体教师之间存在显著差异。

(2)差异分析

方差分析结果表明，担任不同管理职务民办高校教师的信息传递策略、教师为主导策略差异显著($P<0.05$)，教学策略动机、促进学生概念转变策略差异不显著($P>0.05$)。

如图 3-40、图 3-41 所示，担任职务较高和较低的教师信息传递策略、教师为主导策略运用能力较高，担任中层职务教师较低。担任校领导职务的教师信息传递策略、教师为主导策略运用能力最高(均值为分别为 3.87、3.83)，担任院系副职的教师这两种策略运用能力最低(均值为分别为 3.70、3.61)。

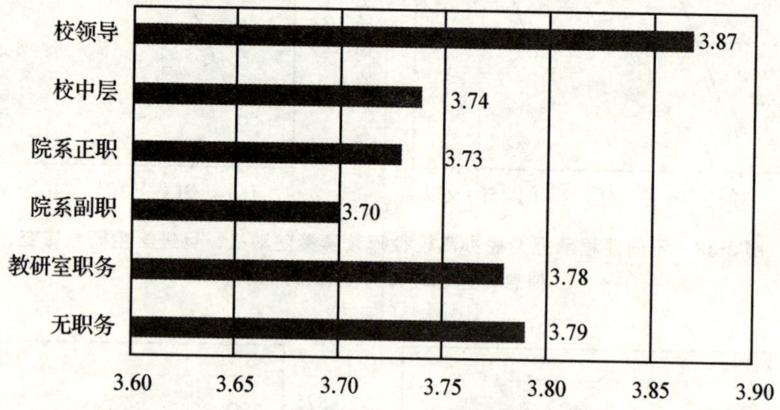

图 3-40　担任不同职务民办高校教师信息传递策略均值

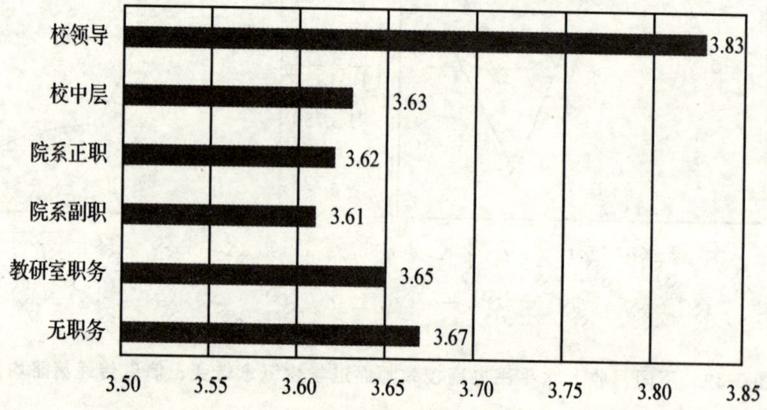

图 3-41　担任不同职务民办高校教师教师为主导策略均值

(三)分析讨论

总体来看，民办高校教师教学策略水平在教师发展各维度中较高(均值为3.80)。教学策略是教师有针对性地为实现特定的教学目标而采取的教学活动程序、方法和形式等因素的总体设计，主要表现在4个方面。第一，样本教师根据教学内容、学生特点和自身特性等，有意识、有针对性地采取一定的教学策略，从而调动学生的积极性，即采取教学策略的动机。第二，样本教师能够对教学活动进行调节和控制，推动教与学的交互活动，完成教学任务，实现教学目标。第三，样本教师根据知识的难易程度，采取可操作性较高、具体有效的教学方法，帮助学生更好地理解和接受教学内容。第四，样本教师在协助学生接受和理解教学内容的基础上，帮助学生内化知识概念，提高知识迁移能力，做到学为我用、学以致用。样本教师对自身教学策略动机、促进学生概念转变策略信息、信息传递策略、教师为主导策略评价较高，说明民办高校教师能够基于民办高校学生的特点和教学目标，有意识地采取多样化的教学策略帮助学生理解教学内容，并做到学以致用。

不同性别的民办高校教师，教学策略水平存在显著差异。女教师在教学策略动机方面显著高于男教师，男教师在教师为主导策略方面显著高于女教师。分析认为，这与男女教师的性格特点有关。女教师耐心、细致，更倾向于采用多样化的策略，帮助和引导学生建立自信、解决学习中的困难，因而采用教学策略的动机较高。相对于女教师，男教师采用教学策略的意识较弱，但出于男性较强的控制能力，男教师在组织教学活动过程中，更能调动学生学习的主动性，控制课堂秩序，把握课堂进度，在教学中的主导性更为显著。

不同任职形式的民办高校教师，教学策略水平不存在显著差异。分析认为，这与民办高校对专任教师的要求以及兼职教师的背景身份有很大关系。一方面，民办高校以教学为主要任务，因而特别重视自身教师队伍建设，尤其是专任教师教学能力的培养，常常采取培训、观摩等方式，提高教师的教学技能，鼓励教师采取多元化的策略提高教学质量。另一方面，民办高校的兼职教师多为外聘的优秀教师，或者是教学经验丰富的公办高校退休教师。他们教学经验丰富，能够有意识地采取有效的教学策略意识，并且能够熟练地运用各种课堂教学技巧。

不同办学层次的民办高校教师，教学策略水平存在显著差异。整体来看，民办专科高校教师的教学策略均值显著高于民办本科高校教师。分析认为，这主要与两类学校之间不同的生源质量和培养目标有关。其一，相对于民办本科高校，民办专科高校的学生能力基础略低，受其掌握和运用知识能力水平的限制，授课教师必须采取形象的方法、生动的程序展示来传递教学内容，才能达到理想的教学效果。因此，民办专科高校教师必须有意识地采取多样化的教学策略，促进学生理解教师传授的概念和理论，将知识转化、应用于实践。其二，民办本、专科高校都以应用型人才为培养目标，但相对于民办专科高校，民办本科高校的理论性特点更为明显。因而，民办本科高校教师面临的教学策略要求更高，压力更大，但是策略的运用效果面临的挑战也更大。

不同年龄段的民办高校教师，教学策略水平存在显著差异。在教学策略整体水平、教师为主导策略方面，51～60 岁的教师最低，可能是因为该群体教师即将步入生涯消退阶段，提高和改进教学方法、与学生交流的动力和意愿低于其他年龄段教师群体。在信息传递策略、教师为主导策略方面，30 岁及以下的教师表现最为突出。分析认为，第一，根据教师专业发展理论，该年龄段教师处于职业发展初期，希望得到学生、同事和领导的认可，因而工作热情很高。为了能够将知识有效传授给学生，更愿意积极主动地学习新的教学理念和方法，提高教学策略运用水平，帮助学生掌握所学知识。第二，该年龄段教师与学生年龄差距较小，易于并乐于与学生沟通、交流，能够了解学生的学习需求，从而根据学生的特点和需要采取相应的教学策略。在信息传递策略运用方面，41～50 岁的教师最低。分析认为，该教师群体已经处于职业停滞期和稳定期，在“不求有功、但求无过”理念的指导下，他们很少或不乐意去改进知识传授方法，也不会太多关注学生的学习效果。

不同教龄的民办高校教师，教学策略水平存在显著差异。在信息传递策略、教师为主导策略方面，不同教龄民办高校教师群体差异显著，教龄为1～5年的教师均值最高，教龄为 21～30 年的教师均值最低。分析认为，刚走上工作岗位的教师仍处于早期生存专注阶段，为了自己的生存，他们关注班级管理、教学内容以及学生和领导的评价，因而对工作充满热情，善于向同事请教、与学生交流，不断改进教学方法，提升教学效果。而教龄为21～30年的教师已经积累了丰富的经验，对教学内容已经非常熟悉，甚至麻木，出现职业倦怠，运用和改进教学策略的进取心减退。

不同在校工作年限的民办高校教师，教学策略水平存在显著差异。在信息传递策略、教师为主导策略方面，各群体样本教师之间差异显著。在校工作年限为15年以上的教师分值最高，其次是在校工作年限为1～5年的教师，在校工作年限为6～10年、11～15年的教师相对较低。分析认为，工作年限为15年以上的教师多数已经成为专家型教师。他们积累了丰富的教学经验，练就了较高的课堂驾驭能力，能够根据民办高校学生和教学目标，采取有效的教学策略，因材施教。此外，能够在民办高校工作15年以上的教师，应该对民办高校充满了热爱，乐意有意识地关注自己的教学效果，不断改进和提高自身的教学能力。工作年限为1～5年的教师，刚刚步入民办高校，他们精力充沛，学习能力较强，对新的环境充满好奇心，乐于探索新的教学内容和教学方法。并且，他们一般为青年教师，与学生之间的年龄差距较小，易于沟通，能够根据学生的能力水平和需求采取、调整教学策略。而对于工作年限为6～10年、11～15年的教师，可能步入了职业发展的稳定和停滞阶段，他们暂时失去了对进步的追求，工作囿于本分，只满足于完成任务，没有对更高质量的教学效果发起挑战。

不同受教育程度的民办高校教师，教学策略水平存在显著差异。受教育程度为博士的教师的教学策略动机、促进学生概念转变策略均值最高。分析认为，随着民办高校引进人才的标准越来越高，越来越多的博士研究生进入民办高校。一般而言，受教育程度为博士的教师专业领域理论功底深厚，具有较高的专业教学能力，能够有意识地根据实际情况采用恰当的教学策略，帮助学生建构知识。受教育程度为硕士的教师信息传递策略均值最低，而受教育程度为学士的教师信息传递策略、教师为主导策略均值最高，可能是因为相对于受教育程度为硕士的教师，学士学位教师刚刚毕业，尚未从学生情境中完全脱离，一方面易与学生沟通，另一方面能够理解学生的需求，因而能够把握课堂教学的主导地位，调控教学活动，促进知识顺利传递。专科及以下受教育程度的教师教学策略动机、促进学生概念转变、教师为主导策略均值最低。分析认为，这些教师为学校行政人员兼任授课教师，或者专科学校聘用教师，受自身学历水平和知识技能的限制，采用多种教学策略的意识和能力较低。

不同职称的民办高校教师，教学策略水平存在显著差异。在信息传递策略、教师为主导策略方面，不同职称教师群体之间存在显著差异。初级职称教师均值最高，中级职称教师最低。一般来说，虽然初级职称教师教龄较短，教学经验相对不足，但是为了获得认可，他们会在教学中投入更多的精力和热情，积极去了解和掌握学生的特点、教学内容和培养目标，力求综合运用多种教学策略，做到因材施教。因而会跟进教学动态，与学生频繁互动，对学生在学习中遇到的问题及时给予反馈。但是对于中级职称教师，一方面，他们自认为已经充分了解了民办高校的教学要求，积累的教学经验也能够满足基本的教学需求，因而不再要求提高自身教学技能；另一方面，他们面临进入了专业发展瓶颈期，面临职称评定的压力，无暇进一步提高学生的学习效果以及课程质量。

不同任教学科的民办高校教师，教学策略水平存在差异。其中，农学专业教师的教学策略动机、促进学生概念转变策略、信息传递策略、教师为主导策略运用能力最高。推测其原因是，农学专业课程的理论和实践可结合性较强，教师能够积极主动地运用多种教学策略帮助学生构建知识。哲学专业教师在教学策略动机、促进学生概念转变策略方面均值较低，法学专业教师在信息传递策略、教师为主导策略方面均值最低。分析认为，这主要与课程较强的理论性有关，传统的教学方法难以满足学生知识构建的需求，实施效果较差，但在民办高校，能够熟练地采用多种策略上好这种理论性较强课程的教师较少，导致教师在教学策略方面的现状有待提高。

不同课程承担量的民办高校教师，教学策略水平存在显著差异。在教学策略四个因子中，承担 1 门课程的教师均值最低，承担 5 门及以上课程的教师均值最高；并且在教学策略动机、促进学生概念转变策略方面，课程承担量越高，教师的教学策略均值越高。分析认为，在民办高校，承担 1 门课程的教师通常为新教师或具有教授职称的教师。新教师教学经验不足，采用教学策略的意识和能力较低；而教授多数为公办高校退休返聘的教师，理论知识比较陈旧，教学方法更新缓慢，改进教学策略的动机较低。此外，承担课程量较多的教师，经验丰富，能够将各种教学策略迁移至各种课程，从而在教学策略方面优于课程承担量较少的教师。

不同月收入水平的民办高校教师，教学策略水平存在差异。月收入为3001～4000元的教师均值最高，月收入为5001～6000元的教师均值最低。在民办高校，收入水平较低的教师一般为青年教师。在入职初期，他们渴望通过自己的努力，改进教学方法，采用多种教学策略来提高教学效果，从而提升个人价值，获得进一步发展。而月收入为5001～6000元的教师主要是工作多年的资深教师或者兼有行政职务的教师。他们一方面已经处于一个教学风格稳定的时期，改进教学方法的意识不强，另一方面面临多方面的工作压力，教学精力较为分散，因此在实际教学中，不能有针对性、有计划地设计和实施课堂活动，在教学策略方面出现短板。

不同管理职务的民办高校教师，教学策略水平存在显著差异。担任校领导职务的教师信息传递策略、教师为主导策略运用能力均值最高，其次是无职务的教师，承担院系副职的教师信息传递策略运用能力、教师为主导策略运用能力最低。分析认为，担任校级领导的任课教师，责任感更强，更愿意通过教学的方式了解教学一线的实际情况，会有意识地主动与学生进行沟通，了解学生的需求，掌握学生的学习状况，跟进教学动态。而担任院系副职的教师，在授课的同时，承担了大量的院系行政工作，处理行政事务往往成为他们的主要工作，而用于改进教学、促进学生学业发展的精力相对有限。

四、职业倦怠

(一)总体概况

样本教师在职业倦怠方面的均值为2.76。课题组将民办高校教师职业倦怠分为3个因子：情绪衰竭、去个性化和成就感缺失。如图3-42所示，其中去个性化分值最高(均值为2.86)，成就感缺失相对较低(均值为2.61)。

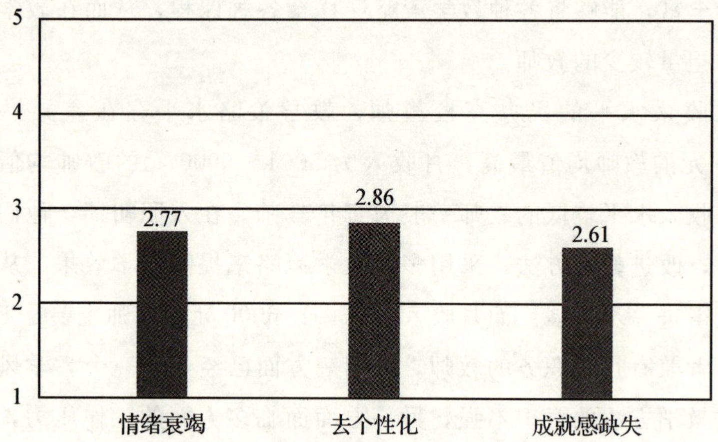

图 3-42　民办高校教师职业倦怠各因子均值

(二)分组比较

为了解不同人口统计学特征下民办高校教师职业怠倦的差异，课题组根据变量属性，对不同群体民办高校教师职业怠倦各因子进行独立样本 *T* 检验或方差分析。具体情况如表 3-14、表 3-15 所示。

表 3-14　不同变量民办高校教师职业倦怠各维度 *T* 检验摘表

变　量	因　子		*T*	*Sig*
性　别	情绪衰竭	假设方差相等	−0.842	0.400
		假设方差不相等	−0.806	0.420
	去个性化	假设方差相等	2.394	0.017
		假设方差不相等	2.301	0.021
	成就感缺失	假设方差相等	3.350	0.001
		假设方差不相等	3.216	0.001
任职形式	情绪衰竭	假设方差相等	−3.493	0.000
		假设方差不相等	−2.752	0.006
	去个性化	假设方差相等	−2.044	0.041
		假设方差不相等	−1.635	0.102
	成就感缺失	假设方差相等	−2.456	0.014
		假设方差不相等	−2.006	0.045

续表

变　　量	因　　子		T	Sig
办学层次	情绪衰竭	假设方差相等	5.467	0.000
		假设方差不相等	5.451	0.000
	去个性化	假设方差相等	5.826	0.000
		假设方差不相等	5.810	0.000
	成就感缺失	假设方差相等	1.331	0.183
		假设方差不相等	1.329	0.184

表 3-15　不同变量民办高校教师职业倦怠各因子方差分析摘表

变　　量	因　　子	F	Sig
年　　龄	情绪衰竭	29.357	0.000
	去个性化	9.013	0.000
	成就感缺失	25.938	0.000
教　　龄	情绪衰竭	18.662	0.000
	去个性化	4.636	0.001
	成就感缺失	11.749	0.000
工作年限	情绪衰竭	15.501	0.000
	去个性化	1.366	0.251
	成就感缺失	5.297	0.001
受教育程度	情绪衰竭	8.956	0.000
	去个性化	3.614	0.006
	成就感缺失	5.430	0.000
职称差异	情绪衰竭	17.154	0.000
	去个性化	1.778	0.149
	成就感缺失	13.986	0.000
任教学科	情绪衰竭	8.108	0.000
	去个性化	7.012	0.000
	成就感缺失	6.946	0.000
承担课程量	情绪衰竭	2.729	0.028
	去个性化	0.797	0.527
	成就感缺失	3.231	0.012
月收入	情绪衰竭	2.575	0.036
	去个性化	0.058	0.994
	成就感缺失	2.503	0.040
管理职务	情绪衰竭	5.052	0.000
	去个性化	5.300	0.000
	成就感缺失	3.259	0.002

1. 性别差异

(1)基本结论

不同性别的民办高校教师在职业倦怠方面存在差异。男教师的去个性化程度和成就感缺失程度显著高于女教师。

(2)差异分析

独立样本 T 检验结果表明，不同性别民办高校教师的去个性化差异显著($P<0.05$)，成就感缺失差异极其显著($P<0.01$)，情绪衰竭差异不显著($P>0.05$)。

如图 3-43 所示，男教师的去个性化程度(均值为 2.8801)、成就感缺失程度(均值为 2.6373)显著高于女教师(均值分别为 2.8526、2.5950)。

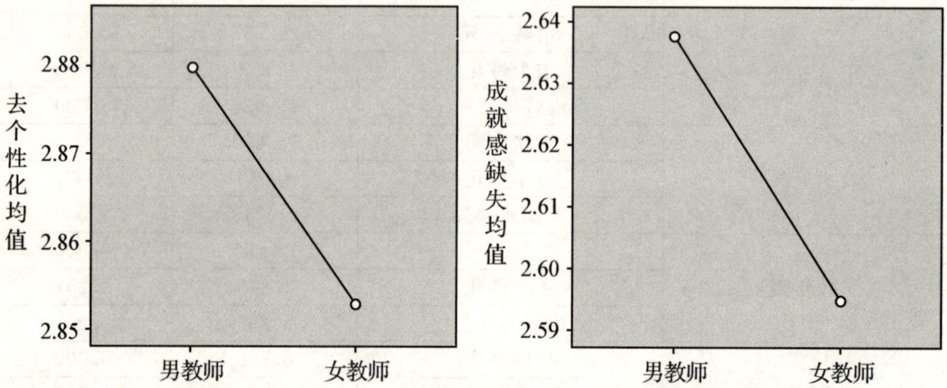

图 3-43　不同性别民办高校教师去个性化、成就感缺失均值

2. 任职形式差异

(1)基本结论

不同任职形式的民办高校教师在职业倦怠感方面存在差异。专任教师的职业倦怠感显著高于兼职教师。具体来说，在情绪衰竭和成就感缺失方面，专任教师的程度较为严重。

(2)差异分析

独立样本 T 检验结果表明，不同任职形式民办高校教师的情绪衰竭差异极其显著($P<0.01$)，成就感缺失差异显著($P<0.05$)，去个性化差异不显著($P>0.05$)。

如图 3-44 所示，在情绪衰竭和成就感缺失方面，专任教师的程度较为严重(均值分别为 2.7729、2.8668)。

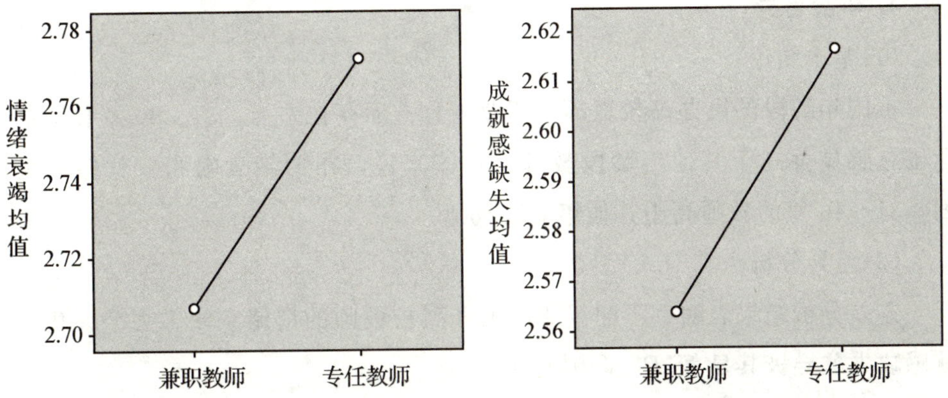

图 3-44　不同任职形式民办高校教师情绪衰竭、成就感缺失均值

3. 办学层次差异

(1)基本结论

不同办学层次的民办高校教师在职业倦怠方面存在差异。民办本科高校教师职业倦怠感显著高于民办专科高校教师。民办本科高校教师的情绪衰竭和去个性化程度显著高于民办专科高校教师。

(2)差异分析

独立样本 *T* 检验分析结果表明，不同办学层次民办高校教师的情绪衰竭、去个性化差异极其显著($P<0.01$)，成就感缺失差异不显著($P>0.05$)。

如图 3-45 所示，民办本科高校教师的情绪衰竭和去个性化程度(均值分别为 2.7950、2.8938)显著高于民办专科高校教师(均值分别为 2.7341、2.8288)。

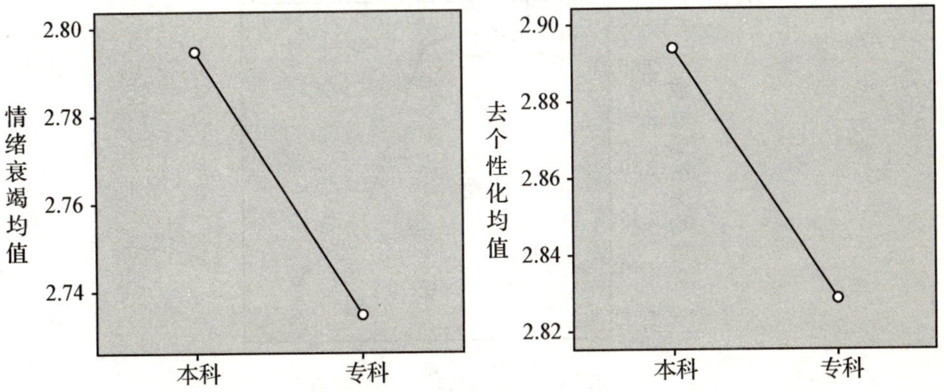

图 3-45　不同办学层次民办高校教师情绪衰竭、去个性化均值

4. 年龄差异

(1)基本结论

不同年龄段的民办高校教师在职业倦怠方面存在差异。31～40 岁教师的职业倦怠感显著高于其他年龄段教师。具体来说，在情绪衰竭和成就感缺失方面，31～40 岁的教师高于其他年龄段教师。

(2)差异分析

方差分析结果表明，不同年龄段民办高校教师的情绪衰竭、去个性化、成就感缺失差异极其显著($P<0.01$)。

如图 3-46 所示，不同年龄段的教师职业倦怠感数值分布不同。31～40 岁教师的情绪衰竭和成就感缺失程度最高(均值分别为 2.8100、2.6428)，41～50 岁教师的去个性化程度最明显(均值为 2.8838)。

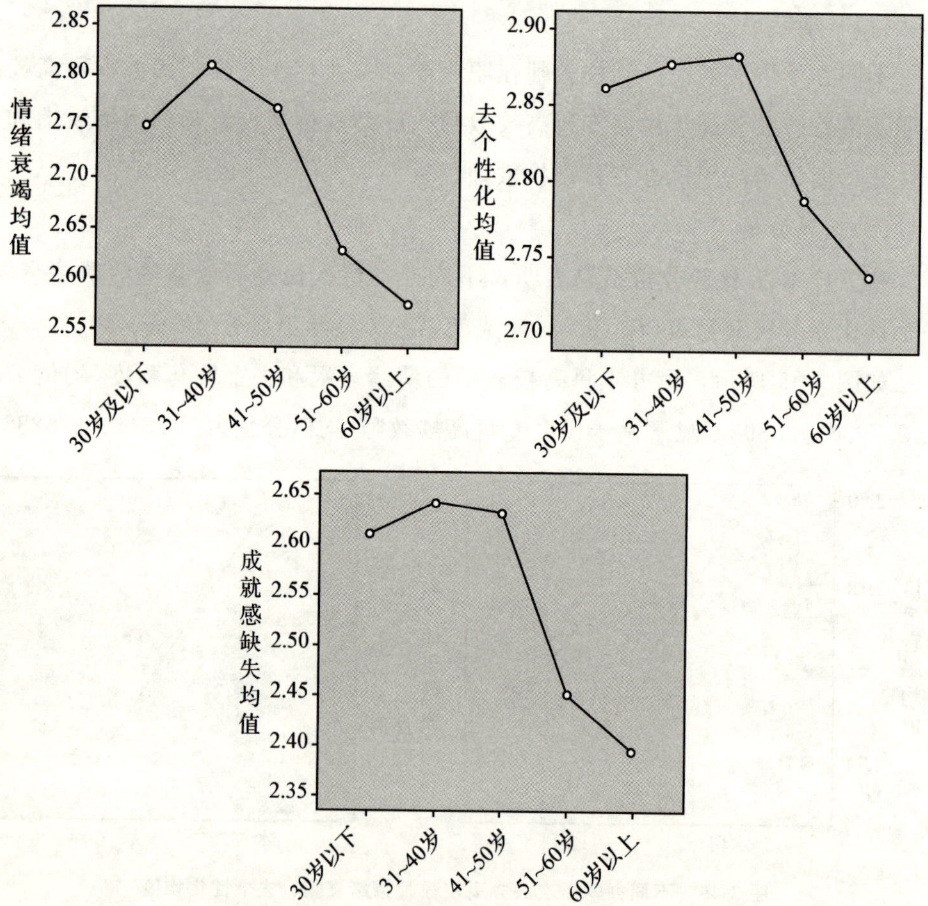

图 3-46　不同年龄段民办高校教师情绪衰竭、去个性化、成就感缺失均值

5. 教龄差异

(1)基本结论

不同教龄的民办高校教师在职业倦怠方面存在差异。整体来看，教龄为6～10年、11～20年的教师显著高于其他教师。在情绪衰竭和成就感缺失方面，教龄为6～10年、11～20年的教师显著高于其他教师。

(2)差异分析

方差分析结果表明，不同教龄民办高校教师的情绪衰竭、去个性化、成就感缺失差异极其显著($P<0.01$)。

如图3-47所示，在情绪衰竭、去个性化方面，教龄为11～20年的教师均值最高(均值分别为2.8115、2.8868)；在成就感缺失方面，教龄为6～10年的教师均值最高(均值为2.6389)。教龄为31年以上的教师情绪衰竭、去个性化、成就感缺失程度最低(均值分别为2.6013、2.7656、2.4486)。

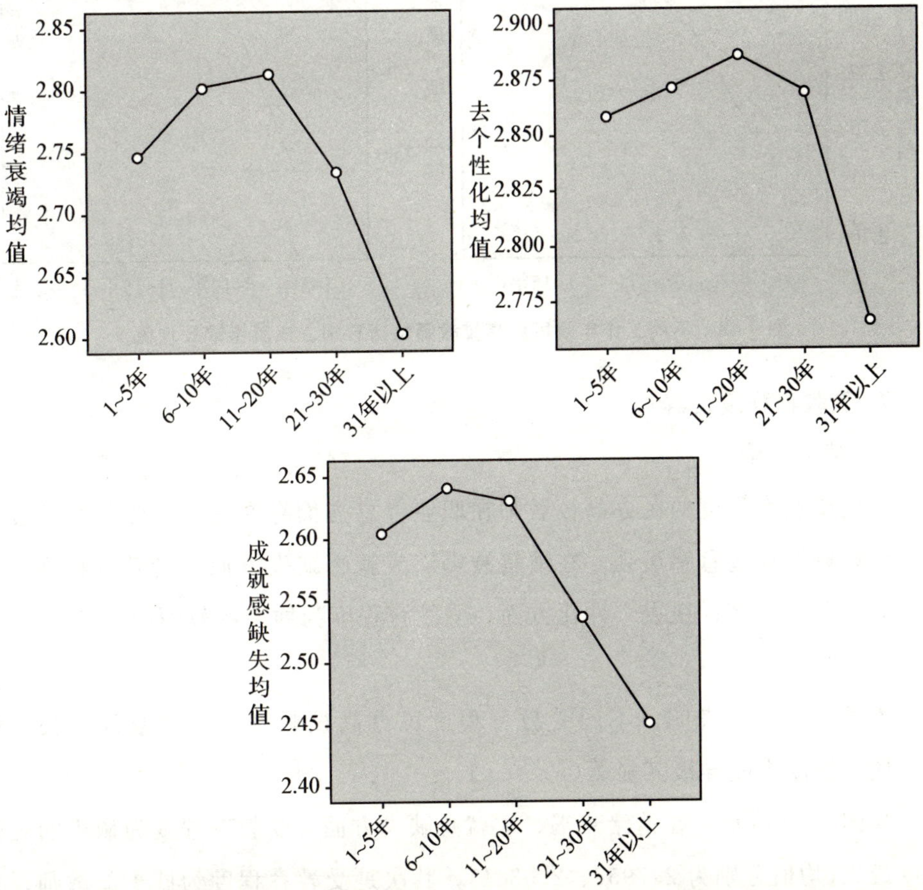

图3-47　不同教龄民办高校教师情绪衰竭、去个性化、成就感缺失均值

6. 工作年限差异

(1)基本结论

不同在校工作年限的民办高校教师在职业倦怠方面存在差异。工作年限为11～15年的教师职业倦怠感、情绪衰竭程度最严重。

(2)差异分析

方差分析结果表明，不同在校工作年限民办高校教师的情绪衰竭、成就感缺失差异极其显著($P<0.01$)，去个性化差异不显著($P>0.05$)。

如图3-48所示，在情绪衰竭方面，工作年限为11～15年的教师程度最高(均值为2.8351)，其次是工作年限为6～10年的教师；在成就感缺失方面，工作年限为15年以上的教师程度最高(均值为2.6445)，其次是工作年限为11～15年的教师。

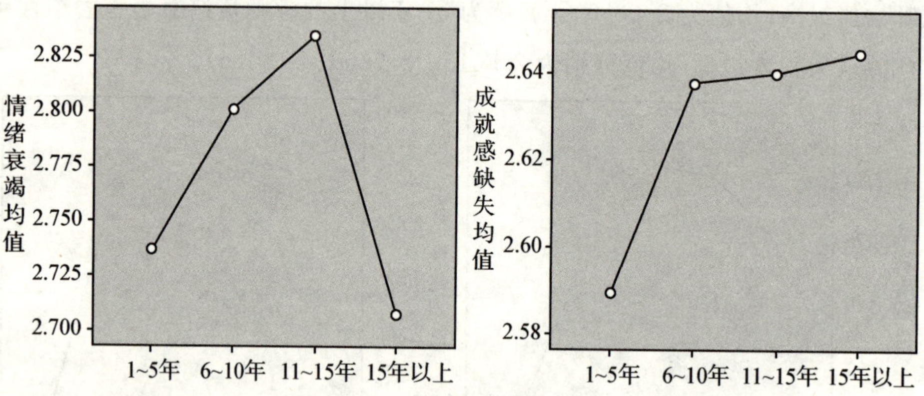

图3-48 不同工作年限民办高校教师情绪衰竭、成就感缺失均值

7. 受教育程度差异

(1)基本结论

不同受教育程度的民办高校教师在职业倦怠方面存在差异。受教育程度为硕士的教师职业倦怠感最强。在情绪衰竭、成就感缺失方面，受教育程度为硕士的教师程度最高；在去个性化方面，受教育程度为博士的教师程度最高。

(2)差异分析

方差分析结果表明，不同受教育程度民办高校教师的情绪衰竭、去个性化、成就感缺失差异极其显著($P<0.01$)。

如图3-49所示，在情绪衰竭、成就感缺失方面，受教育程度为硕士的教师程度最高(均值分别为2.7957、2.6341)，其次是受教育程度为博士的教师；在去个性化方面，受教育程度为博士的教师程度最高(均值为 2.9232)，其次是受教育程度为硕士的教师。

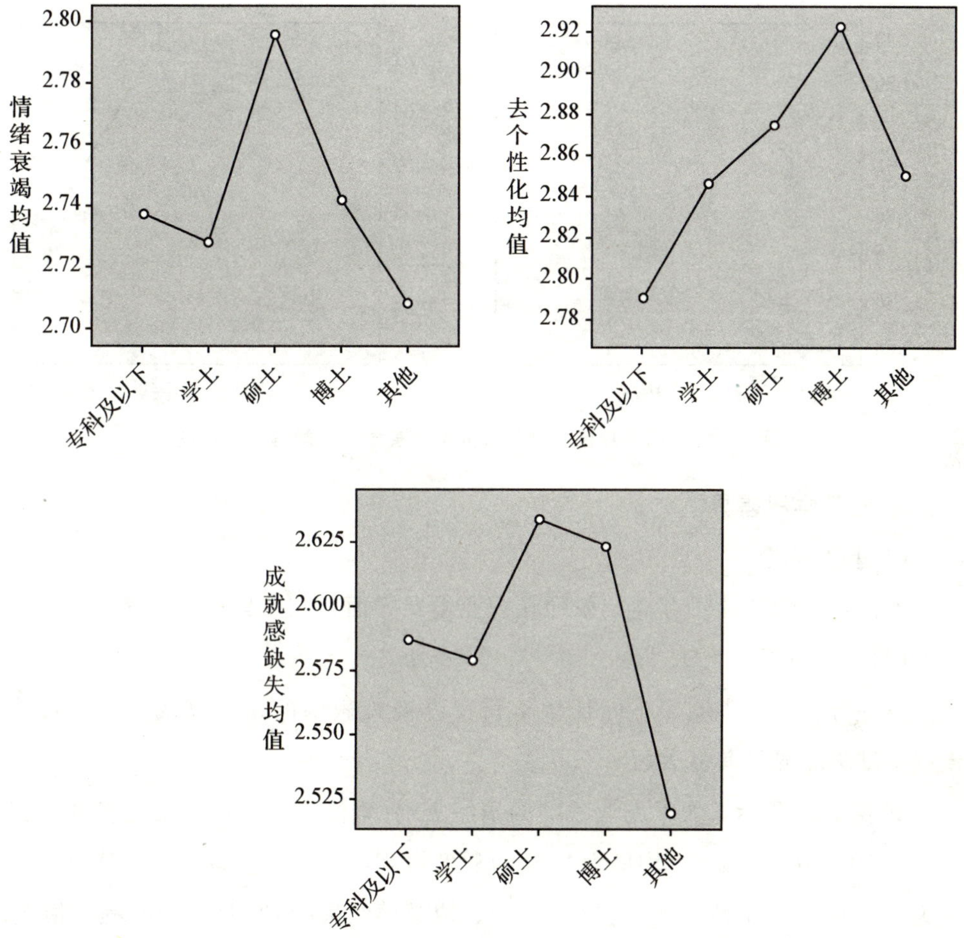

图 3-49　不同受教育程度民办高校教师情绪衰竭、去个性化、成就感缺失均值

8. 职称差异

(1)基本结论

不同职称的民办高校教师在职业倦怠方面存在差异。民办高校教师职业倦怠程度依次为：中级>初级>副高级>正高级；在情绪衰竭和成就感缺失方面，也表现为：中级>初级>副高级>正高级，即中级职称教师的职业倦怠最为严重。

(2)差异分析

方差分析结果表明，不同职称民办高校教师的情绪衰竭、成就感缺失差异极其显著($P<0.01$)，去个性化差异不显著($P>0.05$)。

如图 3-50 所示，中级职称的教师情绪衰竭、成就感缺失程度最高(均值分别为 2.8058、2.6473)，其次是初级职称的教师。

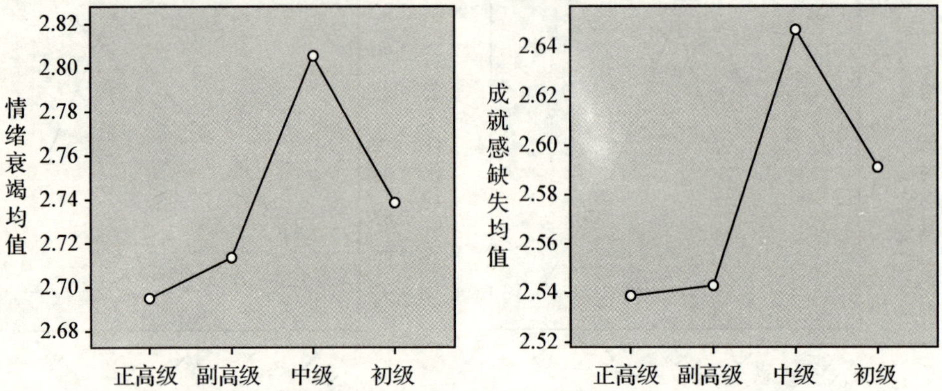

图 3-50 不同职称民办高校教师情绪衰竭、成就感丧失均值

9. 任教学科差异

(1)基本结论

不同任教学科的民办高校教师在职业倦怠方面存在差异。

(2)差异分析

方差分析结果表明，不同任教学科民办高校教师的情绪衰竭、去个性化、成就感缺失差异极其显著($P<0.01$)

如表 3-16 所示，农学专业教师的情绪衰竭(均值为 3.018)、去个性化(均值为 3.247)、成就感缺失(均值为 2.870)程度最高，医学专业教师的情绪衰竭(均值为 2.510)、去个性化(均值为 2.593)、成就感缺失(均值为 2.350)程度最低。

表 3-16 不同任教学科民办高校教师情绪衰竭、去个性化、成就感缺失均值排序

情绪衰竭			去个性化			成就感缺失		
排名	专业	均值	排名	专业	均值	排名	专业	均值
1	农学	3.018	1	农学	3.247	1	农学	2.870
2	管理学	2.815	2	经济学	2.892	2	教育学	2.660
3	文学	2.813	3	管理学	2.891	3	管理学	2.657
4	教育学	2.789	4	理学	2.884	4	经济学	2.651
5	经济学	2.784	5	教育学	2.878	5	法学	2.632
6	理学	2.777	6	文学	2.877	6	文学	2.626
7	法学	2.763	7	哲学	2.867	7	理学	2.618

续表

情绪衰竭			去个性化			成就感缺失		
排名	专业	均值	排名	专业	均值	排名	专业	均值
8	哲学	2.761	8	法学	2.866	8	历史学	2.606
9	历史学	2.743	9	工学	2.844	9	哲学	2.587
10	艺术学	2.738	10	艺术学	2.828	10	工学	2.576
11	工学	2.718	11	历史学	2.819	11	艺术学	2.548
12	医学	2.510	12	医学	2.593	12	医学	2.350

10. 承担课程量差异

(1)基本结论

不同课程承担量的民办高校教师在职业倦怠方面存在差异。承担 4 门课程的教师职业倦怠感最高，承担 1 门课程的教师职业倦怠感最低。承担课程量越多的教师，情绪衰竭程度越严重。

(2)差异分析

方差分析结果表明，承担不同课程量民办高校教师的情绪衰竭和成就感缺失差异显著($P<0.05$)，去个性化差异不显著($P>0.05$)。

如图 3-51 所示，不同课程承担量的教师，情绪衰竭和成就感缺失程度不同。承担课程量越多的教师，情绪衰竭越严重；在成就感缺失方面，承担 4 门课程的教师程度最高(均值为 2.6554)，其次是承担 3 门课程的教师，承担 1 门课程的教师最低(均值为 2.6822)。

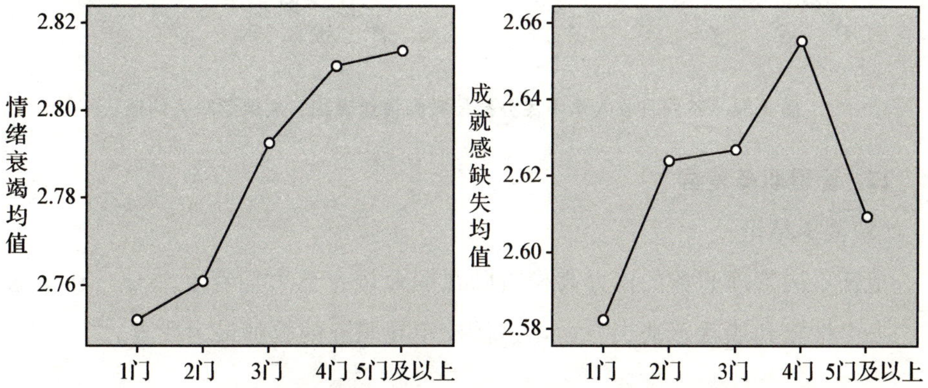

图 3-51　不同课程承担量民办高校教师情绪衰竭、成就感缺失均值

11. 月收入差异

(1)基本结论

不同月收入水平的民办高校教师在职业倦怠方面存在差异。月收入4001～5000元的教师情绪衰竭程度最高，月收入5001～6000元的教师成就感缺失程度最高。

(2)差异分析

方差分析结果表明，不同月收入水平民办高校教师的情绪衰竭和成就感缺失差异显著($P<0.05$)，去个性化差异不显著($P>0.05$)。

如图3-52所示，月收入4001～5000元的教师情绪衰竭程度最高(均值为2.7955)，其次是月收入水平6000元以上的教师；月收入5001～6000元的教师成就感缺失程度最高(均值为2.6420)，其次是月收入4001～5000元的教师。

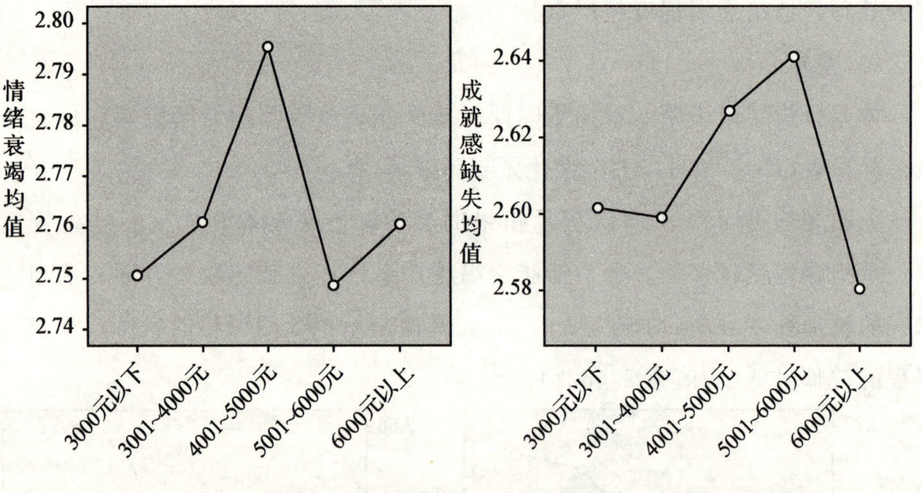

图3-52 不同月收入水平民办高校教师情绪衰竭、成就感缺失均值

12. 管理职务差异

(1)基本结论

担任不同管理职务的民办高校教师在职业倦怠感方面存在差异。在情绪衰竭、去个性化和成就感缺失方面，担任校领导职务的教师最为严重。

(2)差异分析

方差分析结果表明，担任不同管理职务民办高校教师的情绪衰竭、去个性化和成就感缺失差异极其显著($P<0.01$)。

如图 3-53、图 3-54、图 3-55 所示，在情绪衰竭、去个性化和成就感缺失方面，担任校领导职务的教师程度最高(均值分别为 2.88、3.07、2.83)；在情绪衰竭和成就感缺失方面，担任院系正职的教师相对较好(均值分别为 2.72、2.48)；在去个性化方面，无职务的教师相对较好(均值为 2.85)。

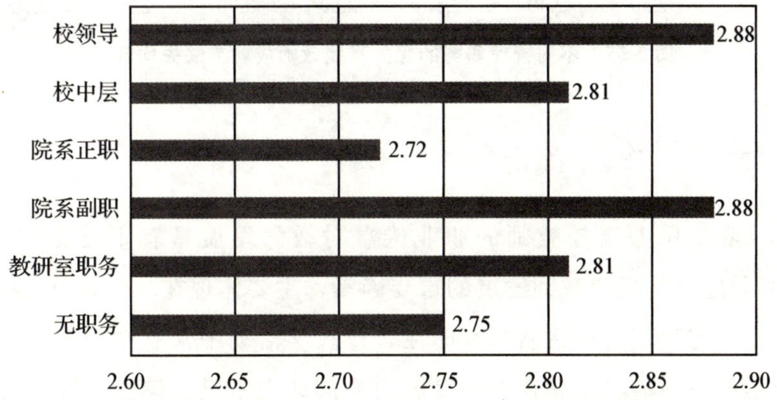

图 3-53　不同管理职务的民办高校教师情绪衰竭均值

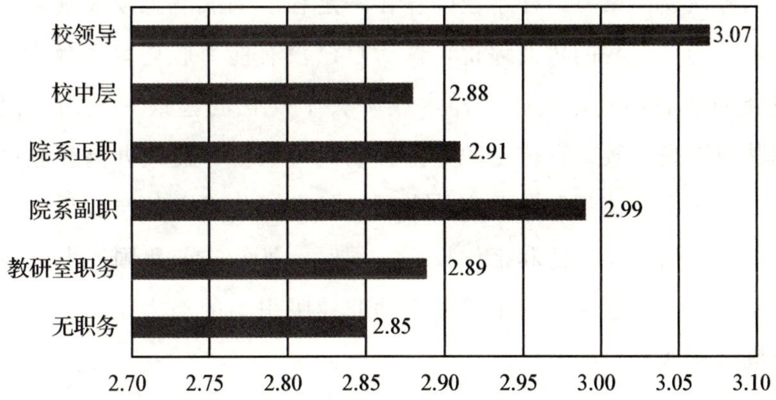

图 3-54　不同管理职务的民办高校教师去个性化均值

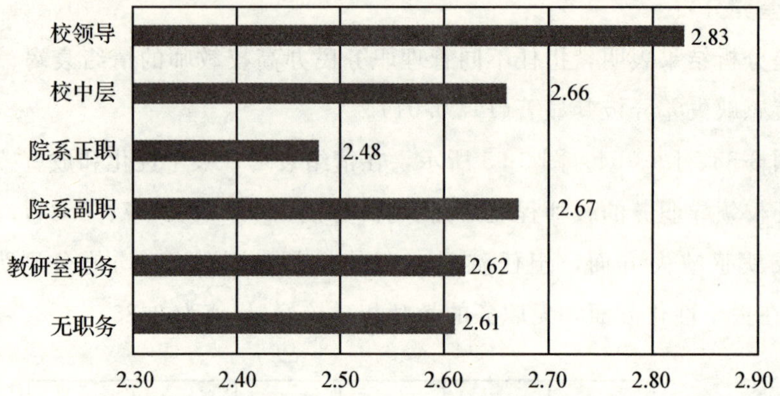

图 3-55　不同管理职务的民办高校教师成就感缺失均值

(三)分析讨论

总体来看，民办高校教师的职业倦怠对教师发展具有重要影响(均值为2.76)。职业倦怠是阻碍教师发展的重要因素，主要体现在3个方面。第一，样本教师存在一定程度的情绪衰竭，即在教育教学活动中常有精力殆尽、超负荷和热情低落的负面症状，导致教师发展的内部动力不足。第二，样本教师存在一定程度的去个性化现象，即部分教师在一段时期内，对教育教学工作的意义产生怀疑，继而丧失教育教学的责任心，不再愿意为之投入热情和精力，陷入个人发展的停滞期。第三，样本教师存在一定程度的成就感缺失现象，即教师由自我怀疑转为对自我的负面评价，认为自己没有能力胜任教育教学工作，导致教师发展的信心不足。其中，样本教师去个性化问题最为突出，但并不严重。推测其原因是，教师群体是职业倦怠的高发人群，而民办高校教师工作负荷较高，工作压力长期积压，更容易出现对教育工作意义的自我质疑，容易产生认识偏差，影响工作热情和工作投入。同时，虽然当前我国民办高校教师权益保障不足，但学校层面做出了提高教师职业吸引力的努力，在一定程度上抵消了教师群体职业倦怠的产生。

不同性别的民办高校教师，职业倦怠存在显著差异。与以往对性别差异的惯性认识不同，男教师的职业倦怠较女教师严重，尤其体现在去个性化和成就感缺失方面。基于访谈资料，可能造成这一结果的原因有三。第一，受中国传统文化的影响，通常衡量男性成功与否的标准是工资、职务和社会地位，而民办高校教师工作任务繁重、工资待遇不高，工作的付出与回报不一致，难以提高男教师的成就感。第二，教师职业工作内容重复性强，缺乏挑战性和新鲜感，男教师更易失去兴趣，而采取不亲近同事、学生的方式进行机械工作。第三，用社会心理学性别角色的观点来解释，不同的性别角色形成了不同的角色知觉和角色期望[①]，女教师在教学中更能够获得满足感和成就感，而男教师富有竞争力，当高期望与现实冲突时，极易在工作中对自己产生怀疑，出现情绪衰竭等现象。

不同任职身份的民办高校教师，职业倦怠存在显著差异。专任教师的职业倦怠程度较兼职教师更为明显，也主要体现在情绪衰竭和成就感缺失方面。推测其原因有二。第一，专任教师所承担的教学任务量远远大于来自于公办高校的兼职教师，学校对他们的教学质量要求也更为严格。入校调研了解到，民办高校师资紧缺，教师教学任务繁重，很多学校要求专任教师集体备课，在不上课的时候也要在校坐班，以及时为学生答疑解难。同时，民办学校学生学习基础相对较弱，办学理念更以服务学生为主，很多教师存在担心得罪学生、不敢管教学生、费力讨好学生的问题。第二，专任教师的非教学类工作负荷也较重，容易出现精疲力竭等亚健康状态，继而影响其对教育教学工作的情绪和态度。随着民办高校对教师科研的要求逐渐提高，专任教师在教学工作和科研工作间的平衡被打破。同时，学校内外的事务性工作也挤占了专任教师的精力和时间，容易使他们产生疲倦感和无力感。

不同办学层次的民办高校教师，职业倦怠存在显著差异。总体来看，民办本科高校教师职业倦怠感显著高于民办专科高校教师。各因子的情况与总体情况相同，民办本科高校教师的情绪衰竭和去个性化程度显著高于民办专科高校教师。原因主要是民办本科高校对教师的要求不同于民办专科高校。根据访谈了解到，民办本科高校教师的工作量较大，教师既要有较重的课程任务和较多的科研任务，又要协助不同部门开展招生、就业等活动。繁重的工作任务导致教师力不从心，易于焦虑，工作热情下降，情绪不佳。民办专科高校教师由于实践教学环节较多，同时没有过多的课程和科研压力，可以较好地调节情绪。

不同年龄段的民办高校教师，职业倦怠存在显著差异。高年龄组教师（31～

---

① 俞国良．社会心理学[M]．北京：北京师范大学出版社，2007：136-140．

40 岁)的职业倦怠程度更为明显，尤其体现在情绪衰竭和成就感缺失方面。这一年龄阶段是民办高校教师的黄金发展期，也是树立了职业方向，在前期积累基础上寻求突破和提升的关键阶段。但是，这一阶段的关键矛盾处理不好，就会出现职业瓶颈，从而产生职业倦怠。后续座谈和访谈发现，这一年龄段的教师，自我期望值较高，普遍希望通过自己的努力获得职业的发展，得到学生、同行的认可。同时，这一年龄段教师的生活压力较大，工作生活与非工作生活的冲突时有发生，现实中的种种外部因素对其发展造成阻碍，使之容易产生焦虑、不安，甚至产生挫败感。

不同教龄的民办高校教师，职业倦怠存在显著差异。教龄为 6～10 年、11～20 年的教师职业倦怠显著高于其他教龄的教师。在情绪衰竭和成就感缺失方面，教龄为 6～10 年、11～20 年的教师显著高于其他教龄的教师。实地调研发现，可能主要有两方面的原因。一方面，在这一教龄阶段的教师已经进入职业发展的“高原期”，多年重复、枯燥的教学工作已消解了之前的工作热情；他们对工作感到麻木，情绪衰竭较其他教师更为严重。另一方面，这一教龄阶段的教师面临着工作和生活的双重压力，职业发展的压力、来自家庭的压力也使他们的精力不断消耗，如果长期处于职业晋升的瓶颈期，成就感缺失程度会进一步加重。

不同工作年限的民办高校教师，职业倦怠存在显著差异。工作年限为 11～15 年的教师情绪衰竭程度最高。分析认为原因可能有两点：第一，这一阶段的教师教学任务重，量化考核压力大，教师常处于一种超负荷的工作状态，身心疲惫，情绪衰竭的程度严重；第二，民办学校生源质量参差不齐，学生的不良学习习惯、厌学情绪不仅增加了教师的教学和管理难度，也在一定程度上影响了教学效果，教师长时期处于这种工作状态和环境中，容易产生职业倦怠倾向。在成就感缺失方面，工作年限为 15 年以上的教师较为严重。分析原因，可能与这些教师在同一个岗位上长期从事同样的工作，没有得到职位升迁有关。

不同受教育程度的民办高校教师，职业倦怠存在显著差异。总体来看，受教育程度为硕士的教师职业倦怠感最强。从各因子的情况来看，在情绪衰竭、成就感缺失方面，受教育程度为硕士的教师程度最为严重；在去个性化方面，受教育程度为博士的教师程度最为严重。实际调研发现，民办高校教师博士化已成为构建师资队伍的主要方向，虽然数量仍然很少，但他们拥有前沿的理论知识、开阔的研究视野、新颖的研究方法给硕士学位教师带来无形的压力，导致硕士学位教师逐渐产生焦虑心理，自信心大大降低，情绪衰竭、成就感缺失程度较为严重。受教育程度为博士的教师去个性化程度严重主要源于他们还是民办高校的少数群体，优越感强，与同事相处还需要进一步磨合，才能构建和谐融洽的同事关系。

不同职称的民办高校教师，职业倦怠存在显著差异。总体来看，民办高校教师职业倦怠水平职称排序为：中级＞初级＞副高级＞正高级，即中级职称的教师职业倦怠感显著高于其他职称的教师。从各因子的情况来看，在情绪衰竭和成就感缺失方面，也表现为中级＞初级＞副高级＞正高级，即中级职称的教师最为严重。根据调研了解到，中级职称的教师在事业上开始崭露头角，逐渐成为民办高校的中坚力量，在教学中逐渐脱颖而出，在管理岗位上也开始受到重视，面临的压力也最大。在长期巨大压力的影响下，容易出现焦躁不安的情绪，自信心下降，成就感缺失。

不同任教学科的民办高校教师，职业倦怠存在差异。不同学科的情况不同，但值得注意的发现是，农学专业教师的情绪衰竭、去个性化及成就感缺失程度最严重。调研发现，农学专业教师在教学工作和专业发展方面相对缺乏院系提供的必要支持，教师对专业的发展缺乏自信心，成就感严重不足。推测其原因是，一方面，民办高校农学专业与其他专业相比吸引力不足，生源有限，专业规模不大，因而学校领导重视不够，经费支持不足；另一方面，农学专业的教学和科研比较枯燥、乏味，创新难度相对较大，教师容易厌倦和疲惫，产生挫败感。这一发现与我们对农学专业的常识性判断基本一致。

不同课程承担量的民办高校教师，职业倦怠存在显著差异。调研发现，教师职业倦怠感与教师的不同课程承担量有一定的关系，承担课程量越多的教师，情绪衰竭程度越严重。其中，承担 4 门课程的教师职业倦怠感最高、成就感缺失程度最为严重，承担 1 门课程的教师职业倦怠感最低、成就感缺失程度最为不明显。这一发现较容易理解：一方面，这主要是逐渐增大的工作量导致的，教师每日与不同专业或年级的学生打交道，遇到不同的教育难题，容易产生焦虑情绪，成就感降低；另一方面，教师的时间和精力是重要的中介变量。承担课程门数多的教师，自然会挤占大量业余时间，缺乏充足的时间和精力投入教学活动以外的事务。这也得到了教师座谈和访谈资料的证实。

不同月收入水平的民办高校教师，职业倦怠存在差异。此次调研发现，月收入 4001～5000 元的教师情绪衰竭程度最为严重，月收入 5001～6000 元的教师成就感缺失程度最为严重。结合我国民办高校教师的薪酬总体情况分析认为，造成这种现象的主要原因在于：一方面，月收入 4001～5000 元的教师多为中级职称，对自身的职业发展有很高的要求，既希望很好完成教学任务，得到同行和学生的认可，又希望可以完成科研任务，获得职称评审的资格。在这种超负荷的压力下，容易焦灼急躁；另一方面，副教授职称的月收入多为5001～6000 元，该阶层教师长期从事教学工作，难免产生厌倦和疲惫，成就感缺失程度较为严重。由于月收入水平与职称水平具有一定的关联，所以以上的原因分析也部分适用于此。

不同管理职务的民办高校教师，职业倦怠存在显著差异。在情绪衰竭、去个性化和成就感缺失方面，担任校领导职务的教师最为严重。管理职务层次的高低，对职业倦怠感高低有一定影响。究其原因，主要有两点：一方面，民办高校正处于转型发展的关键阶段，如何实现内部的有效治理，如何更好地利用外部资源，推动民办高校健康发展是学校领导面临的艰巨任务，他们的角色决定了他们必须要在困局中抉择、在困局中突围、在困局中更生，出现职业倦怠倾向难以避免。① 另一方面，调查显示，担任校领导职务的教师承担着更大的绩效压力，趋于维持学校的稳定发展，不愿意做出较大的改革，这种求稳的心态也对职业倦怠有一定影响。

五、权益保护满意度

(一)总体概况

样本教师在权益保护满意度方面的均值为 3.01。课题组将民办高校教师权益保护满意度分为 4 个因子：社会保险、薪酬待遇、职称评聘和参与学校民主

① 周作宇．大学校长的领导困局[J]．学术界，2008(6)：25-28.

管理。如图3-56所示，其中社会保险满意度分值最高(均值为3.53)，职称评聘满意度相对较低(均值为2.64)。

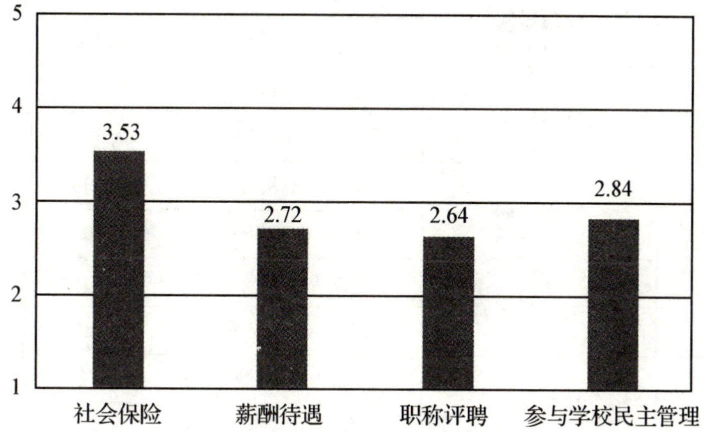

图3-56　民办高校教师权益保护满意度各因子均值

(二)分组比较

为了解不同人口统计学特征下民办高校教师权益保护满意度的差异，课题组根据变量属性，对不同群体民办高校教师权益保护满意度各因子进行独立样本 T 检验或方差分析。具体情况如表3-17、表3-18所示。

表3-17　不同变量民办高校教师权益保护各因子 T 检验摘表

变　量	因　子		T	Sig
性　别	社会保险	假设方差相等	−0.970	0.332
		假设方差不相等	−0.957	0.339
	薪酬待遇	假设方差相等	5.972	0.000
		假设方差不相等	5.891	0.000
	职称评聘	假设方差相等	2.272	0.023
		假设方差不相等	2.232	0.026
	参与学校民主管理	假设方差相等	2.200	0.028
		假设方差不相等	2.169	0.030

续表

变　量	因　子		T	Sig
任职形式	社会保险	假设方差相等	－0.837	0.403
		假设方差不相等	－0.846	0.398
	薪酬待遇	假设方差相等	10.601	0.000
		假设方差不相等	10.509	0.000
	职称评聘	假设方差相等	11.098	0.000
		假设方差不相等	11.201	0.000
	参与学校民主管理	假设方差相等	10.936	0.000
		假设方差不相等	11.140	0.000
办学层次	社会保险	假设方差相等	－2.277	0.023
		假设方差不相等	－2.273	0.023
	薪酬待遇	假设方差相等	4.624	0.000
		假设方差不相等	4.613	0.000
	职称评聘	假设方差相等	2.357	0.018
		假设方差不相等	2.351	0.019
	参与学校民主管理	假设方差相等	0.283	0.777
		假设方差不相等	0.283	0.777

表 3-18　不同变量民办高校教师权益保护满意度各因子方差分析摘表

变　量	因　子	F	Sig
年　龄	社会保险	4.753	0.001
	薪酬待遇	47.508	0.000
	职称评聘	40.323	0.000
	参与学校民主管理	36.389	0.000
教　龄	社会保险	3.259	0.011
	薪酬待遇	32.057	0.000
	职称评聘	25.471	0.000
	参与学校民主管理	22.458	0.000
工作年限	社会保险	7.420	0.000
	薪酬待遇	17.176	0.000
	职称评聘	19.996	0.000
	参与学校民主管理	20.413	0.000

续表

变　　量	因　　子	F	Sig
受教育程度	社会保险	0.570	0.684
	薪酬待遇	26.285	0.000
	职称评聘	36.602	0.000
	参与学校民主管理	34.178	0.000
职称差异	社会保险	5.381	0.001
	薪酬待遇	60.729	0.000
	职称评聘	56.025	0.000
	参与学校民主管理	52.852	0.000
任教学科	社会保险	4.464	0.000
	薪酬待遇	6.348	0.000
	职称评聘	9.835	0.000
	参与学校民主管理	11.728	0.000
承担课程量	社会保险	0.989	0.412
	薪酬待遇	3.637	0.006
	职称评聘	2.909	0.020
	参与学校民主管理	6.191	0.000
月收入	社会保险	3.897	0.004
	薪酬待遇	17.771	0.000
	职称评聘	4.525	0.001
	参与学校民主管理	6.331	0.000
管理职务	社会保险	2.769	0.007
	薪酬待遇	7.838	0.000
	职称评聘	5.461	0.000
	参与学校民主管理	6.810	0.000

1. 性别差异

(1)基本结论

不同性别的民办高校教师在权益保护满意度方面存在差异。男教师的权益保护满意度明显高于女教师。在职称评聘和参与学校民主管理方面，尤其是薪酬待遇方面，男教师的满意度明显高于女教师。

(2)差异分析

独立样本 T 检验结果表明，不同性别民办高校教师的薪酬待遇满意度差异极其显著($P<0.01$)，职称评聘、参与学校民主管理满意度差异显著($P<$

0.05)，社会保险满意度差异不显著($P>0.05$)。

如图 3-57 所示，在职称评聘、参与学校民主管理、薪酬待遇满意度方面，男教师(均值分别为 2.6736、2.8685、2.7937)均高于女教师(均值分别为 2.6249、2.8210、2.6743)。

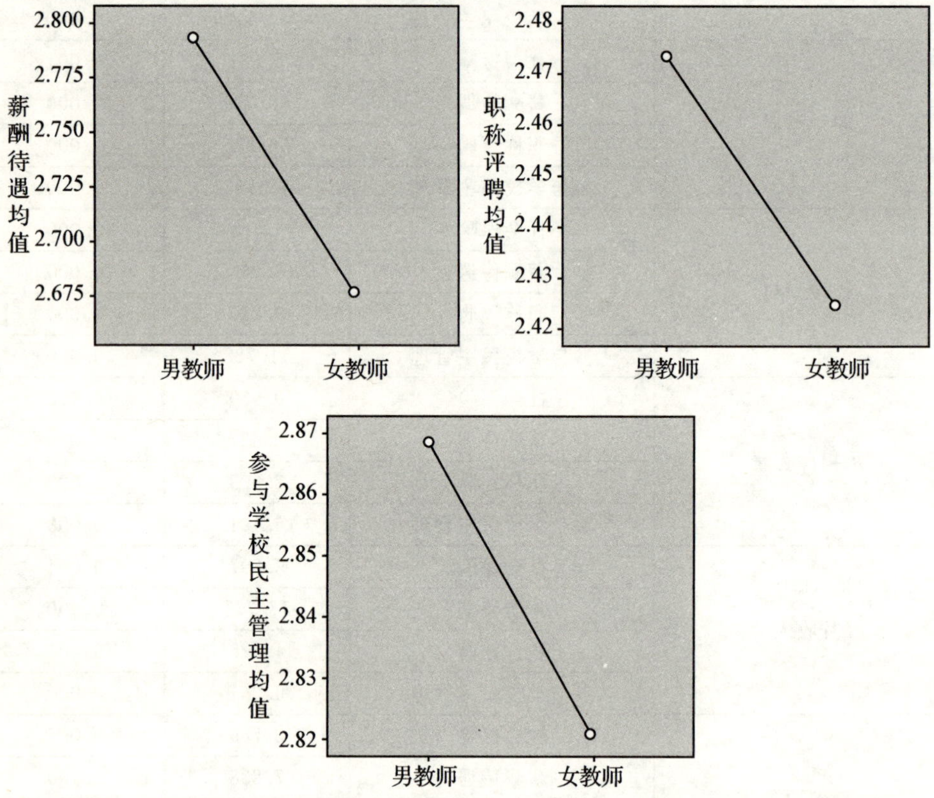

图 3-57　不同性别民办高校教师薪酬待遇、职称评聘、参与学校民主管理满意度均值

2. 任职形式差异

(1)基本结论

不同任职形式的民办高校教师在权益保护满意度方面存在差异。专任教师的权益保护满意度显著低于兼职教师。

(2)差异分析

独立样本 T 检验结果表明，不同任职形式民办高校教师的薪酬待遇、职称评聘、参与学校民主管理满意度差异极其显著($P<0.01$)，社会保险满意度差异不显著($P>0.05$)。

如图 3-58 所示，在薪酬待遇、职称评聘和参与学校民主管理满意度方面，专任教师(均值分别为 2.6860、2.6060、2.8022)均显著低于兼职教师(均值分别为 3.0369、2.9989、3.1923)。

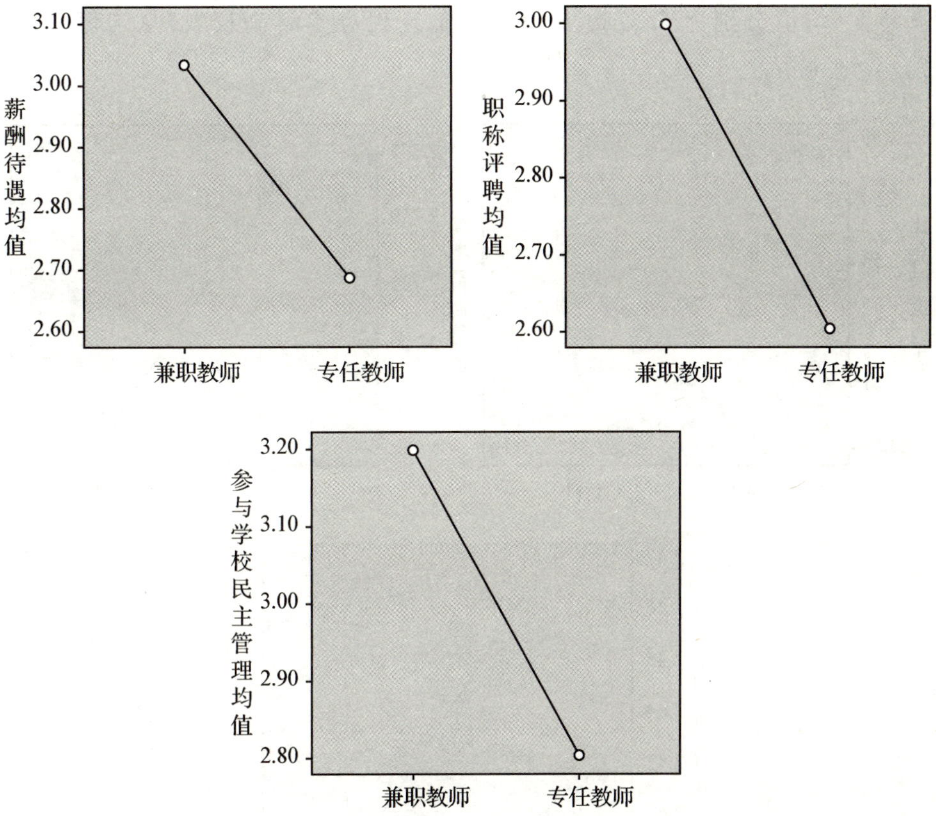

图 3-58　不同身份民办高校教师薪酬待遇、职称评聘、参与学校民主管理满意度均值

3. 办学层次差异

(1)基本结论

不同办学层次的民办高校教师在权益保护满意度方面存在差异。主要在社会保险、薪酬待遇和职称评聘满意度方面存在显著差异。民办专科高校的教师在社会保险满意度方面高于民办本科高校的教师。民办专科高校的教师在薪酬待遇和职称评聘满意度方面低于民办本科高校的教师。

(2)差异分析

独立样本 T 检验结果表明，不同办学层次民办高校教师的薪酬待遇满意度差异极其显著($P<0.01$)，社会保险、职称评聘满意度差异显著($P<0.05$)，参与学校民主管理满意度差异不显著($P>0.05$)。

如图3-59所示，民办专科高校教师(均值为3.5488)的社会保险满意度高于民办本科高校教师(均值为3.5078)，民办专科高校教师的薪酬待遇和职称评聘满意度(均值分别为2.6728、2.6163)低于民办本科高校教师(均值分别为2.7629、2.6655)。

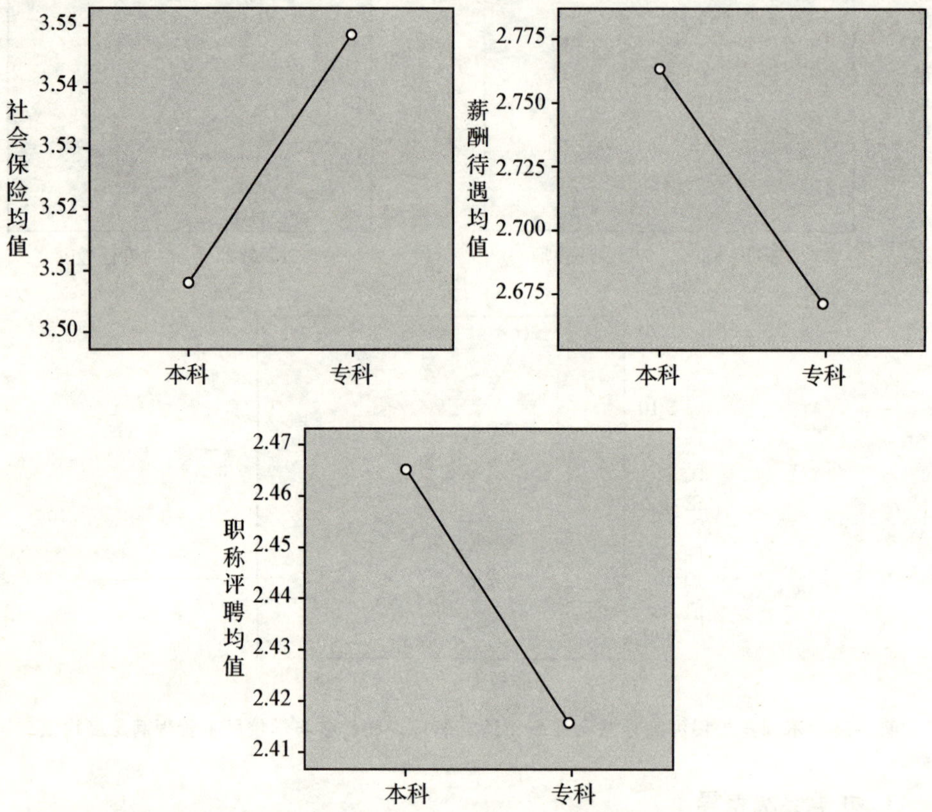

图3-59　不同办学层次民办高校教师社会保险、薪酬待遇、职称评聘满意度均值

4. 年龄差异

(1)基本结论

不同年龄段的民办高校教师在权益保护满意度方面存在差异。

(2)差异分析

方差分析结果表明，不同年龄段民办高校教师的社会保险、薪酬待遇、职称评聘、参与学校民主管理满意度差异极其显著($P<0.01$)。

如图3-60所示，在社会保险方面，30岁以下教师满意度最高(均值为3.5726)，41～50岁教师满意度最低(均值为3.4502)；在薪酬待遇方面，60岁以上教师满意度最高(均值为 3.0499)，31～40 岁教师满意度最低(均值为 2.6036)；在职称评聘、参与学校民主管理方面，60 岁以上教师满意度最高(均值分别为 2.9131、3.1266)，31～40 岁教师满意度最低(均值分别为 2.5282、2.7258)。

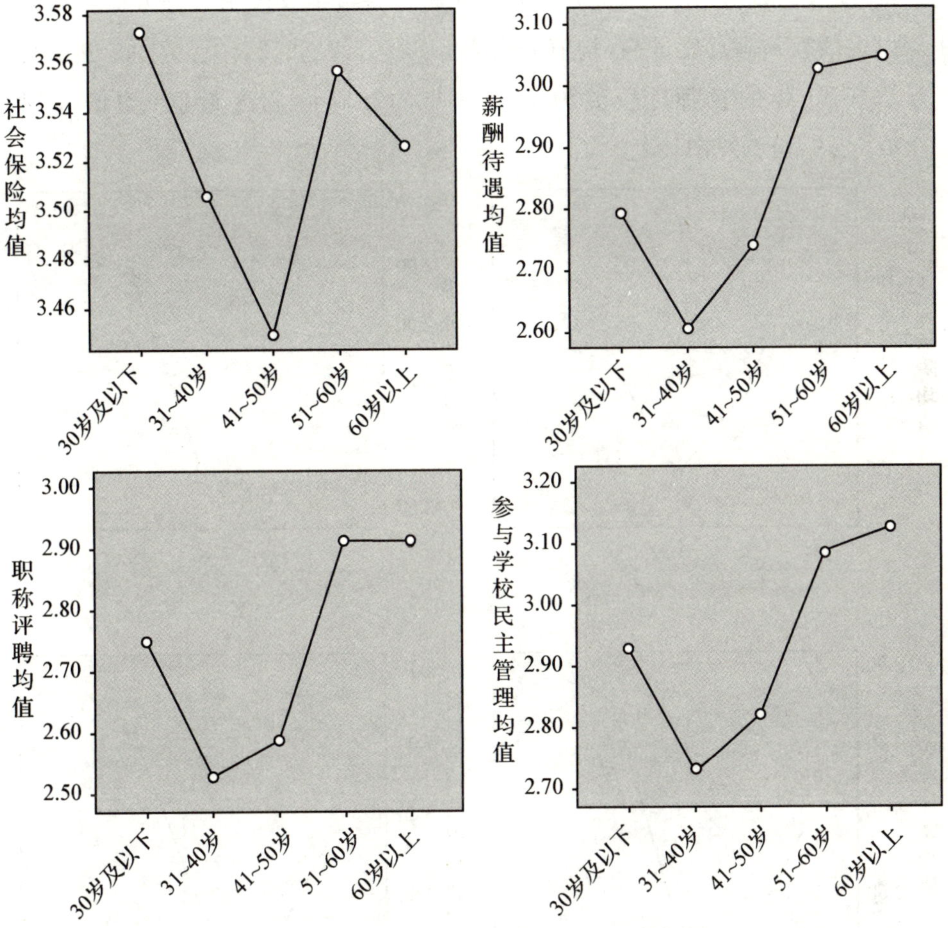

图 3-60　不同年龄段民办高校教师社会保险、薪酬待遇、职称评聘、参与学校民主管理满意度均值

5. 教龄差异

(1)基本结论

不同教龄的民办高校教师在权益保护满意度方面存在差异。教龄为 6～10 年、教龄为 11～20 年的教师权益保护满意度明显低于其他教龄教师。

(2)差异分析

方差分析结果表明，不同教龄民办高校教师的薪酬待遇、职称评聘、参与学校民主管理满意度差异极其显著($P<0.01$)，社会保险满意度差异显著($P<0.05$)。

如图 3-61 所示，在社会保险方面，教龄为 1～5 年的教师满意度最高(均值为 3.5603)，其次是教龄为 6～10 年的教师，教龄为 11～20 年的教师满意度最低(均值为 3.4742)；在薪酬待遇、职称评聘、参与学校民主管理方面，教龄为 31 年以上的教师满意度最高(均值分别为 3.0370、2.8952、3.0979)，其次是教龄为 21～30 年的教师，教龄为 6～10 年的教师满意度最低(均值分别为 2.6190、2.5411、2.7345)。

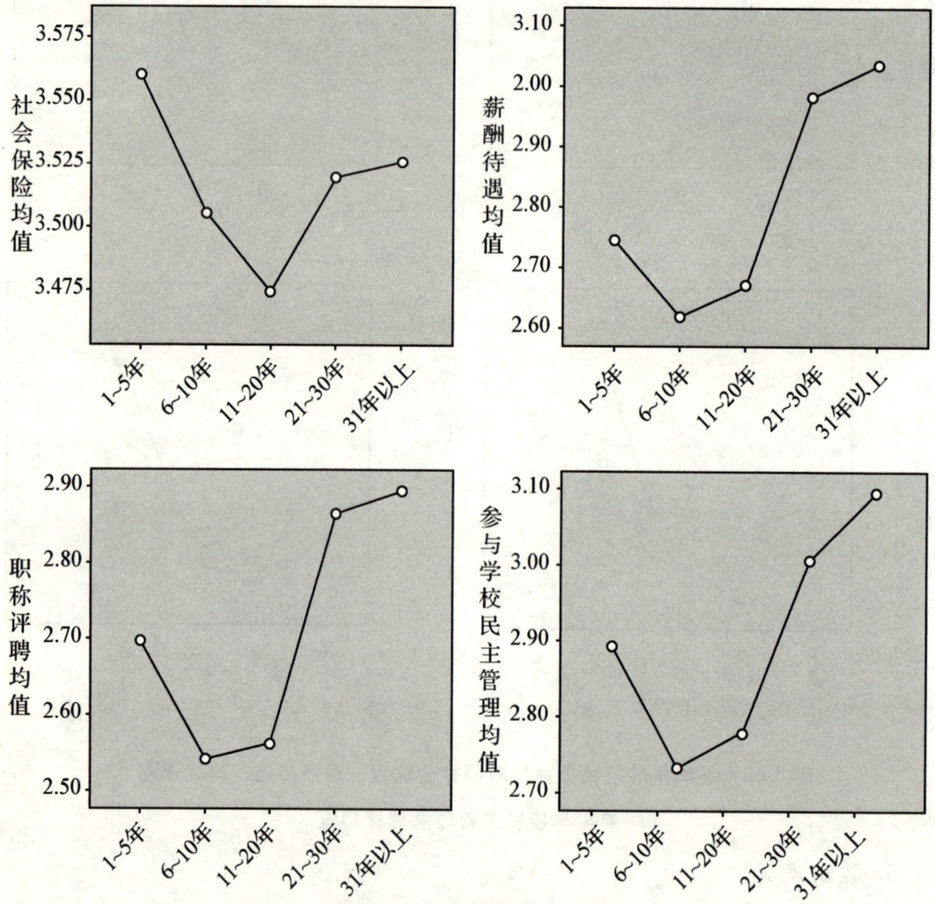

图 3-61 不同教龄民办高校教师社会保险、薪酬待遇、职称评聘、参与学校民主管理满意度均值

6. 工作年限差异

(1)基本结论

不同在校工作年限的民办高校教师在权益保护满意度方面存在差异。

(2)差异分析

方差分析结果表明，不同在校工作年限民办高校教师的社会保险、薪酬待遇、职称评聘、参与学校民主管理满意度差异极其显著($P<0.01$)。

如图3-62所示，在校工作年限不同的教师，社会保险、薪酬待遇、职称评聘、参与管理权益保护满意度数值分布不同。工作年限为15年以上的教师，社会保险、薪酬待遇、职称评聘、参与学校民主管理满意度最高(均值分别为3.7187、3.0755、3.0729、3.2535)，其次是工作年限为1～5年的教师。在薪酬待遇、职称评聘及参与学校民主管理方面，工作年限为6～10年的教师满意度最低(均值分别为2.6382、2.5496、2.7463)。

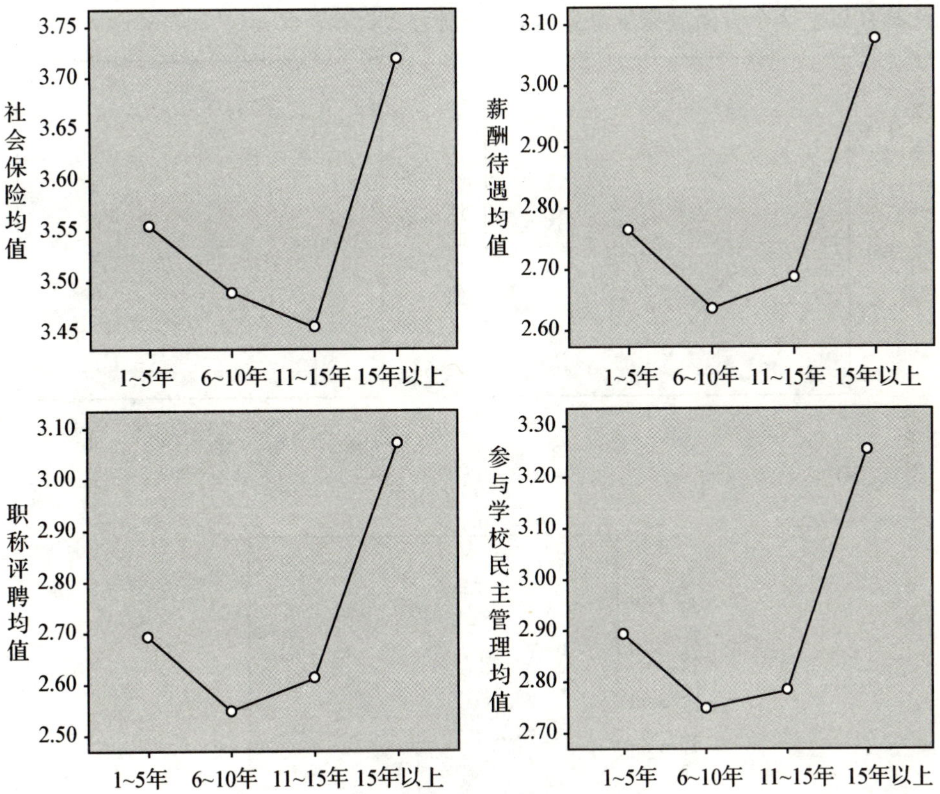

图3-62 不同工作年限民办高校教师社会保险、薪酬待遇、职称评聘、参与学校民主管理满意度均值

7. 受教育程度差异

(1)基本结论

不同受教育程度的民办高校教师在权益保护满意度方面存在差异。在薪酬待遇、职称评聘和参与学校民主管理满意度方面，受教育程度不同的教师也存在显著差异。专科及以下受教育程度的教师对薪酬待遇、职称评聘和参与学校民主管理满意度最高，受教育程度为硕士的教师在以上 3 个方面满意度最低。

(2)差异分析

方差分析结果表明，不同受教育程度民办高校教师的薪酬待遇、职称评聘、参与学校民主管理满意度差异极其显著($P<0.01$)，社会保险满意度差异不显著($P>0.05$)。

如图 3-63 所示，专科及以下受教育程度的教师对薪酬待遇、职称评聘和参与学校民主管理满意度最高(均值分别为 3.0636、3.0686、3.2661)，受教育程度为硕士的教师在以上 3 个方面满意度最低(均值分别为 2.6473、25471、2.7466)。

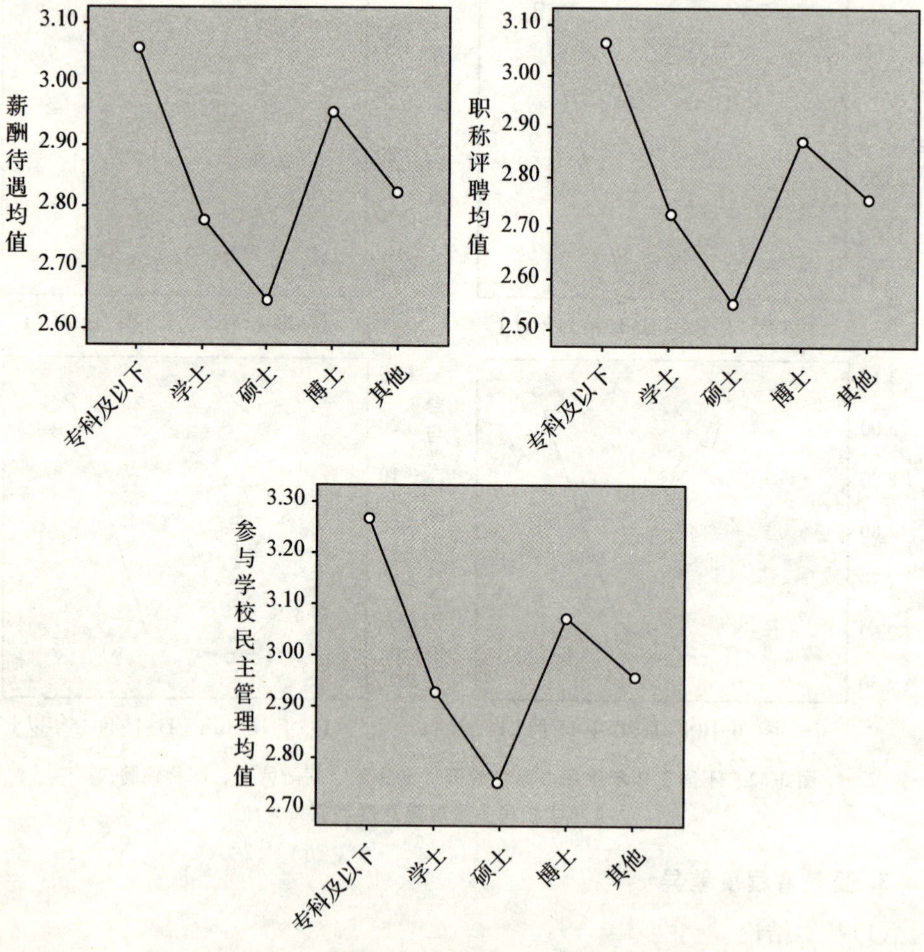

图 3-63　不同受教育程度民办高校教师薪酬待遇、职称评聘、参与学校民主管理满意度均值

8. 职称差异

(1)基本结论

不同职称的民办高校教师在权益保护满意度方面存在差异。中级职称在教师权益保护满意度方面显著低于其他职称教师。在社会保险、薪酬待遇、职称评聘和参与学校民主管理满意度方面，中级职称教师均显著低于其他职称教师。

(2)差异分析

方差分析结果表明，不同职称民办高校教师的社会保险、薪酬待遇、职称评聘、参与学校民主管理满意度差异极其显著($P<0.01$)。

如图 3-64 所示，不同职称的教师，社会保险、薪酬待遇、职称评聘、参与学校民主管理满意度数值分布不同。在社会保险、薪酬待遇、职称评聘和参与学校民主管理方面，中级职称教师满意度(均为分别为 3.4942、2.6133、2.5175、2.7142)均显著低于其他职称教师，正高级教师满意度最高(均为分别为 3.6072、3.1233、2.9692、3.1262)。

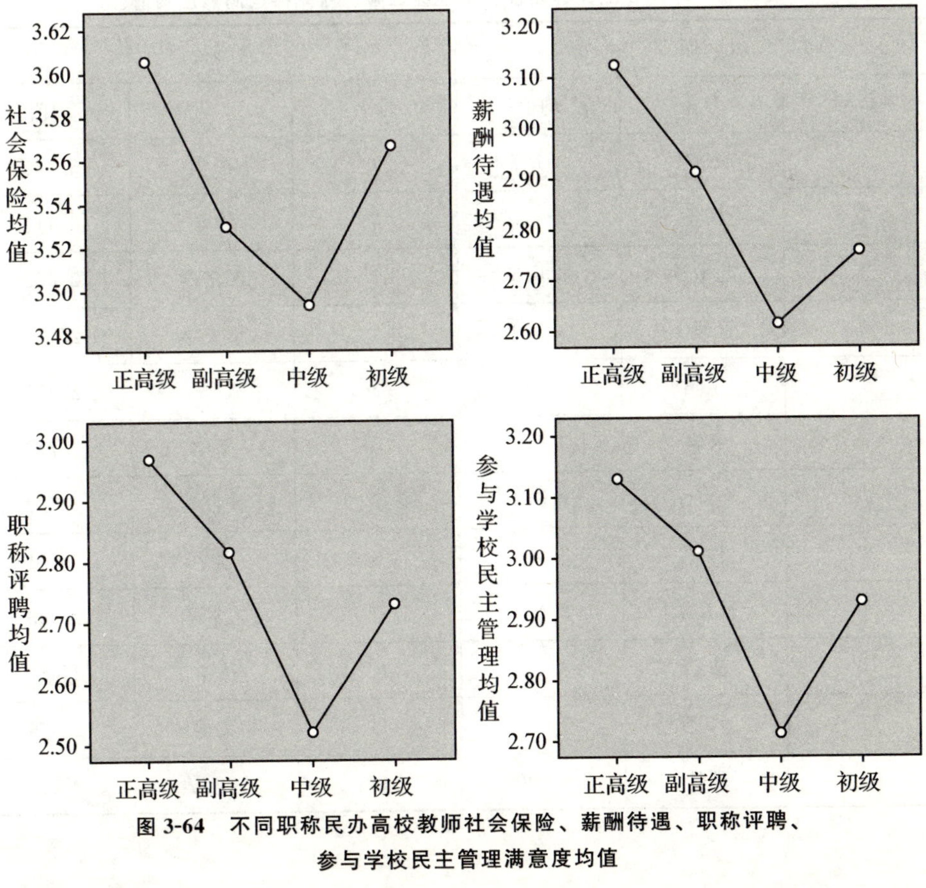

图 3-64　不同职称民办高校教师社会保险、薪酬待遇、职称评聘、参与学校民主管理满意度均值

9. 任教学科差异

(1)基本结论

不同任教学科的民办高校教师在权益保护满意度方面存在差异。

(2)差异分析

方差分析结果表明，不同任教学科民办高校教师的社会保险、薪酬待遇、职称评聘、参与学校民主管理满意度差异极其显著($P<0.01$)。

如表 3-19、表 3-20 所示，在社会保险满意度方面，农学专业教师最高(均值为 3.787)，理学专业教师最低(均值为 3.390)；在薪酬待遇满意度方面，医学专业教师最高(均值为 3.150)，管理学专业教师最低(均值为 2.618)；在职称评聘满意度方面，医学专业教师最高(均值为 3.182)，管理学专业教师最低(均值为 2.509)；在参与学校民主管理满意度方面，农学专业教师最高(均值为 3.440)，文学专业教师最低(均值为 2.649)。

表 3-19　不同专业民办高校教师社会保险、薪酬待遇满意度均值

社会保险			薪酬待遇		
排名	专业	均值	排名	专业	均值
1	农学	3.787	1	医学	3.150
2	医学	3.677	2	农学	3.110
3	艺术学	3.615	3	经济学	2.780
4	管理学	3.569	4	历史学	2.770
5	工学	3.566	5	哲学	2.756
6	文学	3.519	6	工学	2.740
7	经济学	3.518	7	教育学	2.732
8	哲学	3.516	8	理学	2.711
9	教育学	3.496	9	艺术学	2.695
10	法学	3.471	10	法学	2.687
11	历史学	3.424	11	文学	2.676
12	理学	3.390	12	管理学	2.618

表 3-20　不同专业民办高校教师职称评审、参与学校管理满意度均值

职称评聘			参与学校民主管理		
排名	专业	均值	排名	专业	均值
1	医学	3.182	1	农学	3.440
2	农学	3.080	2	医学	3.365
3	哲学	2.735	3	哲学	2.909
4	经济学	2.712	4	经济学	2.893
5	历史学	2.707	5	工学	2.889
6	教育学	2.690	6	教育学	2.881
7	艺术学	2.682	7	艺术学	2.874
8	工学	2.647	8	历史学	2.845
9	理学	2.625	9	法学	2.834
10	法学	2.622	10	理学	2.834
11	文学	2.552	11	管理学	2.774
12	管理学	2.509	12	文学	2.649

10. 承担课程量差异

(1)基本结论

不同课程承担量的民办高校教师在权益保护满意度方面存在差异。承担1门课程的教师权益保护、薪酬待遇、职称评聘、参与学校民主管理满意度最高，承担5门及以上课程的教师以上各因子最低。

(2)差异分析

方差分析结果表明，不同课程承担量民办高校教师的薪酬待遇、参与学校民主管理满意度差异极其显著($P<0.01$)，职称评聘满意度差异显著($P<0.05$)，社会保险满意度差异不显著($P>0.05$)。

如图3-65所示，不同课程承担量的教师薪酬待遇、参与管理、职称评聘满意度不同。承担1门课程的教师满意度最高(均值分别为2.7561、2.6855、2.8859)，承担课程达到5门时，教师的满意度最低(均值分别为2.5916、2.5550、2.6200)。

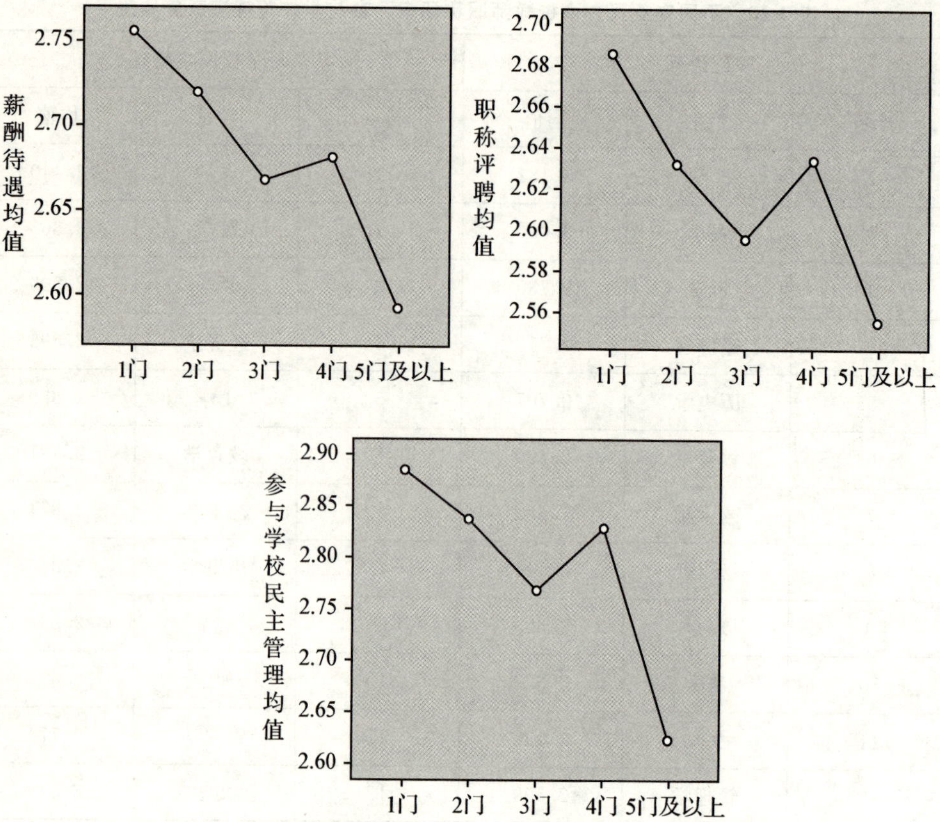

图 3-65　不同课程承担量民办高校教师薪酬待遇、职称评聘、参与学校民主管理满意度均值

11. 月收入差异

(1)基本结论

不同月收入水平的民办高校教师在权益保护满意度方面存在差异。月收入6000元以上的教师权益保护满意度最高，社会保险、薪酬待遇、职称评聘、参与学校民主管理四个因子满意度最高；月收入3000元以下的教师社会保险、薪酬待遇满意度最低；月收入5001～6000元的教师职称评聘、参与学校民主管理满意度最低。

(2)差异分析

方差分析结果表明，不同月收入水平民办高校教师的社会保险、薪酬待遇、职称评聘、参与学校民主管理满意度差异极其显著($P<0.01$)。

如图3-66所示，月收入不同的教师，社会保险、薪酬待遇、职称评聘、参与学校民主管理满意度数值分布不同。月收入6000元以上的教师权益保护满意度最高，社会保险、薪酬待遇、职称评聘、参与学校民主管理四个因子满意度最高(均值分别为3.5633、2.9283、2.7045、2.9839)；月收入3000元以下的教师社会保险、薪酬待遇满意度最低(均值分别为2.4520、2.6291)；月收入5001～6000元的教师职称评聘、参与管理满意度最低(均值分别为2.5519、2.7922)。

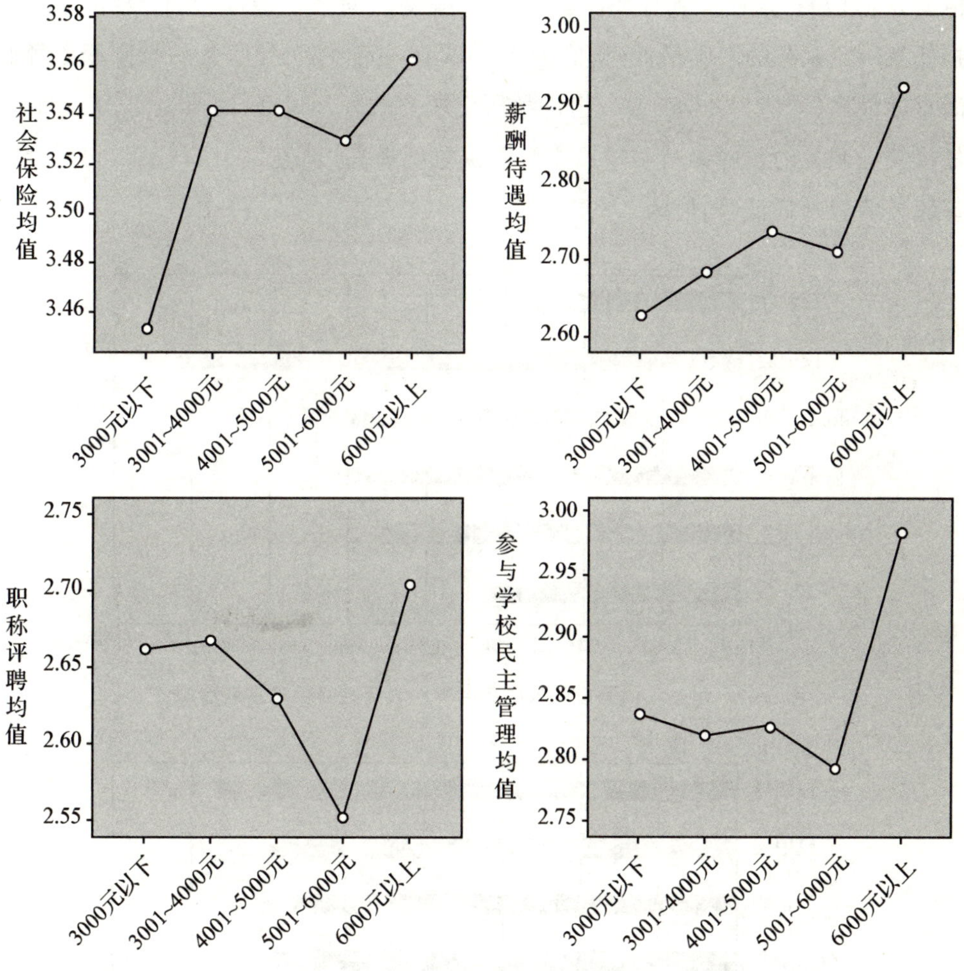

图3-66　不同收入水平民办高校教师社会保险、薪酬待遇、职称评聘、参与学校民主管理满意度均值

12. 管理职务差异

(1)基本结论

担任不同管理职务的民办高校教师在权益保护满意度方面存在差异。

(2)差异分析

方差分析结果表明，担任不同管理职务民办高校教师的社会保险、薪酬待遇、职称评聘、参与学校民主管理满意度差异极其显著($P<0.01$)。

如图 3-67、图 3-68、图 3-69、图 3-70 所示，担任学校中层领导职务的教师社会保险满意度最高(均值为 3.7191)，担任校领导职务的教师满意度最低(均值为 3.4767)；担任校领导职务的教师薪酬待遇满意度最高(均值为 3.3438)，担任教研室职务的教师最低(均值为 2.6328)；担任校领导职务的教师职称评聘满意度最高(均值为 3.3750)，担任教研室职务的教师最低(均值为 2.5712)；担任校领导职务的教师参与学校民主管理满意度最高(均值为 3.4792)，担任教研室职务的教师最低(均值为 2.7712)。

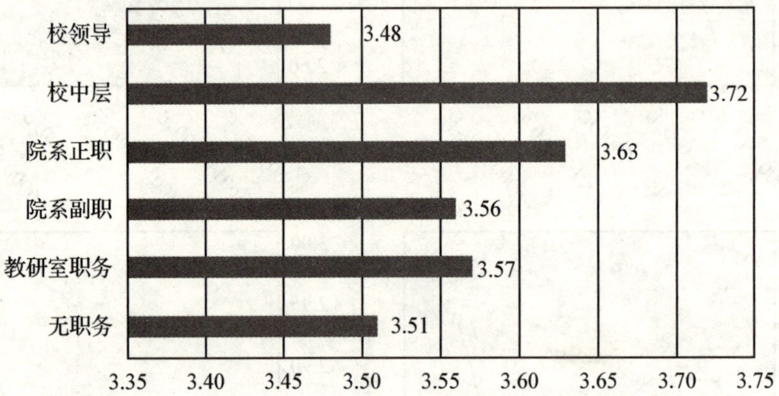

图 3-67 担任不同管理职务的民办高校教师社会保险满意度均值

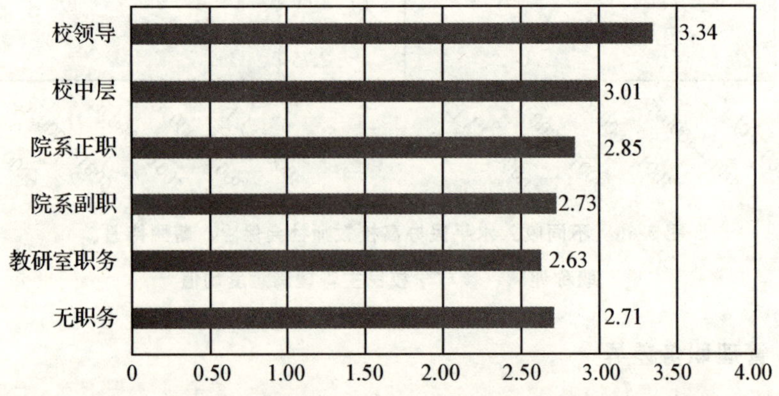

图 3-68 担任不同管理职务的民办高校教师薪酬待遇满意度均值

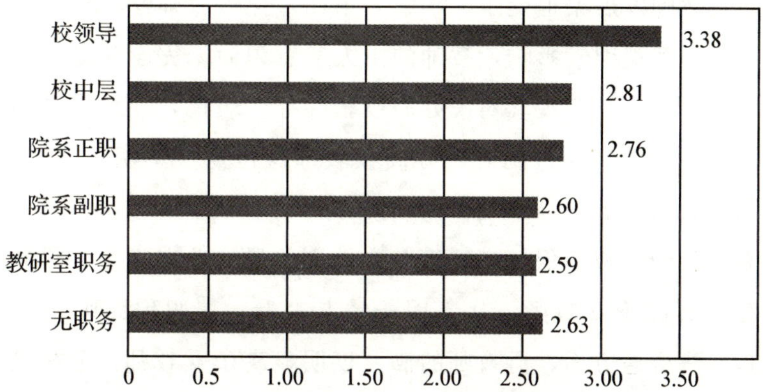

图 3-69　担任不同管理职务的民办高校教师职称评聘满意度均值

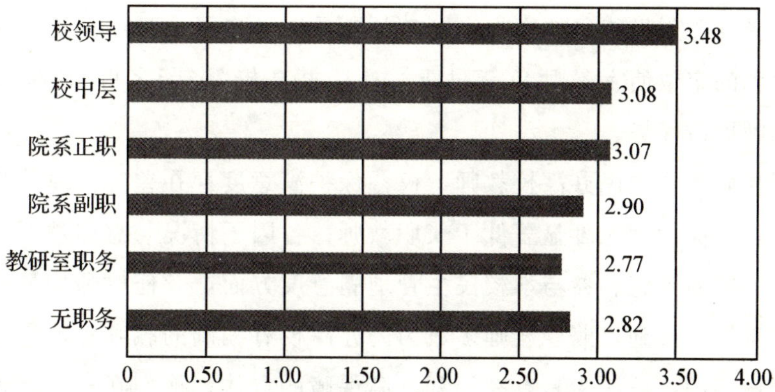

图 3-70　担任不同管理职务的民办高校教师参与学校民主管理满意度均值

(三)分析讨论

总体来看，民办高校教师权益保障在教师发展各维度中分值偏低(均值为3.01)。教师权益获得感是促进样本教师发展的重要保障，主要体现在以下4个方面。第一，样本教师的社会保险未实现与同级同类公办高校教师同等待遇，各地针对民办高校教师的社会保险制度方案尚未完善，极大地影响了民办高校教师队伍的稳定性和专业发展动力。第二，样本教师的薪酬待遇较同级同类公办高校教师明显偏低，虽然民办高校内部努力提高教师薪酬，但总体福利待遇仍与公办高校存在一定差距，导致教师发展的经济动力不足。第三，样本教师在职称评聘方面存在困难，政府层面相关立法、司法、行政等保障制度建设不足，导致教师发展渠道受阻、不畅。第四，样本教师参与学校民主管理普遍受限，受主、客观因素影响，教师的主人翁意识尚未完全建立，专业发展不够全面。究其原因，社会观念对民办高校教师存在歧视，导致民办高校教师社会地位不高；现行体制、机制对民办高校教师身份定位不明、待遇保护不足，造成民办高校教师发展保障不足。

民办高校教师的权益保护满意度存在性别差异。总体来看，男教师的权益保护满意度显著高于女教师。从各因子情况来看，在职称评聘和参与管理方面，尤其是薪酬待遇方面，男教师的满意度明显高于女教师。分析其原因，可能与中国传统的男性为中心的社会文化的影响有关。男教师把更多的精力投入事业当中，对自己的期望很高，表现为工作主动性强，参与度高，可供选择的机会多。受社会刻板印象的影响，女教师既是贤妻良母，又要把工作做好，这种双重角色的定位使女教师负荷过重。在民办高校“多劳多得”这种用人机制下，男教师更占优势。

不同任职形式的民办高校教师，权益保护满意度存在差异。总体来看，专任教师的权益保护满意度显著低于兼职教师。各因子情况与总体情况相同，在薪酬待遇、职称评聘和参与学校民主管理满意度方面，专任教师均显著低于兼职教师。调研了解到，兼职教师多数为公办高校有编制的教师；他们与民办高校教师身份不同，被认为是有高福利、高保障的群体；他们在福利待遇、学术地位、社会保障方面享有更高的待遇；他们在民办高校兼职会在原有工资基础上增加收入。这种身份的差异导致民办高校教师存在薪酬待遇偏低、社会地位不高、组织认同感缺乏、职业安全感不强等问题。

不同办学层次的民办高校教师，权益保护满意度存在差异。在社会保险、薪酬待遇和职称评聘满意度方面存在显著差异。民办专科高校教师的社会保险满意度高于民办本科高校教师。民办专科高校教师的薪酬待遇、职称评聘满意度低于民办本科高校教师。分析其原因，可能是民办本科高校样本教师学历水平整体较高，科研能力更强，待遇相应更高，职称晋升空间更大。但无论是民办本科高校还是民办专科高校，教师的薪酬待遇满意度和职称评聘满意度均低于 3 分，需要民办高校管理者进一步关注。

不同年龄段的民办高校教师，权益保护满意度存在显著差异。31～40 岁与 41～50 岁的教师在权益保护方面显著低于其他年龄段教师。31～40 岁的教师在薪酬待遇方面显著低于其他年龄段的教师。31～40岁与41～50岁年龄段的教师在职称评聘和参与学校民主管理方面显著低于其他年龄段教师。这一调查结果与民办高校的实际状况比较吻合，31～40岁和41～50岁的教师面临事业的发展期，职称晋升、专业发展对他们来说是非常重要的任务，但民办高校往往只有讲师职称评审权，副高以上职称的评审要依托其他公办高校，导致部分教师职称评审受到影响。加之教学任务繁重、经费紧张等原因，教师培训、交流学习的机会并不多，这也是教师权益保护满意度不高的主要原因。

不同教龄的民办高校教师，权益保护满意度存在显著差异。教龄为6～10年、11～20年的教师权益保护满意度显著低于其他教龄教师。教龄为11～20年的教师对社会保险表现出更多的担忧，教龄为6～10年、11～20年的教师在薪酬待遇、职称评聘和参与学校民主管理方面表现出更多的不满。教龄为6～10年、11～20年的教师基本为中级和副教授职称，年龄处于30～50岁这个阶段，面临职称晋升、科学研究、家庭负担等多重压力，之前民办学校教师的工资水平优势也伴随着公办学校教师绩效工资改革调整而不再明显，甚至已明显低于公办学校。① 此外，保障体系缺乏、职称评聘不畅、专业发展堪忧问题更加突出，加深了中青年教师对权益保障的担忧。

不同在校工作年限的民办高校教师，权益保护满意度存在显著差异。工作年限为6～10年和11～15年的教师权益保护满意度相对较低，工作年限为11～15年的教师社会保险满意度最低，工作年限为6～10年的教师，薪酬待遇、职称评聘及参与学校民主管理满意度最低。从数据结果来看，权益保护问题主要集中于中青年教师群体。调研了解到，刚入职工作的年轻教师由于很多还未结婚生子，生活、工作压力并不凸显，因此，对权益保护关注不多。而工作6～10年、11～15年的教师面临待遇低且不稳定、社保低且购房压力大等问题，满意度不高。

不同受教育程度的民办高校教师，权益保护满意度存在显著差异。专科及以下受教育程度的教师对薪酬待遇、职称评聘和参与学校民主管理的满意度最高，受教育程度为硕士的教师满意度最低。从样本统计来看，专科及以下受教育程度的教师共295人，占样本总量的3%。访谈中了解到，在民办高校不断

---

① 周海涛．以深化综合改革增强民办教育发展活力[J]．教育研究，2014(12)：109-114.

提高入职教师学历水平的大背景下，受教育程度为专科的教师对自己能进入并留在大学工作较为满意。受教育程度为硕士的教师 5278 人，占样本总量的 56%，已成为民办高校教师队伍的主体，但民办高校教师队伍的博士化进程对他们产生了一定的压力，他们已不再是学校的高端人才，之前的薪酬优势逐渐消失，职称评聘压力较大，参与学校民主管理的热情不高，教师权益保护满意度最低。

不同职称的民办高校教师，权益保护满意度存在显著差异。中级职称教师的权益保护满意度明显低于其他教师。彼得森（Peterson）以教师年龄为标准，将在职教师的发展阶段划分为 3 个时期。其中，20～40 岁教师处于第一时期，即建立职业自我，寻找最理想的学校环境和关注家庭的时期。① 可以看出，不同阶段教师的行为特征和行为取向不同②。中级职称的教师正好处于职业发展的第一时期，面临专业发展和家庭生活的双重压力，对于职称评聘、薪酬待遇、社会保险等权益保障关切度高，而民办高校的现实发展环境却往往令他们产生不满。

不同任教学科的民办高校教师，权益保护满意度存在差异。不同学科的情况不同，但值得关注的发现是，农学专业教师的社会保险、参与学校民主管理满意度最高；社会保险满意度最低的是理学专业教师；薪酬待遇、职称评聘满意度最高的是医学专业教师，最低的是管理学专业教师；参与学校民主管理满意度最低的是文学专业教师。这一发现较容易理解：一方面，农学专业教师大多来自农村，教师职业相对比较稳定，学校能够按照国家要求办理社保，符合他们对职业选择的基本要求，因而社会保险满意度高，工作积极性高。另一方面，理学专业教师受学科视角的影响，思维缜密、善于推理、更具理性，民办高校的现状使他们对未来的保障并不看好。医学专业教师因专业的技术性非常强，从事科研和兼职的机会较多，所以薪酬待遇高，且在职称评聘方面有卫生医疗系列和高教系列可供选择。管理学专业教师通常认为教师行业工资远不及企业工资，心里落差较大，导致他们薪酬待遇满意度最低。文学专业教师思想

① 叶澜，白益民．教师角色与教师发展新探[M]．北京：教育科学出版社，2001：123.

② 刘美云，邓明然．基于 TMC 一体化的民办高校青年教师发展策略探析[J]．湖北社会科学，2014(07)：184-186.

独立、善于创作的特点使得他们参与学校民主管理的热情度较低。

不同课程承担量的民办高校教师，权益保护满意度存在显著差异。值得关注的发现是，承担课程量越大，满意度越低，即承担1门课程的教师权益保护、薪酬待遇、职称评聘、参与学校民主管理满意度最高，承担5门及以上课程的教师各方面满意度最低。换言之，课程承担数量的高低，对权益保护满意度高低有一定影响。分析其原因，一方面，在民办高校，承担1门课程的教师通常为新教师或具有教授职称的教师，由于承担课程少，可以合理安排时间，各项工作均可从容应对，准备充足，获得的权益保护相对较高。而承担课程门数较多的教师，有时薪酬待遇与劳动付出不符，权益保护受限。另一方面，倦怠感是重要的干扰变量。承担课程数量太多，工作任务繁重，教师更容易产生不满情绪，产生倦怠感和无力感，继而降低对薪酬的认同度。

不同月收入水平的民办高校教师，权益保护满意度存在差异。此次调研发现，月收入6000元以上的教师权益保护满意度最高，社会保险、薪酬待遇、职称评聘、参与学校民主管理4个因子满意度最高；月收入3000元以下的教师社会保险、薪酬待遇满意度最低；月收入5001～6000元的教师职称评聘、参与学校民主管理满意度最低。结合样本教师收入水平的总体情况，以及我国民办高校教师普遍待遇偏低的现实问题，分析认为，月收入6000元以上的教师在学校范围内工资最高，享受学校最好的福利待遇，权益保护满意度也高；月收入3000元以下的教师通常为低学历或新入职教师，社会保险、工资待遇处于学校最低水平；月收入5001～6000元的教师教学任务繁重、职称晋升压力大、生活负担比较重，个人方面可能没有太多时间参与学校民主管理。换言之，月收入水平的差异，对教师权益保护满意度有一定影响，这也得到了教师座谈和访谈资料的证实。

不同管理职务的民办高校教师，权益保护满意度存在显著差异。值得关注的发现是，担任校中层领导职务的教师社会保险满意度最高，担任校领导职务的教师最低；担任校领导职务的教师薪酬待遇、职称评聘和参与学校民主管理满意度最高，担任教研室职务的教师最低。这一结果的原因可能是：一方面，校中层是学校发展的骨干力量，学校通常在社会保险方面给予倾斜；而校领导通常为其他高校或部门的退休人员，由原单位缴纳相应的社会保险，民办高校并不承担这笔费用。另一方面，值得关注的是，教研室主任级别的教师，其薪酬待遇、职称评聘和参与学校民主管理方面满意度最低，可能是因为教研室是高校最基层的学术组织，不仅承担繁重的学术事务，而且往往交叉、混杂大量行政事务，导致这些教师不仅任务繁重，也容易出现相关事故，影响了其对于自身权益保护满意度的认识。这一发现与我们对教师压力的常识性判断基本一致。

附录

2014年中国民办教育研究述评

十一届三中全会以来，随着我国改革开放的不断推进和市场经济的蓬勃发展，我国民办教育事业发展迅速，办学规模不断扩大，办学层次逐渐提高，社会效益日益凸显，逐步形成了多层次、全方位、宽领域的崭新格局。今年是《民办教育促进法》颁布实施的第13年，特别是《国家中长期教育改革和发展规划纲要(2010—2020年)》实施5年以来，民办教育事业发展总体情况良好，形成了高水平、宽领域的快速发展势头，信誉度、品牌度与社会关注度大幅提升，对促进教育改革发展、丰富教育形式和拓宽人才培养途径的作用进一步凸显，有效地满足了我国人民日益增长的多样化教育需求。

目前，我国民办教育发展整体而言既面临良好的机遇，也存在不少困难和挑战。对近年来我国民办教育研究情况进行概括总结，有助于积累经验教训、正视问题，在此基础上开创民办教育事业的新局面。下面拟从民办学校战略转型和持续发展研究、民办教育办学体制研究、民办学校法人属性与产权属性研究、民办学校分类管理研究、民办学校合理回报研究、民办学校教师队伍研究、民办学校人才培养研究七个方面分步展开综述。

一、民办学校战略转型和持续发展研究

民办教育的发展进入振兴创新的新阶段，新的形势对民办教育质量和水平提出更高要求。虽然民办教育二十年来取得了巨大成绩，诞生了一批有特色和

高质量的民办学校，但从总体来看，民办教育质量还有待提高，“以质量求生存，以特色求发展”仍是民办教育永恒的主题。在市场经济条件下，民办教育同任何一种产品一样，没有高质量就没有广阔的市场，也就无法拓展自身生存的空间。这一点已经成为大家的共识。

1. 民办教育发展战略转型问题研究

目前，尽管民办教育发展的外部环境中尚存在许多不尽如人意之处，但民办教育发展的关键无疑取决于内部因素，民办教育自身管理和教学做好了，就会为自身发展创造一个良好的内部环境，同时促进外部环境向更积极的方向发展。

胡昌明提出，我国民办学校由于建校时间短、师资力量弱、社会声誉有待提高等因素，制约了内涵发展战略和路径的有效选择，尤其是同质化思维定式易使民办学校陷入发展困境。我国民办学校在经历了复兴起步、规模壮大的外延式发展阶段后，将进入内涵个性发展的第三阶段。但在内涵发展战略规划和路径选择上，民办学校内部存在较为严重的思想分歧：一是执持跟随式战略，沿袭在以往发展历程中曾经受益的模仿、照搬国内公办高校已有范式的发展路径；二是探寻差异化战略，通过发展定位、发展模式、发展路径、发展方式的“差异化”选择，走特色与个性发展道路，而分歧的核心是不同的战略规划视角。胡昌明强调，我国民办学校应执持于差异化视角，妥善运用后发优势，确立科学合理的发展模式和路径，形成内涵特色，是民办学校新一轮发展与改革的应然思路，也是建设中国特色现代民办大学的必由之路。①

郑双花、闵桂林强调，我国民办学校要彻底实现发展战略转型，就必须解决多年来制约民办学校发展的诸多困境，包括生源剧减背景下不公平竞争导致的生存空间日益缩小、教师流动频繁与教学质量长期难以改观、财力支撑单一与多方融资有限导致发展资金不足、模糊的身份定性使教育投资者谋求长远发展的信心不足等。②

孙芳、魏佳佳发现，我国民办学校近年来发展迅速，但已逐渐受到“同质化”问题的困扰。因此，探寻异质竞争力生成的有效途径已经成为当前民办学

① 胡昌明．差异化视角下我国民办高校的内涵发展新探[J]．江苏高教，2014(2).

② 郑双花，闵桂林．当前我国民办高校战略转型面临的五大困境[J]．教育探索，2014(3).

校的研究重点。基于民办学校的组织性质，可以借鉴“顾客让渡价值”理论，通过提高“顾客总价值”，降低“顾客总成本”来增强其吸引力，达到在竞争中立足的目的，进而消解“发展趋同”的矛盾，促进我国民办高等教育的可持续发展。①

2. 民办教育的持续发展问题研究

我国民办教育存在着国家政策与专门立法、政府管理与办学自主权、教育资源配置与资金筹措、教育需求与价值认同之间的一系列深层矛盾。在新的历史时期，需要进一步加强民办学校内部经营与管理，建立民办学校质量保障长效机制，走出一条民办教育健康发展之路。

周海涛指出，我国民办教育发展中存在顶层设计与整体规划不够、法人属性存在争议、产权及合理回报不明确、办学自主权落实不到位、教师权益保障不力、内部法人治理结构不完善等问题。促进民办教育发展，应把握阶段发展特征，创造有利发展环境；重视顶层设计，强化统筹；完善法律法规，提供政策保障；明确产权，推进分类管理；落实办学自主权，凸显特色；确保教师权益，加强队伍建设；健全民办学校治理体系，提升效率；完善财政支持制度，强化公益导向。②

胡天佑指出，新形势下民办学校的发展面临着环境与政策、招生与生源、资金与收入、升格与发展、质量与生存等现实困境。解决途径在于：正确认识民办学校的公益性与营利性；推动和试行公共财政资助民办学校的政策与制度；推进关键领域政策的改革与执行，拓宽民办学校发展空间；强化专业特色建设，切实提高办学品质；加强协同办学，创新发展机制，提高服务地方经济和社会发展的水平。③

二、民办教育办学体制研究

通过对制约和影响民办学校教育教学质量的要素的分析和归纳，国内学者

① 孙芳，魏佳佳.“顾客让渡价值”理论视角下民办高校异质竞争力的生成[J]. 教育与职业，2014(23).

② 周海涛.以深化综合改革增强民办教育发展活力[J]. 教育研究，2014(12).

③ 胡天佑.新形势下民办高职院校发展的困境及求解[J]. 高教探索，2014(3).

认为影响民办学校质量的主要有 7 个要素：办学者的教育观念、培养目标、办学机制、教育教学手段、学校管理、教师水平和生源状况。在这七个要素中，机制优势无疑是最重要的，它在很大程度上影响着其他要素的优化与组合。

1. 民办教育实现形式研究

办学体制改革是教育体制改革的一个重要部分。体制创新是手段，促进发展是目的。我国下一阶段民办教育办学体制的改革主要应包括 2 个方面，一方面要继续改革和完善现行的公办教育和民办教育的办学体制；另一方面，还要探索其他的办学体制。

王宗敏提出，民办教育的多种实现形式是十分重要的一个问题，民办教育形式可以也应当表现出多元化。我国的香港地区、海外的一些国家和地区，办学体制也不单单是公办或私立这两种形式。其中，我国多种经济所有制结构及其实现形式的多元化是支撑民办教育实现形式多元化的经济基础；区域经济、社会、文化、发展的非均衡性是民办教育形式多元的社会基础；家庭多元化的文化需求、不同价值取向和社会对多层次、多规格人才的需求是民办教育实现形式多元化的市场基础。①

民办教育实现形式可以有多种，但应区别不同情况、不同类型而采取不同政策，否则，就会出现不公平竞争的局面。不同类型的民办学校，尤其是纯民办与公助性明显的民办学校之间在接受资助和政策优待方面表现出很大差异，其管理政策应当有所区别。

2. 民办教育管理制度创新研究

民办教育的管理应有别于公办教育的管理。民办教育管理的目标是建立自我办学、自我管理、自我制约和自我发展的管理机制。目前，管理制度建设是民办教育发展中的薄弱环节，尽快建立一套有利于民办教育健康发展的有效运行机制至关重要。

徐广宇主张从 3 个层面加强制度建设。宏观上是在教育行政部门的管理制度层面上，要进一步转变政府职能，建立主管部门与民办学校之间的新型互动关系，教育行政部门与民办学校之间应是指导与被指导、服务与被服务的关系，不能用管理和评价公办学校的方式对待民办学校；中观上是在中介组织建

---

① 王宗敏．关于民办教育创新体系的思考[J]．黄河科技大学学报，2014(3)．

设发展制度层面上，使中介组织成为民办教育管理体系的有机组成部分，成为双向沟通，实现民间力量自我管理的有效途径，我国应尽快建立全国统一的民办教育行业协会；微观上是在学校内部管理制度层面上，建立健全内部决策、执行、监督和反馈的管理体制，切实实现民主、科学和有效的内部管理。同时，他还主张应尽快建立4种机制：一是要建立有利于鼓励多种社会力量以多种形式参与办学的利益驱动机制；二是要建立有利于不同教育制度、不同模式类型学校公平发展的竞争机制；三是要建立有利于满足家庭对多元文化和社会对多类型多规格人才的需求机制；四是要建立有利于政务、校务、财务公开和主动接受社会舆论监督的制约机制。①

3. 民办教育转制问题研究

关于转制问题，国内学者主要有3种主流看法。一种意见对转制持反对态度，认为所谓转制不过是公办学校所有权与经营权的分离，其实质是办学机制的一种转换，随着教育改革的深化，办学机制转换的做法会普遍推开，但是转制后，公办的性质并没有改变，政府对教育应承担的职责也不会改变，目前义务教育阶段转制学校实行收费政策显然是将不合法的收费行为合法化。美国近年来出现大量“特许学校”，也是类似公办学校办学机制的一种转变。第二种观点是多数代表的观点，认为公办学校转制是我国教育体制改革的一种有益尝试，但应从有利于改变“薄弱校”，有利于增加好学校的角度出发，选取“薄弱校”或“一般校”作为转制试点。否则不仅不能达到提高整体教育质量和水平的目的，还会形成不公平竞争的局面，对纯民办学校的发展产生不利影响。第三种意见则主张所有的公办学校都可以成为转制的对象，基础薄弱的可以转，基础不薄弱的也可以转，但哪一种“转制”更好一些是一个值得研究的问题。

对此，周守亮、赵彦志提出，符合我国国情的、稳妥的民办教育转制路径应为完成办学出资过户，划分民办学校资产类型；对现有民办学校举办者的办学出资总额重新进行审核、验资，核算民办学校国有资产、捐赠形成资产等；突出“合理回报”是办学奖励的特质，明确提取依据和标准；民办学校进行自愿选择并重新登记，制定新的学校章程。过渡方案可采取转为非营利性捐资民办

① 徐广宇．民办教育振兴发展的若干理论与政策问题[J]．教育导刊，2014(11)．

学校，转为非营利性不要求合理回报民办学校，转为非营利性要求合理回报民办学校，举办者要求撤资的民办学校转为营利性民办学校。参与试点的地区应满足以下条件：教育行政部门管理能力较强，日常民办教育管理规范；民办学校数量与规模适中，办学层次完整；高等教育资源充足，公办高校质量较高；社会经济较发达，高等人才需求多样化。①

三、民办学校法人属性与产权属性研究

目前，《民办教育促进法》已经对民办教育的存在形式、地位等问题做了详尽的法律界定，但是尚未明确民办教育的法人属性，我国相关的法律、法规对该问题也没有做出较为一致、明确的解释。因此，妥善落实民办学校法人财产权、建立健全完善的法人治理结构、促进民办高等教育健康发展，是当前和今后一个时期教育行政主管部门和民办学校自身所面临的共同任务。

1. 民办学校法人属性问题研究

曾志平认为，民办学校应当既是一种民事法律主体，享有法人的经营权，同时也行使一定的教育行政管理职权，具有公法地位，因而其法人类型应定位为社团法人、事业法人及准公益法人。陈障建议将民办学校归入"事业单位法人"一类，在区分公益性、营利性法人的基础上进行分类管理。祝里里进一步提出应将教育分为高等学历教育和非学历教育，实行高等学历教育的单位归属事业单位，不得以营利为目的；实行非学历教育的单位可以根据其是否以营利为目的分为事业单位和企业单位。

荣振华、刘怡琳提出，我国民办学校法人治理结构始终处于营利性私益目标与教育性公益目标冲突的状态下运营，虽然，国家将民办学校进行营利性与非营利性分类，但由于其在法人治理结构方面没有进行分类规定，致使治理程序中仍然存在目标失范可能。为此，在对民办学校进行分类的同时，还应在立法上对其治理结构进行分类引导规定。非营利民办学校主要采取利益相关者共治模式，营利性民办学校主要采取"类"企业法人治理结构或"双法人治理模式"，进而促使民办学校科学决策和有效管理，达到不同类别民办学校的办学

① 周守亮、赵彦志．民办高等教育分类管理实施路径与策略研究[J]．教育研究，2014(5)．

目标。①

2. 民办学校产权属性问题研究

民办学校产权问题是近年来民办教育研究中的一个核心问题，产权不清的问题一直困扰着民办学校的发展。

张昌辉认为，我国目前的民办教育存在教育产权不明晰、学校的营利性与非营利性区分不明确、非营利的定性与私人投资合理预期的冲突、学校合理回报缺乏可操作性、学校举办者有限制的合理回报与无限责任性的冲突等问题。产生这些问题的主要原因是立法机关和主管部门对产权不明晰问题的正视和研究不够，对我们国家的基本国情和投资者的情况了解和分析不够，以及对产权关系不明晰的后果估计不足。②

张铁明在对产权激励的所有权、收益权、退出机制3个构成要素做了分析之后，提出民办教育制度安排的关键就是明晰产权激励政策。我国政府在与《民办教育促进法》不冲突的情况下，应该直面民办教育发展中已经普遍存在的举办权交易或转移情况，通过新的法制制度安排，推动我国民办教育法治进程。③

此外，鉴于我国是一个地区间社会经济教育发展不平衡的大国，各地区间发展水平差异较大，可以让地方人民代表大会根据各地的具体情况研究制定本地民办教育的法规，允许不同地区之间的法规有所不同，以增强法规的适用性、针对性。

四、民办学校分类管理研究

分类管理是我国民办教育改革发展的重要政策议题，但是否应该进行分类管理却争议不断，支持者认为是大势所趋，持异议者认为尚未到时候。尽管在国家政策层面已明确提出“探索营利性和非营利性民办学校分类管理”，并选择

---

① 荣振华、刘怡琳. 民办高校分类管理视阈下法人治理结构的异化引导[J]. 现代教育管理，2014(5).

② 张昌辉. 民办学校产权问题讨论[J]. 教育发展研究，2014(7).

③ 张铁明. 我国民办教育很难与国际接轨[J]. 教育与职业，2014(3).

浙江、上海、深圳等部分地区作为民办教育分类管理改革探索试验区，但就理论角度而言，对分类管理的必要性认识上仍然存在分歧，支持者和反对者皆有。

1. 民办教育分类管理的合理性论证

归纳起来，支持民办教育分类管理的理由主要有 3 点。一是捐资办学的政策设计理念与投资办学的客观性不一致。我国民办学校多数举办者财力较为有限，很多人需要通过获取办学的盈余来维持学校及个人自身的生存和发展。表面上，很多民办学校举办者未公开要求获得合理回报，但本质上都存在利益输送行为，投资办学是现阶段我国民办教育的基本特征。二是有利于贯彻落实民办教育扶持政策。目前，民办学校基本上登记为民办非企业单位法人，既不是企业，也不是事业单位。这导致了民办学校既无法享受到企业法人所具有的办学自主权和改革活动，又难以享受到事业单位在财政、税收、土地、教师待遇等方面的政策待遇。三是借鉴国际私立教育改革发展的经验。对私立学校采取分类管理模式，是当前诸多私立教育发达国家的普遍政策举措。世界银行在2000年的报告中强调，区分私立教育机构的营利性和非营利性比传统上划分公立和私立教育机构更具实际意义，因为非营利私立教育机构从其使命和结构来看与公立教育机构往往非常相像。

贾西津提出，从理论和各国经验看，民办教育应存在营利性与非营利性两种不同的形式，在我国目前投资激励为主的情况下更应有营利性民办学校的存在。文东茅进一步指出，民办教育的公益性与可营利性并不矛盾，允许部分教育机构合法地营利，不仅无损其公益性，甚至还会促进整个教育事业的发展，从而增加社会公益。

与支持者相反，也有学者对分类管理持质疑态度，认为推行分类管理不仅面临法律障碍，而且存在政策风险。把不要求合理回报的民办学校等同于非营利性性质，把要求合理回报的民办学校等同于营利性性质，事实上是在迫使民办学校陷入两难境地。忻福良认为，现行的民办教育发展模式是在我国本土环境下产生的，当前推行分类管理的条件尚不成熟，开放营利性学历教育的生态环境尚未形成，普遍推行民办非营利教育的捐资办学基础也相对薄弱，民办教育应该在已有的民办教育法律框架下进行渐进式完善。

总体来看，分类管理支持者的论据要强于反对者的质疑，且分类管理的意义及作用是明显的。基于国内外研究和世界私立教育发展趋势，推进民办教育分类管理是必然的，是民办教育未来健康发展的前提和基础。虽然分类管理改革必将遇到很多问题，但改革势在必行。

2. 民办学校分类管理标准研究

根据什么标准内容来判断、界定营利性民办学校，这是分类管理的核心，也是分类管理的难点。确定了分类标准内容，也就基本决定了民办学校分类的种数。

一是单一化标准。赵应声等建议以"是否追求合理回报(即是否营利)"作为唯一标准。凡是不追求合理回报的民办学校，不论办学主体是准，一律视为非营利性民办学校；反之，则视为营利性民办学校。这部分学者认为，尽管民办学校办学模式多种多样，但对民办学校的分类标准不宜复杂，提出以"是否追求合理回报(即是否营利)作为唯一标准。凡是不追求合理回报的民办学校，不论办学主体是谁，一律视为非营利性民办学校；反之，则视为营利性民办学校。

二是多样化标准。王善迈以"公共产品理论和机构的经济性质"为理论依据，提出分类的标准至少应该包含3个方面。一是办学所得营利归谁支配；二是出资人的初始投入和追加投入所形成的学校固定资产归谁所有；三是学校办学终止时，财产清算清偿债务后的剩余资产归谁分配。

何金辉则指出，办学作为一种社会现象，不同人有着不同的动机和目的，且利己行为与利他行为都同时存在，不必论证是利己行为的公益性大还是利他行为的公益性大，也几乎无法准确判断举办者的动机与目的。[①] 此外，对于什么样的回报算是合理回报，这个"合理"的数字没有具体参照。由于民办教育促进法对此没有明确界定，各省有关民办教育法规中对合理回报的规定也是各有不同，这也造成了人们难以形成合理回报的有关共识。至今为止，"国家尚未有政策明确"。

卢威、李虔也提出，当前学界对民办学校分类管理标准的研究多围绕"营利性"因素展开。但民办学校的营利性与公共性并非简单的此消彼长关系。分类管理政策既要考虑民办学校的营利性，也需顾及民办学校的公共性。民办学校应享有的政策，不应仅以营利程度作为划分依据。因此，有必要超越基于是

① 何金辉．民办学校分类管理的分歧与共识[J]．教育发展研究，2014(5).

否营利的既定划分，引入大陆法系公法和私法二分的框架，从民办学校在营利性和公法地位两个方面存有差异的实际出发，构建“营利性—公共性”双维度的民办学校分类管理标准，并据此建立民办学校分类管理的政策框架，促进我国民办教育事业健康有序发展。①

五、民办学校合理回报研究

邬大光认为，现阶段中国民办高等教育办学的基本特征是“投资办学”而非“捐资办学”。显然，投资办学就有一个营利和合理回报的问题。在《民办教育促进法》草案第三次审议后，杨海波在接受采访时认为，“合理回报”和“不以营利为目的”并无相悖之处。《教育法》草案当年在审议时，原来的表述是“教育事业不得营利”，后来修改为“不得以营利为目的”，实际上就是为民办教育投资者取得“合理回报”预设了一点空间。

1. 民办教育公益性和营利性问题研究

《国家中长期教育规划纲要(2010—2020年)》提出，要积极探索营利性和非营利性学校分类管理试点，实践活动中遇到的问题倒逼着民办教育政策“合理回报”条款进入修正时期。从政策走势看来，民办教育将走向营利性和非营利性学校分类管理的格局，分类管理也是“合理回报”问题在法律设计上的解决路径。

王波、李小琴提出，民间资本进入高等教育领域，缓解了高等教育需要日益旺盛与公立教育资源严重不足之矛盾，但随之产生资本逐利性与教育公益性冲突，影响民办学校良性发展。民办高等教育中教育公益性与资本逐利性具有从冲突走向共生之可能性。应借鉴实现逐利性与公益性共生之社区利益公司制度，从准入标准、学校治理、学校运行、利润分配、资产管理、外部监管等路径入手，使学校保持市场、资本活力与灵活性之同时，保障教育公益属性不被改变。② 应以税收优惠和财政资助取代“合理回报”，同时借鉴国外财团法人制

① 卢威、李虔．民办学校分类管理标准的反思与重构——“营利性—公共性”融合的视角[J]．教育学术月刊，2014(4)．

② 王波，李小琴．教育公益性与资本逐利性的冲突与共生——民办高校对社区利益公司制度的借鉴[J]．高教探索，2014(1)．

度，完善公益性民办学校法人的治理机构及其财产、财务制度。

陈国定、吴重涵提出，从法律上严格区分营利性和非营利性学校是解决“合理回报”问题的必由之路。首先，从法理上讲，营利性民办学校为营利法人，非营利性民办学校为公益法人，二者的法律性质迥异。而当下中国的现实是，国内民办学校资产90%来自于投资，捐资不到10%。在这种情形下，否认营利性民办学校的合法地位，就成了导致“合理回报”悖谬产生的根源。其次，通过将民办学校划分为营利性与非营利性两种类型，可以依照我国现行法人制度对其实行分类管理。非营利性民办学校如果民间资本占多数，则去民政部门登记为民办非企业单位法人，否则去人事部门和编制办公室登记为事业单位法人，均同时享受国家税收优惠政策。所以，按所有制标准的公办学校与民办学校的划分，应让位于按法律标准的营利性学校与非营利性学校的划分。营利性学校完全适用商业组织的法律规则；而非营利胜学校则在充分享受政府的税收优惠、财政支持、合作契约等特别利益的同时，须受到禁止个人图利规则的约束，不允许任何人获取所谓的“合理回报”。唯有如此，民办学校办学实践中出现的“打左转弯灯，向右转”的怪现象才能得到彻底克服。①

事实上，世界上多数国家包括欧美发达国家，都很注重通过对投资者的回报，形成有利于吸纳社会资金举办教育的机制，只不过多是通过间接回报(如减免费、优惠项目提供)形式得以实现。在目前我国尚未形成有利于学校投资者优惠税收政策的情况下，明确回报制度非常必要，当然，这种回报具有补偿、奖励和引导性质，而不能建立在投资者利益分红基础上。

2. 民办教育合理回报水平的研究

就民办教育合理回报水平的研究，学者从理论和实践方面进行了探讨，但大多局限于民办教育内部的经营和管理上，或局限于政策法规的解读及评价上，从经济学视角来研究分析的文章很少，从定量角度来研究的则更少。

李玲、周兴平以成本收益理论为依据，构建了民办学校的“合理回报”测算指标体系，借鉴银行贴息利息的计算方法建立合理回报的计算公式，并结合不同地区民办教育发展实际需求设计出激励回报、结余回报和定额回报3种可操

---

① 陈国定，吴重涵．我国民办教育“合理回报”政策变迁及其研究综述[J]．教育学术月刊，2014(6)．

作的“合理回报”实施模式，以期在“最理想”和“最现实”之间寻找一条好的路径的探索，构建“最具操作性”的民办学校合理回报实施标准和模式。①

有部分学者则选择运用教育内部收益率方法估算高等教育教育投资的社会平均收益率来确定民办高等教育“合理回报”水平，这种方法的学术贡献是将教育投资的社会平均收益率引入到对“合理回报”水平的估算中，这种方法一方面将“合理回报”水平估算与教育机构的办学结余脱钩，及其教育低成本脱钩。另一方面为国家的奖励、扶持政策提供了依据，即奖励应该与高等教育投资的社会平均收益挂钩。

六、民办学校教师队伍研究

在民办教育领域，落实民办学校教师与公办学校教师的同等法律地位、构建民办学校教师的权益保障机制、稳定民办学校教师队伍，一直是民办学校发展的重中之重。

1. 民、公办学校教师平等待遇问题研究

王波、李小琴发现，民办学校教师存在工资待遇、社会保险以及培训进修方面的权益保障缺失的问题，并存在观念歧视、体制排挤、政策夹击、权利侵害、权益难保障等问题。我国亟须提高民办教师的地位和作用、建立与公办学校教师同等的社会保障体系、设立教师维权执法机构、健全管理机制、政府设立专项基金保证民办学校教师的工资待遇。具体包括：社会各部门要正确认识民办教育和民办学校教师的地位和作用；不断完善和试行各种保障制度，保障民办学校教师的权益；推行校务公开，鼓励教师参与学校管理；不断拓展民办学校教师职后教育的新路径，逐步提高教师队伍的整体素质等建议。②

景安磊提出，我国民办学校教师权益实现过程中的主要问题有：社会地位不高、身份编制不明、待遇保障不足、职称评定困难、参与学校民主管理受限

---

① 李玲，周兴平．民办学校“合理回报”标准测算及模式探析[J]．中国教育学刊，2014(10)．

② 王波，李小琴．教育公益性与资本逐利性的冲突与共生——民办高校对社区利益公司制度的借鉴[J]．高教探索，2014(1)．

等。从各利益相关方的共同利益诉求的视角出发，实现民办学校教师权益需要构建合理的基本思路和途径措施：一是创造良好的法规政策环境，完善相关法律法规建设；二是理清民办学校教师权益实现的基本思路，即分类扶持、区别对待，属地为主、中央为辅，多方协同、逐步推进，政府有为、市场发力，共同参与、共同治理；三是明晰权益实现的途径措施，政府履行管理职能，切实发挥调控作用，学校负起办学责任，行业组织提供专业服务，助推民办学校教师权益实现。①

2. 民办学校师资队伍建设问题研究

民办学校出于自身建校时间短和教学资源紧缺等原因，为了加速发展，往往将精力和资源集中在建设基础设施和引进高学历人才上，而对于滞后的教学管理理念、不合理的教学管理队伍结构、不稳定的教学队伍、有限的培训进修机会、不完善的教学管理制度等内容缺乏关注，如不加以优化，就会制约民办学校提高教学质量和培养人才目标的实现。

王维坤通过对辽宁省民办学校师资队伍现状进行分析后发现，民办学校的师资队伍建设普遍存在结构不合理、队伍稳定性差、专业教师梯队断层、缺少专业带头人等关键问题。在分析成因的基础上，他认为政府落实政策支持、民办学校自身加强内源动力是民办学校师资队伍建设走出困境的必由之路。

段仁启、杨丽霞则从青年教师角度进行了切入，认为青年教师占民办学校教师队伍的比例日益增加，其专业发展水平决定了民办学校的发展，但民办学校的青年教师专业发展面临着教师专业化水平不高、管理体制僵化、工作量大、教师发展目标不明确等诸多困难。并提出，民办学校不能照搬公办高校的思路和模式，应根据自身优势和特点，发展和建设自己的师资队伍；政府应以法律的形式对民办学校的有关问题做出明确规定；教师本身要形成自我激励机制，学会不断自我调节；政府、社会和民办学校要共同努力，清理政策法规和实践中对民办学校及其教师的歧视性待遇，尽快形成青年教师专业发展的培养体系，促成青年教师的专业成长。

---

① 景安磊．民办高校教师权益实现的问题、思路和措施[J]．国家教育行政学院学报，2014(12)．

七、民办学校人才培养研究

人才培养质量是衡量学校办学水平和质量的首要指标，也是一所学校在社会得以立足和发展的生命线。作为我国教育系统重要组成部分的民办学校，同样肩负着提高我国教育质量的重任。

1. 民办学校人才培养定位问题研究

张甲子、吕晓丽提出，我国民办学校的蓬勃发展与民办学校自身教学改革、育人定位等内部因素休戚相关，因此民办学校应以应用型人才作为育人定位，以社会需求为导向，以培养模式为核心，以知识应用为远景，以创新能力为目标，注重通识教育，培养学生能力，以此开创一条独具特色的办学道路。①

王桂云、王明明提出，民办学校的人才培养有其独特的优势，同时也面临新的问题及挑战，主要表现为学科专业布局与区域经济发展契合度不高、合作育人体制机制同应用型人才培养目标尚有差距、人才培养重点环节的改革有待深化等。适应地方经济发展战略的民办学校应用型人才培养对策选择，应依托地方经济战略下的具体产业，调整学科专业布局；依据区域人才需求，健全校地、校企、校校合作育人机制；以区域经济发展为导向，深化应用型人才培养关键环节的改革。②

焦燕灵也认为，以产业升级、创新型经济为主要特征的区域经济转型为应用型人才培养提供了广阔的空间，同时也提出了更高的标准。在这一背景下，民办学校人才培养要创新培养目标，确立高素质应用型创新人才的目标定位；创新培养模式，树立“以发展为中心”的育人理念，优化职业生存能力和职业发展能力平衡的课程体系，构建以能力发展为主线的实践教学体系；创新培养制度，实行多元招生制度、“双导师”辅导制度、校企联合教学管理制度和第三方质量评价制度。③

---

① 张甲子，吕晓丽．民办高校的育人定位[J]．当代教育科学，2014(3)．

② 王桂云，王明明．山东民办高校应用型人才培养：问题及对策[J]．当代教育科学，2014(21)．

③ 焦燕灵．区域经济转型与民办本科高校人才培养创新[J]．当代教育科学，2014(3)．

2. 民办学校学生就业问题研究

不少民办学校热衷于“照搬”公办学校的办学与人才培养模式，无视自己师资水平与办学条件较低的现实。这种“照搬病”与“攀高症”带来的严重后果是“大专不专”“高职不职”，这也是民办学校毕业生就业领域不宽的重要因素。民办学校学生的就业领域较多倾向于服务行业、技能行业以及日常行政工作，难以向管理层以及更高更深的就业领域发展，这同样制约着民办学校的知名度与社会认可度。

吴丽芳认为，在毕业生就业走向市场化、实行双向选择的情况下，许多用人单位往往注重毕业生的“品牌”。在专业需求相同的情况下，首先，学校的性质就成为用人单位设置的第一道门槛。在这一点上，民办学校既不能与同等学历教育的公办学校比，更不能同“名牌”学校同台竞争。其次，学校的办学层次是一些用人单位设置的第二道门槛，很多用人单位在招聘时明文规定“所需毕业生必须是二本及以上院校毕业生”，这就将民办学校毕业生拒之门外。这种种门槛的设置，就使得民办学校毕业生失去了与公办学校毕业生同台竞争的机会。①

结　语

纵观国内民办教育问题的研究，已取得相当丰硕的研究成果，尤其在明晰产权主体、明确产权权益、实行分类管理以及获取合理收益等方面，不过对现有成果的立足点和研究方法应持辩证的态度，既应看到研究者们的进步之处，也应看到当前研究的不足之处。

1. 从研究内容来看，政策研究较少，特别是政策梳理和政策比较有待加强

政府始终是发展民办教育的主导力量，民办学校产权问题的根源在于其历史发展形式，但是解决这一问题的关键在于顶层法律制度的健全，这就决定了民办教育对政策支持和法律法规保障的依赖。为此，无论是民办教育的发展轨迹研究还是教育决策咨询研究，民办教育政策研究都非常必要，特别是目前我国民办教育正处于先试先行以点带面的试点发展阶段，各个地方的民办教育发

① 吴丽芳．地方民办高校毕业生就业的现状及其影响分析[J]．中国成人教育，2014(22)．

展水平差异较大，政府扶持力度和政策保障参差不齐。通过对民办教育的政策比较研究，特别是各省基于《民办教育促进法》及实施条例基础上的民办教育政策比较分析，不仅有助于研究者对民办教育更加深入系统地认识，同时，也可以为地方决策者提供决策参考。未来民办教育研究应立足健全制度法规，通过学习国外有益经验，结合国情加以借鉴与吸收，创造出适应我国发展的制度框架。

2. 从研究方法来看，方法论单一化，学理性研究较多，实证性研究不足

研究者的研究方法较为单一，主要为基于他人研究之上的理论研究，鲜有涉及实地调研、数据采集与分析。在涉及概念界定、产权归属方面，现有的研究大多思辨说理的成分较高，偏规范轻实证，数据和证据相对缺乏，缺乏有力的实证性研究论证。在具体方法上，使用文献研究的居多，使用案例法、调查研究法的偏少。一方面，对民办教育问题要在法学、经济学、教育学以及哲学等更多领域加以研究，注重多重方法的结合，以更全面、更适用的理论作为研究的立足点。另一方面，未来研究应重视实证研究方法的应用与规范研究方法的有机结合，加大对民办教育的实证研究，深入民办学校多调研、多考察、多采集数据，用科学数据和真实案例佐证民办教育存在的实际问题，增强研究的科学性。

3. 从研究区间来看，现状研究较多，历史研究不够，关注学段呈现“一边倒”的趋势

现有有关民办教育问题的研究，大部分都是基于民办学校的问题现状，而对民办学校的发展历史以及不同类型治理结构的成因研究，则显得较为不够。因此，不少研究都陷入了“就事论事”的误区，不分具体情况，套用单一理论模式，缺少文化背景和历史深度。另外，学者的关注点在各学段间分布严重不均衡，研究主题向民办高等教育呈现“一边倒”的趋势。在未来的民办教育研究中，应在各学段、各类型的民办教育领域展开全面的、深入的研究，并将研究视角从关注表面问题拓展到深入分析内外部因素对民办教育现状的影响，使得研究成果更加具有合理性、真实性和时效性，并能为政府相关决策提供科学依据。

参考文献

[1]王维坤，温涛．民办高校师资队伍建设的问题与出路——以辽宁省民办高校为例[J]．中国高教研究，2014(1).

[2]徐绪卿．治理背景下我国民办高等教育管理的转型[J]．中国高教研究，2014(8).

[3]王波，李小琴．教育公益性与资本逐利性的冲突与共生——民办高校对社区利益公司制度的借鉴[J]．高教探索，2014(1).

[4]王义宁．民办高校与公办高校法人治理结构的比较[J]．高教探索，2014(1).

[5]祝里里，张春玲．民办高校法人治理中若干法律问题的分析[J]．现代教育科学，2014(1).

[6]丁昭，李臻．民办高校教学管理队伍建设[J]．教育与职业，2014(5).

[7]周守亮，赵彦志．民办高等教育分类管理实施路径与策略研究[J]．教育研究，2014(5).

[8]胡天佑．新形势下民办高职院校发展的困境及求解[J]．高教探索，2014(3).

[9]张伟．构建民办高校师德建设长效机制研究[J]．教育探索，2014(12).

[10]黄洪兰．2012年中国民办高等教育发展概述[J]．现代教育科学，2014(3).

[11]孙芳，魏佳佳．"顾客让渡价值"理论视角下民办高校异质竞争力的生成[J]．教育与职业，2014(23).

[12]黄杰．基于生源下降视角的民办高校品牌建设策略[J]．教育与职业，2014(15).

[13]刘希富，胡建勇，木艳．论民办教育可持续发展[J]．中国成人教育，2014(13).

[14]刘翠兰，征艳珂，张婷婷．现代职业教育背景下山东民办高校教师能力结构研究[J]．中国职业技术教育，2014(24).

[15]方建华，邓和平．困境与出路：民办幼儿园发展问题探究[J]．中国教育学刊，2014(10).

[16]姚笛．对促进民办高校教师专业发展的思考[J]．教育与职业，2014(30).

[17]牛艳莉．基于公共关系视角下的民办高校品牌传播策略研究[J]．中国成人教育，2014(20).

[18]贾建国．浙江温州和陕西民办学校分类管理的政策分析[J]．现代教育管理，2014(12).

[19]景安磊．民办高校教师权益实现的问题、思路和措施[J]．国家教育行政学院学报，2014(12).

[20]胡昌明．差异化视角下我国民办高校的内涵发展新探[J]．江苏高教，2014(2).

[21]李清刚．广州市租赁民办中小学的问题与对策[J]．教育导刊，2014(2).

[22]赵宇，葛楠．民办高校考研学生的思想引导与心理干预研究[J]．继续教育研究，2014(3).

[23]李洁．民办高等教育发展的深层矛盾与破解之道[J]．继续教育研究，2014(4).

[24]周守亮，赵彦志．我国民办高校学费标准与教育成本的关系研究——以H省民办高校为例[J]．现代教育管理，2014(4).

[25]郑双花，闵桂林．当前我国民办高校战略转型面临的五大困境[J]．教育探索，2014(3).

[26]李清刚．教育评估组织发展的现实困境与对策——基于民办教育发展的视角[J]．教育学术月刊，2014(3).

[27]卢威，李虔．民办学校分类管理标准的反思与重构——"营利性—公共性"融合的视角[J]．教育学术月刊，2014(4).

[28]陈俊瑾．财政扶持民办学前教育现状、问题及对策研究——基于浙江调查[J]．上海教育科研，2014(5).

[29]赵南．湖南民办幼儿园课程自我评价现状与模式建构[J]．学前教育研究，2014(2).

[30]孙彦彬．基于民办高校大学生就业歧视的政府规制对策研究[J]．教育与职业，2014(17).

[31]罗殷．政府引导和扶持民办高等教育发展研究[J]．教育与职业，2014(14).

[32]冯东山．民办高校法人治理结构的再审视[J]. 现代教育科学，2014(5).

[33]陈亭汝，刘国强．民办高校大学生学风建设的路径选择[J]. 当代教育科学，2014(3).

[34]焦燕灵．区域经济转型与民办本科高校人才培养创新[J]. 当代教育科学，2014(3).

[35]王庆如．民办高校办学效益探析：以陕西高校为例[J]. 高教探索，2014(3).

[36]李文章．民办高校分类管理改革的思路、原则与政策建议[J]. 教育与职业，2014(18).

[37]虞晓敏．办学质量控制下的民办高校人力资源管理模式探究[J]. 教育与职业，2014(18).

[38]张建人，祁虹鹏，凌辉，刘雯瑜，胡蒙江．公立与私立幼儿园教师工作价值观的比较[J]. 学前教育研究，2014(5).

[39]张晓红．对我国民办高等教育政策法规发展的思考[J]. 教育与职业，2014(15).

[40]董婷．以特色文化建设为先导提升民办高校品牌竞争力[J]. 教育与职业，2014(21).

[41]黄勇．教育治理视野下的民办高校股权激励机制研究[J]. 中国高教研究，2014(8).

[42]赵敏，韩绮芸．民办特色学校建设的几个基本问题[J]. 教育导刊，2014(10).

[43]周海涛，张墨涵．完善民办学校税收分类优惠政策的思考[J]. 教育与经济，2014(5).

[44]吴珊，刘文斌．基于"翻转课堂"的民办高校数学教学设计初探[J/OL]. 中国教育学刊，2014(S4).

[45]张韦韦，阙明坤．聚焦民办教育分类管理与合理回报[J]. 教育与职业，2014(31).

[46]李桂荣，郝连儒．民办高校构建现代大学制度的内部优势与外部条件[J]. 教育与职业，2014(32).

[47]王元福．基于社会实践的民办高校"国际经济与贸易"教学模式[J]. 教育与职业，2014(32).

[48]许景期．出台措施，促进民办高等教育事业发展[J]．教育与职业，2014(34)．

[49]杨伟英，张希胜，咸菁．民办高职高专院校创新创业教育初探[J]．继续教育研究，2014(12)．

[50]李红霞，李锦江．教育公平视野下民族地区县域民办幼儿园的生存现状[J]．现代教育科学，2014(12)．

[51]王桂云，王明明．山东民办高校应用型人才培养：问题及对策——基于“蓝黄”经济战略的思考[J]．当代教育科学，2014(21)．

[53]修朋月，于长福，李怡．谈目前民办高校运行机制的缺陷与重构[J]．教育探索，2014(12)．

[54]施雨丹，卓泽林．新加坡私立高等教育的评估要素及其相互影响[J]．比较教育研究，2014(11)．

[55]刘侠．民办高校产权管理的内涵简析[J]．国家教育行政学院学报，2014(12)．

[56]民办高职院校“傍名校”折射了什么？[J]．职业技术教育，2014(30)．

[57]陈斌，唐永泽．民办高职院校实施“混合所有制”的探索与思考——以南通理工学院为例[J]．职教论坛，2015(3)．

[58]周海涛．以深化综合改革增强民办教育发展活力[J]．教育研究，2014(12)．

[59]简爱．民办高校“两课”教学改革探讨[J]．教育评论，2014(3)．

[60]宁震霖．民办高校定位系统理论与实践探析[J]．教育与职业，2014(2)．

[61]童艳华．民办幼儿教师教学能力的现状研究——以云南省昆明市城区三所民办幼儿园为例[J]．现代教育科学，2014(2)．

[62]高燕．公立与私立高等教育对毛入学率的贡献率研究[J]．教育与经济，2014(1)．

[63]开芳．民办高校毕业生主要就业影响因素的调查与分析[J]．江苏高教，2014(1)．

[64]金珊．民办高校校生纠纷的法律救济问题研究——以学生的受教育权为视角[J]．成人教育，2014(4)．

[65]雷瑞瑞，姜峰．新加坡《2009 年私立教育法案》：强化管理　确保质量[J]．中小学管理，2014(2)．

[66]徐保红，赖俊明．韩国私立本科大学教学管理制度分析及对我国的启

示[J]. 继续教育研究，2014(4).

[67]谢建忠．民办高校“脱困”要多从自身找原因[J]. 教育与职业，2014(4).

[68]张利国，张成山．民办高校合并对债权人的利益保护[J]. 现代教育管理，2014(4).

[69]董圣足．对民办教育新政的展望与期待[J]. 教育发展研究，2014(3).

[70]黄俭．可持续发展视角下民办高校职业教育的定位思考[J]. 职教论坛，2014(8).

[71]张甲子，吕晓丽．民办高校的育人定位[J]. 现代教育科学，2014(3).

[72]康启鹏，王和强，王玉兰．民办高校“三支队伍”校本培训体系的构建[J]. 现代教育科学，2014(3).

[73]刘光复．进一步改善民办学校教师待遇[J]. 教育与职业，2014(13).

[74]胡劲松．义务与授权：民办教育主体行为规范研究——基于修订《民办教育促进法》的思考[J]. 教育发展研究，2014(7).

[75]孟田．“2014 年广州市民办义务教育特色发展学术研讨会”综述[J]. 教育导刊，2014(5).

[76]方晓田，王德清．家长主义：一种政府干预民办教育的有效模式[J]. 教育科学，2014(2).

[77]陈智旭，毕振力，范颖茵．民办高校学生资助研究：基于与公办高校的对比[J]. 现代教育管理，2014(6).

[78]叶宜生，张冬连．民办院校青年教师培养与入党培养的深度融合[J]. 继续教育研究，2014(6).

[79]胡振鹏．加强民办高校中青年教师队伍建设[J]. 教育与职业，2014(13).

[80]颜炳乾．吉林省民办教育改革与发展研究[J]. 职业技术教育，2014(13).

[81]朱虹．论江西民办教育的改革发展[J]. 教育学术月刊，2014(7).

[82]黄俭．民办高校可持续发展的评价研究——基于江西省的实证分析[J]. 教育学术月刊，2014(7).

[83]曾云翔．民办高职院校法律文化环境培植之思考[J]. 职教论坛，2014(20).

[84]景晓娜．民办高校师资队伍现状及对策——以辽宁省为例[J]. 现代教育管理，2014(8).

[85]张晓婕，李逸龙．提升民办高校社会认同度的 SWOT 分析[J]. 现代教育科学，2014(7).

[86]韩奇生．论民办高校运行的内在矛盾[J]．江苏高教，2014(4).

[87]毕文健．民办高校教师思想政治工作现状及对策研究[J]．教育与职业，2014(18).

[88]范高阳，刘剑虹．台湾私立高校的退场机制及其启示[J]．教育探索，2014(7).

[89]邢晖．民办高校管理模式新探索[J]．职业技术教育，2014(9).

[90]钟秉林．设立国家民办教育发展专项资金[J]．教育与职业，2014(25).

[91]周国平．社会资本与知识转移：民办高校群落裂变衍生机制研究——基于西安的考察[J]．教育发展研究，2014(Z1).

[92]施文妹，周海涛．落实民办高校办学自主权的地方实践与创新发展——基于六省区民办高等教育政策的分析[J]．教育发展研究，2014(Z1).

[93]王文源．深水区教育改革背景下的民办教育顶层制度设计[J]．北京师范大学学报(社会科学版)，2014(4).

[94]王旭，黄元维．现阶段民办教育发展的新向度及其改革思路[J]．中国成人教育，2014(13).

[95]李望国，刘曼琴．民办高校治理模式与形成机理：基于发展的视角[J]．高教探索，2014(5).

[96]李玲，周兴平．民办学校"合理回报"标准测算及模式探析[J]．中国教育学刊，2014(10).

[97]胡建波．试点探索民办高校内部管理体制改革[J]．中国高等教育，2014(Z3).

[98]王旭，王志洲．民办高校财务风险的防范及其规避——基于辽宁的调查研究[J]．教育科学，2014(5).

[99]刘根东，何洪艳．民国时期私立大学内部治理结构的主要特征及其借鉴[J]．国家教育行政学院学报，2014(10).

[100]阎凤桥．从制度演进视角探讨私立教育的营利与非营利属性之区分[J]．教育与经济，2014(5).

[101]许彩云．民办教育的发展定位及质量保障研究[J]．教育探索，2014(10).

[102]单奕．民办高等教育发展中的政府角色研究[J]．教育探索，2014(9).

后　记

在总结《中国民办教育发展报告2012》《中国民办教育发展报告2013》编撰经验的基础上，北京师范大学民办教育研究团队调整了发展报告撰写的思路和框架，积极梳理、收集和积累数据，经过多位教师、学生近一年的努力，于2015年下半年编成了《中国民办教育发展报告2014》。

《中国民办教育发展报告2014》定位于当前我国教育综合改革的背景，呈现我国当前民办教育领域改革发展的现状，剖析民办教育实践中师生发展所面临的热点和难点问题，为进一步推进以提高质量为根本、以特色发展为核心的民办教育事业提供理论依据和实践参考。

本报告坚持改革导向、问题导向、政策导向，在研究方法上着重突出实证研究和量化研究，既有全国和跨省域的大范围调研，又有集中于微观层面的学校学科建设、学生培养、教师发展等考察。报告讲求以数据说话，以图表与分析结合的方式，更加直观、清晰地呈现当前我国民办教育发展的图景，由此得出的研究结论也具有一定的借鉴意义。

本报告是研究团队共同劳动和集体智慧的结晶。全报告具体分工为：周海涛、钟秉林负责全报告的结构和框架，提出报告的研究思路和编写大纲，主持审稿和定稿工作；第一部分“2010—2014年民办教育发展概况”，由史少杰、周海涛撰写；第二部分“民办高校学生发展分析”，由张墨涵撰写；第三部分“民办高校教师发展分析”，由马艳丽、张墨涵撰写；附录“2014年中国民办教育研究述评”，由朱玉成、周海涛撰写。全报告由周海涛进行多轮调整、完成统稿，张墨涵、史少杰、朱玉成、李虔、郭二榕等参与修订、校对、排版工作，方芳、李葆萍、蒋亚娜、闫丽雯参与了前期的材料收集整理工作。

本报告得到教育部发展规划司特别是民办教育管理处的一贯指导和大力支

持，受到教育部社会科学司和北京师范大学的科研经费支持。北京师范大学出版社高度重视该项工作，组织精干力量，高质量地完成了本书的出版工作。在研究过程中，北京师范大学和教育学部的领导、专家们给予了大量的帮助和指导。同时，本报告借鉴了许多同行专家的精到见解和宝贵意见，吸收了部分省市民办教育改革和发展的创新成果。在此，向本研究所有的支持者们，向参与本报告编写的同志们，以及对本报告给予帮助和指导的领导、专家们表示衷心感谢！

由于时间和水平有限，加之人力和数据资源等限制，报告编写中可能会存在一些疏漏与不足，恳请广大读者予以批评指正。

编委会

2015 年 10 月